道的錯置

中國政治思想的根本困結

林安梧著

臺灣學生書局印行

序　言

　　哲學，之於我來說，是人參贊於天地萬有一切之間的總體理解與詮釋，並在這樣的向度下逐漸的達到自我本性的確知。因為，自我本性並不是先天本然之為如何，而是在歷史社會總體的薰染下，積累成如何。用王夫之的話來說，「命日降，性日生日成」，「習與性成，未成可成，已成可革」；並沒有一先在的國民性，只有在歷史社會長養的過程中成就的國民性，它是變動的，是歷程的；在變動歷程中積累成的性子。

　　華夏族群積累了數千年的文化傳統，在宗法封建、帝皇專制、小農經濟、聖賢教養下成了一自家的性子。這性子有好有壞，可上可下，或善或惡，或高或低。天下有道時，這性子可能顯示的是「天行健，君子以自強不息；地勢坤，君子以厚德載物」；天下無道時，它卻也可能「處士橫議，諸侯放恣，邪說暴行有作」，「富歲子弟多賴，凶歲子弟多暴」。詭譎而難理的是，原本的「敦厚樸實」居然滑轉為「世故顢頇」；原本的「人情義理」竟也扭曲為「私情恩義」。多年以前，我即曾為此撰了一篇〈孔子與阿Ｑ：一個精神病理史的理解與詮釋〉，我的提法是這樣的：

　　　　原先孔子所開啓的儒學強調的是一「道德的社會實踐意識」，
　　　　但顯然地世代並未眞從宗法封建與帝皇專制中解放出來；因

而在此兩面向的糾葛下，道德的社會實踐意識無法暢達的發展，遂滑轉爲一「道德的自我修養意識」。原先之轉爲一道德的自我修養意識，爲的是要歸返生命自身，而再度開啓社會實踐意識，傳統之要求由內聖通向外王，所指殆此。問題是：內聖通不出去爲外王，反折回來，又使得那道德的自我修養意識再異化爲一「道德自我的境界之追求」。此時之道德轉而爲一境界型態之物，而不再是實理實事。原先的道德精神境界的追求所爲的是自我的治療與康復，俾其能開啓道德的自我修養之可能；但在世衰道微的情況之下，即如道德精神境界亦成爲一虛假而短暫的境界。這再度往下異化便成爲一「自我的矯飾」與「自我的休閒」，明說其理由，實則爲虛，終而墮入一自我蒙欺，萬劫不復的魔業之中。魂魄既喪，遊走無方，來去無所，這失魂症的病人也只能以「道德的精神勝利法」自我蒙欺罷了。

如上所說，「孔子」與「阿Q」兩者可以關聯成一個井然有序的系譜。由「道德的社會實踐意識」滑轉而爲「道德的自我修養意識」，再滑轉爲「道德自我的境界追求」，而後再異化爲「道德的自我矯飾」與「道德的自我休閒」，終而墮到以「道德的精神勝利法」而轉爲一「道德自我的蒙欺」。我們之所以將「孔子」與「阿Q」做這個精神病理史的關聯性理解，並不是要去說當代中國族群之爲阿Q爲可接受的，而是要藉由這樣的理解與詮釋達到一治療的作用，進而得以瓦解這個奇怪的綜體，讓中國文化及在此中長養的中國子民有一重生的可能。

　　大體說來，這樣的問題已糾纏整個中國民族數千年，做為一實存的體會者、研究者，它著實如鬼魅般糾纏了我幾十年，揮之不去、棄之不得。還記得一九七九年，那時我在師大國文系讀大四，寫了一篇〈中國政治傳統中主智、超智與反智的糾結〉的文章，它可以說是我探索這問題的一個切入點。我當時直覺得要深入研究中國文化傳統，一定不能忽略這個向度，特別是研究儒學義理，更不能忽略整個歷史縱深度、社會廣厚度的理解。當時，儘管那時已經有些人將我視為新儒學派的承繼者之一，但我對新儒學之特重「形上理由的追溯」，而忽略「歷史發生原因的考察」一直是有所疑慮的；對於新儒學之特重「意義的生發」，而忽略「結構的契入」一直是期期以為不可的。那時，我常為這問題搞得心悶，鬱瘁難舒，莫明所以，但無可懷疑的，哲學的問題意識就在這過程中發榮滋長。

　　一九八〇年到一九八二年間，我服預備軍官役於中壢，結識了一些研究社會哲學的朋友，因而對法蘭克福學派（Frankfurt School）的批判理論（Critical Theory）有了些了解。在諸多交談對話過程中，更而引發了我對中國文化傳統深一層的理解興趣，原先的糾結慢慢的豁顯了出來。記得，我當時譯讀了一些卡爾・曼罕（Karl Mannheim）、馬克斯・韋伯（Max. Weber）、柯林烏（R.G. Collingwood）、波柏爾（Karl Popper）的文章，卡爾・曼罕的知識社會學式思考深獲我心，馬克斯・韋伯的「理念類型」方法、柯林烏的「問題—答案」邏輯，對於我去詮釋中國學問大有助益，波柏爾的反本質主義（anti-essentialism）更是給我一劑強心針。此後，儘管我的個人信仰上仍是以儒教為導向，仍秉持著「乃願學則學孔子也」；但我與波柏爾的「方法論上的約定主義」（methodological conventionalism）自此卻結了不解之緣，可以說是十分投契。

　　服預官役，身居軍中，對於集體主義、專制主義自也更有情境讓我有一「實存的覺知」，並由此覺知，逐漸長養成理論性的契入，做出架構性的詮釋。感之既深，筆札不斷，譯文不停，對新儒學的理解日深，反省也日多；那時，我寫了〈「舊內聖」的確開不出「新外王」〉、〈當代新儒家述評〉、〈梁漱溟及其文化三期重現說〉，也譯了〈斯賓格勒及歷史循環論〉等等，這些文章大體在《中國論壇》、《中國文化月刊》、《鵝湖學刊》發表。我只覺得，我對中國專制政治的理解逐漸「旋轉契入」，像螺旋般漸旋漸入，山重水複，原疑無路，卻又是柳暗花明，我慢慢意會到此中別有洞天。藉用《莊子》〈齊物論〉「恢詭譎怪，道通爲一」的話來說，若眞能得其「一」，當可道出此中的「恢詭譎怪」，若不能道出，那這樣所證得的「道」，恐亦是玩弄光景而已。但此中的「恢詭譎怪」究爲如何，又如何會落入「玩弄光景」，我直有所感，卻又道它不得。

　　一九八二到一九八六年，我在臺灣大學讀哲學研究所碩士班，這期間讀書無數，筆札不停，文章不斷，我經過了「十九世紀歐洲哲學」、「社會科學的哲學」、「德國史學史專題」、「科學哲學」、「歷史哲學」、「分析哲學」、「詮釋學」以及康德（I. Kant）、黑格爾（G.W.F. Hegel）、休謨（D. Hume）、穆勒（J.S. Mill）、邁乃克（F. Meinecke）、韋伯（Max. Weber）、馬克思（K. Marx）、佛洛姆（E. Fromm）、涂爾幹（E. Durkheim）、高達美（G. Gadamer）等西方哲學相關課程的洗禮，配合著「中國哲學專題」、「先秦儒學」、「宋明理學」、「易經哲學」、「道家哲學」、「當代儒佛論爭」，還有往昔以來即無間斷的當代新儒學諸如馬一浮、熊十力、

牟宗三、唐君毅的學習與反省。一九八五年我選定了「王船山的人性史哲學」做為我碩士論文的寫作方向，我將這些年來所習得的西學資源與中學融於一爐，在船山學「兩端而一致」淘洗下，逐漸長成了一「本體—發生學的方法論」（the methodology of onto-genetic analysis）思維，對於船山學中的「人性」與「歷史性」的辯證性思維做了一番釐清。就在這過程裡，我原先所熟知的懷德海（A. Whitehead）所說的「具體性的錯置」（the fallacy of misplaced concreteness）一詞似乎有著一股迷人的呼喚，對比於此，我深切覺知到中國文化傳統有一「道的錯置」（the fallacy of misplaced Tao）。一九八六年我完成了碩士論文《王船山人性史哲學之研究》，並以「道的錯置」為核心概念架構了一研究計畫，順利的考入了臺灣大學哲學研究所博士班。「道的錯置」這中國人固有的「歷史業力」依然困擾著我，但我卻也逐漸有了「帶業修行」的理論能力。

　　「帶業修行」是辛苦的，但卻也有著「即煩惱即菩提」的喜悅；修行的進程是緩慢的，後來我並沒有以「道的錯置」做為我的博士論文方向，反倒以我夙興夜寐，魂想夢思的熊十力《新唯識論》做為我博士論文的研究向度。誠實的講，我這研究是帶有創作意味的，是在「詮釋」中「轉化」，在「轉化」中「融通」，並進一步有所「批判」、「重建」。我在熊十力的體用哲學的薰陶下，對於「存有」、「意識」與「實踐」等最為基礎的哲學問題，漸有定見，整個哲學的向度從業師牟宗三先生的「兩層存有論」轉了出來，朝向「存有三態論」邁進。我在一九九一年寫完了博士論文，便預想著「後新儒學時代」的可能向度須得由「牟宗三」逆返到「熊十力」，由「熊十力」逆返到「王船山」，這樣的逆返並不是復古，而是一

嶄新的發展。

　　我對康德式的中國哲學詮釋既有深入理解，繼而發現此中的限制，因而試圖走出一相關於現象學、解釋學、知識社會學、社會批判理論、文化治療學的中國哲學詮釋向度。對於「存有三態論」的理論建構，我愈契愈深，並確知這是一值得努力的向度。原來所關懷「道的錯置」的問題，亦可置於「存有三態論」的建構中來處理，因爲「存有三態論」就某一方面來說，也是由「道的錯置」的問題感，苦苦逼迫，盤旋而上，才得開顯認取的。換言之，我一方面對於當代新儒學之體系性建構有著批判性的繼承與發展，思能以「存有三態論」來做一轉出開展，而另方面則對於中國文化傳統中「道的錯置」的歷史業力如何銷解，一直耿耿於懷，盼得解決。

　　從一九八九年以來，「道的錯置」已成爲我帶業修行，苦參實修的「話頭」，經由十餘年的努力，這問題大體釐清，記得我在一九九七年《鵝湖學刊》與中央大學哲學所舉辦的「中國哲學與政治哲學國際研討會」上，我宣讀了〈三論「道的錯置」：中國政治哲學的根本問題〉論文，記得在「問題的緣起」有著一段這樣的追述：

> 「道的錯置」一詞，筆者始用於一九八六年，當時申論船山之史論，曾有這樣的議論：「一般說來，歷史退化論者（或歷史復古論者），他們將自己胸中的道德理想託之於古代，他們將理想的歷史與現實的歷史混同爲一，他們將道的開展次序和歷史的時間次序等同一氣，並認爲道的開展是逐漸貧困，終至失喪而難挽的。換言之，他們將邏輯上道的源頭轉變成時間上道的根源，認爲有個歷史的起源，而歷史的起源

即是道的源頭。簡言之，他們將道錯置了──一種「時間性的錯置」──。由於這種時間性的「道的錯置」，使得中國儒者一直徘徊在懷古的情調裡，低迴不已。」緊接著，我又做了這樣的補充──「這裡所使用『道的錯置』（misplaced Tao）這個詞是筆者省思中國傳統的歷史及政治而安立的一個詞。筆者以為「道的錯置」這個現象在歷史上則表現為歷史復古論及歷史退化論，這是所謂「時間性的錯置」，而「道的錯置」這個現象在政治上則表現為專制極權，這是所謂「結構性的道的錯置」。時間性的道的錯置將愈古老的世代認為是愈接近於道的世代，故是愈理想的世代，而愈往後的世代則愈遠於道，故離理想愈遠，一般所謂「世衰道微，人心不古」即隱含此錯置的謬誤。至於結構性的道的錯置則是認為政治制度結構中愈高的階層愈接近於道，而君主（國君）即是道在人間世的化身，依次遞降而有君子與小人之別。」這樣的問題意識一直勾引著我，它喚醒了我對傳統主義者的反省與批判，特別是上面所述的後者──「結構性的道的錯置」，之後更是我所著力之處。於是我又寫了〈道的錯置㈠：先秦儒家政治思想的困結──以《論語》及《孟子》為核心的展開〉、〈論「道之錯置」──對比於西方文化下中國文化宰制類型的一個分析〉兩篇文章，來闡明這個問題。

其實，這問題的緣起應早溯自牟宗三先生《政道與治道》一書，之後余英時先生又發表了〈反智論與中國政治傳統〉一文（一九七五年），這篇文章給了我許多啟發，但也引發起我不同的觀點，於是在一九七九年我寫了〈中國政治傳統中主

智、超智與反智的糾結——環繞先秦儒、道二家政治思想的
試探與考察〉一文，這應是我對中國政治社會哲學研究的起
點。從「主智、超智與反智」糾結的論述，到「道的錯置」
之提出，算是我在中國政治社會哲學探索的一點心得，之後
再順此寫就了多篇文章，而於一九九四年於麥迪遜寫成，而
於一九九六年印行的《儒學與中國傳統社會之哲學省察》，
可以視爲此問題的一個總結。一九九七年所寫成並刊行的〈牟
宗三之後：咒術、專制、良知與解咒——對「臺灣當代新儒
學」的批判與前瞻〉，亦可視爲此系列的另一個新的發展。
這發展在強調即如當代新儒學而言，他對於中國傳統政治社
會已有深入的探討與批判，但仍不免落於「道的錯置」之中，
它像是一個「咒」一般，須得瓦解與重建。

做了以上冗長的追述，並不意味有關「道的錯置」之問題我已「得
證正果」；相反的，我仍然感受到這是一沒完沒了的志業，我仍在
「帶業修行」中。這裡所提出來的，可以說是「帶業修行」的報告
書而已。這些報告書因著不同的因緣，回應著當時存在的感受與體
會，也因此而有著不同的筆緻，或長或短，或雅或俗，或古或今，
爲了單篇文章的完整性，論述之義理亦不免有重講一遍者。顯然地，
問題感是一樣的，只是理論逐漸深化，架構亦逐漸分明，煩惱所顯
之菩提日熟而已。

　　本書所收文章，最早的是一九七九年的〈中國政治傳統中主智、
超智與反智的糾結：環繞先秦儒道二家政治思想的試探與考察〉（見
附錄一），發表在《鵝湖學刊》上，是我大四所寫的，我當時不滿

意余英時先生所寫的〈反智論與中國政治傳統〉，想進一步深入去
理出此中的困境。我當時以為

> 儒家之所以變成「主智、超智與反智」的糾結；就其義理本
> 質的內在關連而言，是很間接的，是很詭譎的；它祇是因為
> 沒有發展出理性的架構表現，無客觀性的護持，又經過荀學，
> 轉到韓非的歧出，才墮入這種糾結裏的。道家之成為「超智」
> 與「反智」的糾結，就其義理本質的內在關連而言，是很直
> 接的，而其詭譎則涵藏在超智之直接落為反智的思路中。它
> 不僅沒有理性的架構表現，於理性的運用表現亦缺，而它又
> 想超越理性的表現，因而一變為反理性的運用表現，終墮入
> 大無明大漆黑之中。豈不可歎！……民主法治雖不是原有的
> 政治傳統早有的，也不是與原有的政治傳統兩相背反的，在
> 原有的政治傳統中，我們看到民本的思想與物各付物的思
> 想，這基本上都是民主法治所要必備的精神。而祇因為原有
> 政治傳統中，智性的發展不夠，以致未發展一客觀性的「政
> 道」與一客觀性的「架構表現」，因而形成「主智、超智與
> 反智」的大糾結。

一九八九年間，我寫了〈「道的錯置」：先秦儒家政治思想的困結
——以《論語》及《孟子》為核心的展開〉一文，先在東海大學所
舉辦的「第一屆中國思想史研討會：先秦儒法道思想之交融及其影
響」上宣讀，後來又經修改提交到「孔子誕辰 2539 年國際學術研
討會」上，當時兩岸來往不便，我並未到北京宣讀此文，這論文卻
也收到論文集中去了。

這篇文章旨在通過一文獻的解讀方式，以《論語》及《孟子》爲考察的核心，企圖將儒家政治哲學所隱含的困結合盤托出。……依筆者看來，儒家之最可貴者，以其能於既有的「血緣性的自然連結」之上，更而開發之，以闡揚人之所以爲人的根本，點出吾人實於此「血緣性的自然連結」之上，尚有一更深切而眞實的「人格性的道德連結」。至於其所謂的困結則在於帝皇專制之後，使得儒家原來的「聖王」理想，被異化成一「王聖」的現實困局；這使得原先儒家所強調的以「人格性的道德連結」爲核心，以「血緣性的自然連結」爲方法這樣的「聖王理想」，變成了以「宰制性的政治連結」爲核心，以「血緣性的自然連結」爲背景，以「人格性的道德連結」爲工具的「王聖」現實，這便構成了一嚴重的「道的錯置」（misplaced Tao）的情形。

同在一九八九年間，適逢中國文化大學舉辦了第一屆「比較哲學國際研討會」，我本想對比的寫懷德海（A. Whitehead）所提的「具體性的錯置」與我所拈出的「道的錯置」。結果，只寫了一半，更了題目，就叫〈論「道之錯置」──對比於西方文化下中國文化宰制類型的一個分析〉，這篇文章旨在針對中國文化之宰制類型提出一總體的詮釋，提出「道的錯置」一詞以爲概括。首先，經由「絕地天之通」與「巴別塔」二神話，做一宏觀的對比，指出中西文化心靈之根本差異，拈出「氣的感通」與「言說的論定」之異同；進而對比懷德海所提之「具體性的誤置」，而逼顯出「道的錯置」。再者，經由「君」、「父」、「聖」三概念的深層分析，指出中國

文化傳統中之以「宰制性的政治連結」爲核心,而以「血緣性的自然連結」爲總樞,以「人格性的道德連結」爲理想,而糾成一不可分的總體。君權中心、父權中心而管控一切,聖賢教養異化爲工具,「道的錯置」於焉構成,中國族群之文化心靈受到嚴重的扭曲與摧殘。最後,筆者強調須邁出「血緣性的自然連結」,開展出一「契約性的社會連結」,進一步,瓦解「宰制性的政治連結」,進而構造一「委託性的政治連結」,如此才能使得「道德與思想的意圖」能得與現代化接榫,而不致形成一種謬誤。

或者,可以清楚的論定:自一九八九年後,有關中國文化「血緣性縱貫軸」的闡釋結構大體底定,一九九四年訪美期間,我在威斯康辛大學麥迪遜校區完成了《儒學與中國傳統社會之哲學省察:以「血緣性縱貫軸」爲核心的展開》一書。這書有部分曾論到了林毓生先生提出的「道德與思想的意圖」之問題,但我只帶過,未及詳言。記得林毓生先生有了回應,我直想好好再寫一篇文章來闡釋。適逢「第四屆華人心理與行爲科際學術研討會:思維方式及其現代意義」,一九九七年在臺灣召開,我應邀發表論文,就此寫了〈「道德與思想之意圖」的背景理解:以「血緣性縱貫軸」爲核心的展開〉一文。 我認爲林先生的確看到了「道德與思想意圖」的嚴重問題,至於這問題是如何產生的,它可以有多方的詮釋,我認爲須得通過「血緣性的縱貫軸」爲核心來展開,才能徹底將此中的糾結處理清楚。

順著這樣的理路,我在一九九七年到一九九九年間,關於這個主題,又寫了許多篇文章,〈論「道的錯置」:中國政治哲學的根本問題〉於一九九七年,在中央大學與鵝湖社合辦的「中國哲學與

政治哲學國際學術研討會」上提出，〈「心性修養」與「社會公義」
之錯置與解消〉則於一九九八年，在香港中文大學舉辦的「中華文
化與廿一世紀國際學術研討會」上，以〈中華文化邁向廿一世紀的
糾結之一〉爲題提出。〈解開「道的錯置」——兼及於「良知的自
我坎陷」的一些思考〉一文則於一九九八年在山東濟南，由孔子基
金會與鵝湖社合開的「牟宗三與中國哲學國際學術研討會」上提出。
這幾篇論文，大體都在「血緣性的縱貫軸」下所展開的詮釋，但顯
然地，有關「道的錯置」的思考，我擴及到了當代新儒學的檢討，
我以爲牟宗三先生所提「良知的自我坎陷」一詞值得進一步做批判
性的展開。或者，可以這麼說，我從牟先生的「兩層存有論」轉而
開啓以「存有三態論」爲核心的中國哲學詮釋，這是關連到我對「道
的錯置」之研究而轉出來的。「存有三態論」的提出，當然朝向的
是「後新儒學的發展向度」，這向度不只是做爲純理的哲學探討，
我們所冀望的是進一步走入生活世界與歷史社會總體之中，展開社
會批判、文化治療，甚至是革命的實踐。

　　如上所說，這本論著結集主要是一九七九年間，由中國政治傳
統中「主智、超智與反智」的糾結所衍生出來的。我當時對於「儒
學的法家化」這樣的提法猶有未足，是以引出之。不過，中國政治
思想的研究，法家是極爲重要的論題，一九八八年我在《鵝湖學誌》
創刊號發表了〈韓非政治哲學的特質及其困限——以「法」、「勢」、
「術」三者爲核心展開的分析〉一文。這篇文章旨在經由「法——
結構性原則」、「勢——動向性原則」及「術——運用性原則」三
者對於韓非政治哲學作一概括掌握，並經由這種概括掌握，以一種
幾近馬克斯·韋伯的理想類型（Ideal-Type）之分析方式，回過頭來

指出韓非政治哲學的特質及困限。由於韓非之「法」祇是刑賞的工具，而且背後爲「術」所操縱，故不足以構成契約性的客觀結構性原則。而他強調的「勢」雖著重於所謂「人造之勢」，但由於他太注重位勢，而忽略了眞正的動向性之理解。至於韓非強調國君要執術而抱法處勢，這在在可見它是以「術」爲首出的，但由於他的「法」穩不住，「勢」亦不明， 故「術」亦落入暗無天日的「秘窟」之中，這造成了中國政治傳統帝皇專制的惡性文化。我以爲凡此種種都指向了所謂「一體化結構」之困限。顯然地，此時有關「道的錯置」的思考尙在蘊釀階段，「血緣性縱貫軸」的分析架構亦未提出；不過，現在回過頭去，倒是可以看出此中的思想胎動。

〈當前臺灣研究的錯置與釐清：以張深切爲例──「臺灣性」與「中國性」及其相關問題之闡析〉一文，發表於一九九八年在臺大哲學系舉辦的「認識臺灣學術研討會」。這篇論文旨在經由《張深切全集》的閱讀、理解，集中的點出其中的一個焦點：「臺灣性」與「中國性」。我以爲「臺灣性」與「中國性」並不是矛盾的敵體，而是一「臺灣、中國連續體」。再者，我亦因之而釐清當前的臺灣研究多喜站在「臺灣、中國斷裂體」的理解角度上，這是不應理的，但這現象卻值得深入疏理。三者，筆者指出張深切於中國文化及世界文化之融和貫通問題上，他亦有著獨到的見地，值得重視。最後，我以爲臺灣海峽兩岸的問題可以藉由張深切的臺灣性與中國性的啓發，站在「文化中國」的立場，以「臺灣、中國連續體」的思考面向開啓一新的未來。廣的來說，這也是一「道的錯置」及其釐清治療。

至於〈論「生命的原鄉」及其回歸開啓之道───〈歸去來辭〉

的哲學理解〉一文，本是因緣興起之作，後來在二〇〇一年中興大學所舉辦的「雅正與通俗文學會議」上發表。我自中學讀及陶淵明〈歸去來辭〉以來，即體會到「此中有深義焉！」後來，又讀到他寫的〈五柳先生傳〉，更覺得開頭的「先生不知何許人也，亦不詳其姓字」與魯迅的《阿Ｑ正傳》的開頭「阿Ｑ不知是什麼地方人，也不知道他姓什麼、名字是什麼？」我深切感受到此中充滿著自我迷失及意義危機的困惑，但所不同的是陶淵明筆下的五柳先生回到鄉土田園，歸返到歷史的原鄉，自謂無懷氏、葛天氏之民，因之生命獲得治療與甦醒。相對地，魯迅筆下的阿Ｑ已無鄉土田園可歸，已無歷史的原鄉可回，因之走向了斷頭臺的絕路。我以為數千年來「道的錯置」之問題，糾結難理，但不管怎麼說，我們都得回到「生命的原鄉」，唯有如此，生命既有徹底的回歸，因此才有真切的如實開啟。當然，這篇文章的寫作，有個附帶的功能，我一直想呈現「文、史、哲」不分家的思考是重要的，借用康德式的論式，我以為「沒有『文、史』的『哲學』是空的，沒有『哲學』的『文、史』是盲的」。文學重在「覺知的感應」，史學重在「文獻的考證」，而哲學則重在「理論的辯證」，但無論如何三者都離不開「生命的體證」。無生命的體證何足以言學之本源，學無本源如何深造自得，如何調適而上遂於道，如此遷就話尾，直將話尾當話頭，蒐了來，說說了事，如何言學。

　　「道的錯置」是中國文化傳統的罩門，也是我長年帶業修行、苦苦參尋的「話頭」，這「話頭」的參破，費我廿餘年的工夫。說也奇怪，這話頭的參破竟帶領我從牟先生的哲學氛圍裡走了出來。一九九九年在臺灣舉辦的「第十一屆國際中國哲學會」上，我提出

了〈後新儒家的哲學擬構：從「兩層存有論」到「存有三態論」〉一文。這篇論文旨在經由一九九六年秋筆者所撰之《道言論》，進一步申論之，意圖由牟宗三先生的「兩層存有論」進一步轉化構成一「存有三態論」。「存有三態論」：存有的根源、存有的開顯、存有的執定，我一方面強調這是一生發的連續歷程，一方面又表明此中之分際。特別由語言的介入（言以定形），業力的衍生（言業相隨），我們必須重視知識與權力的複雜問題。再者，經由存有學的回歸與還滅，而連結了「言」與「無言」，「業」與「非業」，指出語言還歸於沉默，業力原本虛空。在這存有學的回歸與還滅過程裡，最後則指向總體之源的場域覺醒。這樣的哲學構造，意圖走出主體性哲學，而代之以場域性、處所性的哲學。我深信這是後新儒學的一個可能向度。總的來說，這涉及於「道」的彰顯、遮蔽、錯置與治療之可能。在這本論著集裡，我拿這篇文章做為導論，它可以視為我這廿餘年來的簡要報告。

　　誠如熊十力夫子所言，哲學是「思修交盡」之學，思而修之，修而思之，不可以已！思而修之，思上邃其源，所以啓其修也；修而思之，修下力於行，所以溯其源也。數十年來為學，雖稍有所得，不敢說上下迴向於兩間，不敢說證得正果，也不敢說是菩薩「留惑潤生」，而深切的自知這一切仍只是「帶業修行」而已，因緣果報，何得一時脫落，猶未可知，但願「苟全性命於亂世」，「鞠躬盡瘁」，黽勉以之爾矣！

——癸未（二〇〇三）之夏，端午，屈原沉江之日，自序於深坑之元亨居——

道的錯置
——中國政治思想的根本困結

目　　錄

第一章　導論：「道」的彰顯、遮蔽、錯置與治療之可能：後新儒家哲學之擬構
──從「兩層存有論」到「存有三態論」

本章提要

　　本論文旨在經由一九九六年秋筆者所撰之《道言論》，進一步申論之，意圖由牟宗三先生的「兩層存有論」進一步轉化構成一「存有三態論」。

　　「存有三態論」：存有的根源、存有的開顯、存有的執定，作者一方面強調這是一生發的連續歷程，一方面又表明此中之分際。特別由語言的介入（言以定形），業力的衍生（言業相隨），作者更而重視知識與，權力的複雜問題。

　　作者經由存有學的回歸與還滅，而連結了「言」

與「無言」,「業」與「非業」,指出語言還歸於沉默,業力原本虛空。在這存有學的回歸與還滅過程裡,作者有意的指向總體之源的場域覺醒。

作者這樣的哲學構造,意圖走出主體性哲學,而代之以場域性、處所性的哲學。作者深信這是後新儒學的一個可能向度。

關鍵字詞:後新儒學、存有、根源、開顯、執定、語言、
業力、光照、場域、處所、生活世界、總體、
明覺

一、「道顯為象」:存有根源的顯現

1.「道」乃根源性之總體、總體之根源,前者偏就其存有義而說,後者偏就其活動義說,實則存有不外活動,活動不外存有,於道而言,兩者通括。

〈詮釋〉如上所述,可知筆者所主張的是「存有的連續觀」,強調天人、物我、人己通而為一,此與「存有的斷裂觀」頗為不同。在存有的連續觀下,「道」不是夐然絕待的形上之物,道是充周於天地、人我之際的。

2.「道」今常以西文之「Being」譯之,於漢譯則又以「存有」一詞名之。實則,「道」與「Being」頗不相同。就「Being」而言,

此是以「是」（be）而說其「有」（being）；就「道」而言，此是以「生」而說其「存」。一者重在經由言說之論定，而說此存有之為存有，一者重在經由生命氣息之交感，而說道乃是一生命的實存之道。

〈詮釋〉如此可見，經由言說之論定，這是指向一對象，並且以此對象為一實在之物，此即是我所說「以言代知、以知代思、以思代在」之傳統；此不同於「言外有知，知外有思，思外有在」之傳統。

3. 以「道」之為一生命的實存之道而言，此道之不離場域，不離生活世界，且一論場域、生活世界，皆不離人，故道之做為一根源性的總體，或總體的根源，此當解釋為一天地人交與參贊而成之總體，即此總體之為根源，亦即此根源而為總體也。正因如此，道之如其為道，非敻然絕待，非共相之絕對，乃境識俱泯，渾同為一之為道也。

〈詮釋〉拈出「天地人交與參贊而成之總體」為「道」，亦為如此，才能講「道生之、德蓄之、物形之、勢成之」，才能講「存有的開顯」（道之彰顯）。這樣的提法，是有意的要從「主體性的哲學」往「處所性的哲學」過度。

「主體性」可以是在「主客對立兩橛觀」下而說的主體性，亦可以是超乎主客對立之上而說的主體性，牟宗三先生所詮釋的儒、道、佛多能及於此，勞思光先生則常限於主客對立下，此所以牟先生能從康德學調適而上遂於

儒、道、佛，並提出批評，而勞先生則未及於此。

「處所性」亦可以是在「主客對立兩橛觀」下而說的處所性，亦可以是超乎主客對立之上而說的處所性，我這裡所說之處所性屬此。

4. 以其天地人交與參贊，以其境識俱泯、渾同為一，故而可言其「彰顯」也。「彰顯」是回溯到根源性之總體、總體之根源而說，若落在「境」與「識」而說，則此彰顯之為彰顯，實乃由「境識俱泯」而當下「境識俱顯」，「俱泯」與「俱顯」可如《易經傳》所說之「寂」與「感」，即寂即感，當下感通，一時「明白」。彰顯是從道體說，而明白則就「心、物」（「境、識」）之交感說。

〈詮釋〉 「明白」一語取自王陽明《傳習錄》，原文記載為「先生遊南鎮，一友指岩中花樹問曰『天下無心外之物，如此花樹，在深山中，自開自落，於我心亦何相關？』先生曰：『你未看此花時，此花與汝心同歸於寂。你來看此花時，則此花顏色一時明白起來，便知此花不在你的心外。」❶漢文之「清楚」、「明白」二語，前者重在「主客對立。」之分辨說，而後者則重在「主客不二」之交融說。

5. 道之所顯，其為象焉！此如《易經傳》所言「見乃謂之象」，「見」（即「現」）者，「明白」「彰顯」之也。道之所「現」而為「象」，即此而為「現象」焉！此「現象」義是如其道體之彰顯而為說，非「表象」義，現象與表象，不可淆混而為說也。蓋「現象」之

---

❶ 　《傳習錄》，卷下，頁234，商務版，一九七四年八月臺四版，臺北。

「見」是「道」之「見」，而「表象」之「表」是「言」之「表」，不可不知也。

〈詮釋〉　「見乃謂之象」語出《易繫辭傳（上）》，按原文前後為「……是故闔戶謂之坤，闢戶謂之乾，一闔一闢謂之變，往來不窮謂之通，見乃謂之象，形乃謂之器，制而用之謂之法，利用出入，民咸用之謂之神」，其實這段話很能表現出中國哲學之終極智慧。熊十力先生常謂其學是「大易之學」，亦可由此見其一斑。筆者以為若要說一所謂的「現象學式的本體學」，當以《易經》所謂「見乃謂之象」的現象，即本體之所顯現這樣的現象作為現象學詮釋的起點，熊氏本體、現象不二之說亦溯源此。此與牟先生「現象」與「物自身」之區別迥然有異。牟先生順康德之義，以「表象」為「現象」，而熊先生則直追《易經傳》之傳統。

　　筆者以為「現象」與「表象」，不可淆混而說也。蓋「現象」之「見」是「道」之「見」，而「表象」之「表」是「言」之「表」，不可不知。這樣的強調，是清楚的揀別有對象義者皆屬「言」之「表」，與「道」之「見」頗為不同。前者是在「言說的論定」下作成，而後者則在「存有之本源」顯現，在「生命交與參贊為一總體」下所顯現者。「道之顯為象」是就此而說的「現象」，此是「存有三態觀」：「存有的本源」、「存有的開顯」、「存有的執定」，這三者的最原出狀態之所開顯也，是即寂即感者。

　　顯然地，筆者以爲由《易經傳》傳統所長成的「存有的三態論」比起「現象與物自身」這樣的「兩層存有論」做爲詮釋中國哲學的架構更爲適當。牟先生所構作的「兩層存有論」重在「一心開二門」重在「一心之過轉」，並以「良知之自我坎陷」做爲「良知學」轉出之核心關鍵。依熊十力體用哲學所開啓之「存有三態論」，則重在承體達用、即用顯體、體用一如。前者重在「自覺性」、「主體性」，後者則可開發出其「場域性」、「處所性」。

二、「象以為形」：邁向「存有的執定」

1.象以為形，象在形先也，非形在象先也。「象」是就道體之彰顯說，「形」是就如其「彰顯」之象，而「形著」之也。

〈詮釋〉「象在形先」與「形在象先」是中西主流形而上學的一個重要的分野。凡主存有的連續觀者，必乃「象在形先」，若爲存有的斷裂觀者，必乃「形在象先」。前者重在天地人交與參贊而成之總體之本源，而後者重在人我所對之客觀法則性之所論列的對象物。

2.《易經傳》云「形而上者之謂道，形而下者之謂器」，此「形」即當解作「形著義」，不宜解作「形器義」。就其「形著」之活動，上溯其本源，是此形著之所以可能之根源，此之謂「道」；就其「形著」之活動，下委而具體化，是此形著之落實具體，此之謂「器」。蓋道之所顯，其爲象也，「象」經由「形著」而成

其為「形器」也。

〈詮釋〉將「形」釋成「形著義」，並強調其「形著而上溯於道」、
　　　　「形著而下委於器」，可見其關鍵處在「形」（形著義），
　　　　如此可見「道器不二」之論。「器」乃「道」之「形著」
　　　　而「器」之，故亦可以化此「器」而歸於「形著」，上溯
　　　　於「道」也。蓋「道」之顯而著，著而形，形而器，由道
　　　　之開顯而明白，而形成，而為器物。這是由「存有之本源」
　　　　而「存有之開顯」，而「存有的執定」也。

3. 象如其本源而為道象，即此道象，而為氣象，而為心象，而為意
　　象，而為形象，而為器象，而為物象也。形象、器象、物象等之
　　「象」為「形、器、物」所拘，此是在形、器、物後之象；心象、
　　意象等之「象」自不為形、器、物所拘，然又常附麗於形、器、
　　物之上而為象。心象、意象因而通之，則達於氣象、道象，蓋心、
　　意與道、氣不二也，其為不二，實以其象而通之，此通之之為可
　　能，乃基於心、意之動，始為可能。

〈詮釋〉此處作者將「氣、心、意」之與「形、器、物」為對比，
　　　　並強調「心意之動」，由斯可見宋明理學何如斯由心性學
　　　　必上透於形而上之理境，必隱含一宇宙論之總體思考。此
　　　　亦可見「心性論」與「宇宙論」在中國哲學是渾然為一體
　　　　的，吾人實不能就此「心性論」孤離而論之，亦不可等同
　　　　於西哲之倫理學，強分其為自律、他律，皆為不宜。天命
　　　　性道相貫通，此自他不二，非此自律、他律所可勉強分別

也。

4. 象在形先，故象不為形、器、物所拘，故雖依形、器、物而為象，
此象亦經由人之心、意，而上遂於道、氣，與道、氣合而為一也。
如此，則物象、器象、形象、意象、心象、氣象、道象，以其為
「象」，因而通之，皆通統而為一也。

〈詮釋〉象在形先，故象不為形、器、物所拘，這明白的表現在東
西方的「透視法」。西方多半採取的是「定點透視」，而
中國則強調「散點透視」。西方多半拘於「形、器、物」，
而中國則多半強調不為所拘，因而通之，如其道之顯現也。
中國畫作重在「寫意」，即如工筆亦為寫意也。西方畫作
多在「寫實」，即如抽象畫亦為「寫實」也。寫意是就通
極於象，通極於道之本源而說；寫實則是入裡於器，入裡
於物之本質而說。

5. 象以為形，非形、器、物以為象，故象是「現象」，而非「表象」。
至若取形、器、物以為象，即此而表達意義，亦不限於形、器、
物，更而上達於更高之意義本源也。吾華夏所用象形字，其表達
意義，亦當溯源於此而論之，蓋「象形字」之不同於「形象字」
也。

「象形字」，其就發生而言，乃因「形、器、物」以為「象」；
至若論其形而上之本源，則「象以為形」也。「形象字」，就其
發生言，或乃以形而上之本源言，皆不離其「形、器、物」也，
蓋「形以為象也」。

　　「形象字」為形、器、物所拘，故無得表達高度抽象之意義，欲表達高度抽象之意義，則須轉為拼音文字，使不為形、器、物所拘；「象形字」不為形、器、物所拘，故可調適而上遂於道，故可表達高度抽象之意義，而其表達又不離具體之實存也，故不必轉為純粹之拼音文字，祇須以形聲、會意為之即可也。蓋「象形字」，其如道之彰顯而為象，因其象而形著之也。

〈詮釋〉這樣的詮釋，會讓我們去思考一個重要的問題，截至目前為止，存在而有生命力的幾個大文明中，只有中華文明仍是使用「象形」（取廣義）文字，它可以說是「存有的連續觀」的守護者，這裡隱含著克服「存有的遺忘」之奧秘。這是將「存有之本源」與「存有之執定」連結為一不可分的整體之理由。「具體」與「抽象」，「個別」與「總體」，「末節」與「根本」是連續而不可分的。「存有的三態論」亦唯有在這樣的文化土壤中才得生長出來。

三、「言以定形」：語言的進入

1. 「道顯為象，象以為形」此是就存有之開顯而說，「言以定形」此是就存有的執定而說，如此之存有的執定是經由主體的對象化活動而形就的。

〈詮釋〉「言以定形」一語從王弼「名以定形」輾轉而來，此是順《老子道德經》所說「無名天地之始，有名萬物之母」而說。「天地之始」是就「存有之本源」說，而「萬物之母」

則就「存有之執定」之所以可能之根據說。「無名」是「道之在其自己」，而「有名」則是道之彰顯處說，或可說此乃「道之對其自己」。以其「無名」故可以爲「常名」，「無名」而「可名」，「可名」而「有名」，「有名」則指向「定名」，既爲「定名」已非常名，此即老子所說「道可道，非常道；名可名，非常名」之謂也。

「言以定形」是就「名言」之論定說，此即「定名」，定名雖仍溯於道，但「定名」已不同於「常名」，不同於「道」也。

2. 溯源而說，「言」當以「道」爲依歸；就開展而說，「道」之流出而爲「言」。「道」乃是「言」之秘藏處，「言」乃「道」之開顯處，「道」是「不可說」，而此「不可說」即隱含一「可說」，「可說」必指向於「說」，「說」之爲「說」，必指向於「說出了對象」，此「說出了對象」即爲一「言說的論定」，此是經由「語言的邏輯決定」而做成的論定，此是經由「主體的對象化」而做成的論定。

〈詮釋〉 如此說來，從「不可說」、「可說」、「說」、「說出了對象」是一連續之開顯歷程。這裡，我們可以看出「言」與「默」並不是兩個截然的兩端，而是連續爲一體的，這也可以看出「有」與「無」並不是對反的，至是放在存有的連續觀，放在循環性的思考下才有的思考。

再者，「道」乃是「言」之秘藏處，「言」乃「道」之開顯處。「存有」是「語言」之形上的安宅，即此安宅

而爲祕藏也;「語言」是「存有」之現實之宅第,即此宅第而得彰顯也。吾人亦可說「沉默」是「說話」之祕藏處、安宅處,「說話」是「沉默」之定居所、開顯處。語言之開啓伴隨著「主體的對象化」活動而生。

3. 「道」之爲「不可說」,即此「道」即爲「一」,「一」是「整全之體」、「根源之體」,此即所謂之「道生一」,「生」者,「同有」之謂也,非有一物生另一物也。此「不可說」不停留於祕藏處,必彰顯之,此彰顯即爲「可說」,「不可說」而「可說」,此是「一生二」。前所謂之「一」是就「整全之體」說,後所謂之「二」,則是就「對偶原則」而說。此「可說」必指向於「說」,此是由存有之「可能性」轉而爲「必然性」,此是就存有之由「意向性」而爲「定向性」,此是「二生三」。「二生三」的「三」,此乃承於「一」之「整體性」、「二」之「對偶性」,轉而爲「三」之「定向性」,此定向性必指向存在,而經由一主體的對象化活動,使得存在的事物成爲一「決定了的定象」,此即「三生萬物」之謂也,「三生萬物」此是從「定向性」之轉向於「對象性」。「道生一」、「一生二」、「二生三」、「三生萬物」,由「根源性」、「整體性」、「對偶性」、「定向性」,終而成就其爲「對象性」也。

〈詮釋〉以上所釋重在解《老子道德經》「道生一、一生二、二生三、三生萬物」,以爲此乃由道之「根源性」、「整體性」、「對偶性」、「定向性」、終而成就其爲「對象性」也。此「根源性」、「整體性」、「對偶性」、「定向性」、

「對象性」是通而為一的，故一切存在之對象皆可以還歸於根源之道，道亦可以下委於存在之對象。如其存有之道而言，以「生發」一語為要；如其存在對象而言，以「回歸」一語為要。因其生發，走向「執定」，走向「異化」；便須經由一回歸、還復，達到「治療」。「異化」必與「語言」相關，「治療」必還歸於「存有」，此即所謂「語言的異化」與「存有的治療」也。

4. 「道」之為「道」是就其「根源之整體」而說，此「根源之整體」其開展而有「對偶性」，然若歸返言之，則此「對偶性」乃根源於一「辯證性」、「和合性」。以其如此，故言「一陰一陽之謂道」。辯證之和合而未展開，即此而為空無也，即此而為「境識俱泯」也，若以數學式比喻之，此正如「二」之「○」次方，故其為「一」也。以此類推之「二」之「一」次方，則其為「二」也。「二」之「二」次方，則其為「四」也。「二」之「三」次方，則其為「八」也。由「○」而「一」，而「二」，而「三」，此是「道生一」、「一生二」、「二生三」之謂也。由「一」，而「二」，而「四」，而「八」，此是「太極生兩儀」、「兩儀生四象」、「四象生八卦」、「八卦定吉凶」，之謂也。

〈詮釋〉此是合《老子道德經》與《易經傳》以為說，闡明根源性、整體性必含一辯證性、和合性，亦為如此，才可能下開對偶性、定向性、對象性也。《易經傳》所說之「陰陽、開闔、翕闢」皆就如此而為說。老子所謂「負陰而抱陽」一語傳神的將此辯證和合之根源總體表述出來。

如上所述，「○」或「空無」並非與「實有」相對待的「沒有」，而是一充滿著開展可能性的本源，是「境識俱泯」之未開顯之狀態，即此「境識俱泯」，而「境識俱起」，進而「以識執境」，這是一連續體，而不是斷裂體。

5. 《老子道德經》所言「道生一、一生二、二生三、三生萬物」，此是就存有之開顯，並走向「存有之執定」而說；《易經傳》所言「太極生兩儀、兩儀生四象、四象生八卦、八卦定吉凶」，此是就存有之開顯之結構面說，且此結構面乃走向於「價值之論定」，此不同於前者之為存有之執定而已。或者，吾人可以如是言之，最後之溯源即乃「道」（存有），而其開顯與執定則不離存在面與價值面也。換言之，「言以定形」，其所定雖為存在面，實者此「存在面」即乃「價值面」也，兩者不可分。

〈詮釋〉　此是將「三生萬物」與「八卦定吉凶」對比，指出老子之闡析重在「存有之開顯」，因其開顯而指向對象，而《易經傳》則重在存有之結構面說，並即此結構而有一價值之論定。

問題的關鍵點在於「言以定形」，即此，其所定既為存在面，即此「存在面」又是「價值面」，兩者不可分。值得我們注意的是「存在面」與「價值面」是合而為一的。進一步說之，「存在」既與「價值」是合一的，就不能嚴分「實然」與「應然」。「實然」與「應然」之嚴格區分，此是就「存在」之定執面而說，是就「存有之執定」下委的說；若溯其源，由「分別相」回到「無分別相」，回到

「存有之本源」上溯的說，則實然之實，已非定執之實，而為體證之實，即此亦是應然之實。實然應然，於此亦不可勉強分別也。

四、「言業相隨」：業力的衍生

1. 如上所言，言以定形，其既定之，業亦隨之，是乃言業相隨之謂也。

言之為言，是由原先之根源性的整體之所開顯，由其根源性、整體性、對偶性、定向性而落實為對象性，以此一歷程言之，當其對偶性、定向性即已含有一染執性之可能，即此染執性而為業也。

〈詮釋〉這裡，我們似乎呼之欲出的點示出「惡」的存有學根源，它就在「道」之彰顯過程裡，由原先辯證和合為一不可分的整體，走向對偶性、定向性、對象性，因之而有了矛盾性、對反性，染執性於焉伴隨而生。

或者，我們可以說，所謂的「惡」乃由於「言說」所滋生的「論定」，伴隨著這樣的「主體對象化」活動，便不可避免的產生了惡。簡單的說，對象的論定，連帶地也就定了罪、定了惡。「罪」、「惡」是難以避免的，但卻也因之有了救贖與解脫。

2. 或者，吾人亦可說，當道體顯現時，即其幾而已有善惡矣！若能

入乎無為之誠,始得以進乎道體之妙。然此無為之誠並非一渾淪之境界語,亦非修養工夫語,而應如其存有學之開顯與復歸而言之。幾之有善惡,是由前所謂之對偶性、定向性而走向染執性,此非僅關乎心性修養之事也,實關於歷史社會總體、生活世界之事也。

〈詮釋〉這裡強調「誠無為,幾善惡」,由道開顯之幾,落實於「對偶性」、「定向性」而走向「染執性」,這不僅關乎心性修養之事也,而且關於歷史社會總體、生活世界之事。換言之,「幾」必有「善惡」,人之面臨善惡是不能避免的,因之如何去面臨歷史社會總體、生活世界是不可避免的,對於善惡的處理,不能只是心性修養的處理。若只執泥於心性修養的處理,則可能走向於境界型態的追求,以心體與道體通而為一的迷戀,以「道的誤置」當成道之自身,甚至在形上學、知識論上陷入一無世界論的迷謬之中。

　　「行事」、「處世」、「修道」這幾個不同的向度,要如何取得恰當的協調,的確是不容易的。事理、情理、道理,其範疇各有所異,事理之重在客觀法則性、情理重在生命之互動與感通、道理則重在總體之本源。中國傳統之道德學似乎重在情理與道理,而忽略了客觀之事理,殊不知客觀事理之疏忽終而使得情理、道理變得詭譎,並以其詭譎為奧祕。心性修養原本平坦易行,卻因之而多所禁忌、扭曲,殊為可惜!

3.由其根源性、整體性、對偶性、定向性而落實為對象性,此一歷

程乃道之開顯所不能已，彼既「範圍天地之化而不過」，更又「曲成萬物而不遺」。「範圍天地」是就道體之彰顯處說，「曲成萬物」則就主體的對象化活動所成之對象物而說。此「曲成」即「言以定形」，並因此「言以定形」而「言業相隨」。人間世事莫有非言所成者，亦莫有非業所成者。言之為言，可統括「名」、「思」、「文」、「知」，即或用一切語言文字符號所構成之系統而說，即此則有其「業」，此「業」當可連著「染執」、「趨向」、「勢力」、「性好」、「利害」等等而說。

〈詮釋〉 能重視「『範圍天地』是就道體之彰顯處說，『曲成萬物』是就主體的對象化活動所成之對象物而說」，方能注意如何的「去染不去執」；知「執」有「淨」有「染」，能去染存淨，如此之執，非但無害，還為有利。蓋人間還為人間，不執不成業，淨執成淨業、善執成善業，「執」是重要的。若不能恰當的注意到這個關鍵點，只說個「去執」，到頭來，「執」是去了，「染」還在，是又奈何！尤可懼者，以虛無飄緲之無執，任其染而為染，怪不得會落入「情識而肆」、「虛玄而蕩」的地步，豈不慎哉！

4. 以是言之，「物」非不齊，乃「論」所不齊，然物既為物，必以論而為物；亦即「形」之為「形」，非「言」不形；一切存在之為存在，若就其通及於道言，則存在只此存在，自有其內在之同一性在，然經由「言以定形」，則此存在才由此同一性而分化為殊異性之存在。古來「理一分殊」之理，即為如此。「理一分殊」乃以氣之感通交融為一，此是「存在之辯證銷融」，並非以言說

之論定，再以「對象之共相昇進」，而通同於一。

〈詮釋〉此所謂「『理一分殊』乃以氣之感通交融為一，此是『存在之辯證銷融』，並非以言說之論定，再以『對象之共相昇進』，而通同於一」，這清楚的區別了中西形而上學的異同。前者關連著「存有的連續觀」而展開，後者則與「存有的斷裂觀」密切相關。前者是以主體之生命為核心的哲學思考，後者則是以客觀之對象為核心的哲學思考；前者重在「通極於道」，後者重在「窮極於理」。宋代朱子學〈格物補傳〉所述之「格物窮理」雖有後者之姿態，但僅只是姿態而已，骨子裡，他走的仍然是「通極於道」之路。換言之，朱子學所說的「理一分殊」仍宜做「存在之辯證交融」解釋，不宜做「對象之共相昇進」解釋，將朱子學解釋成客觀的實在論，多所不恰當。或者，將朱子理解成客觀、順取之路，有別於逆覺之路，以致說朱子為「繼別為宗」（如業師牟宗三先生所判別者），亦多有可議處。實則，理學、心學、氣學，雖各有所重，但皆宜置於此「通極於道」之立場上立說也。

5.言業相隨，分別說、分別相，此是由道之根源性而整體性而對偶性，而定向性而對象性所不得不然之活動，此活動之定執、染污、趨勢、性好、利害亦伴隨而生，此西人近所常言「知識」與「權力」相伴隨而生是也。

〈詮釋〉近世西方所謂「知識社會學」乃至其他晚近哲學思潮之發

展，頗重視「知識」與「權力」的麻煩問題；此問題於東
土哲學而言，亦有深入之反思，值得留意，只是東土哲學
於此多含藏於心性論、修養論中，須得進一步發掘，方能
使之重現於世。這也就是說，我們須將「言業相隨」這樣
的立論置於歷史社會總體、生活世界中來仔細思量，不能
只陷溺在存有論、心性修養論的立場來處理。這是一個極
重要的哲學向度，東土哲學有大寶藏在焉！不可忽也，焉
可拋卻自家無盡藏，沿途持缽效貧兒耶！

6. 知識、權力伴隨而生，言業相隨、相伴、相絞、相結，言已不再
能如其形而定其形，言以其深沉之業而控其形、役其形，使形非
其形、是所謂扭曲變形是也。此扭曲變形可謂為一「存有論式的
扭曲變形」，人多忽於此，而不知深入此存有深處，予以治療之
也。人或多泥於語言之效用，以為可能有一理想溝通情境，經由
語言之治療而使此變形得回復也。實者，此問題之關鍵點即在「語
言」；此須得「存有」始得以治療也。簡言之，是「語言之異化」，
得「存有之治療」也；非「存有之異化」，得「語言之治療」也。

〈詮釋〉筆者有意將「知識」與「權力」的問題上昇到「存有論式
的扭曲變形」來立論，一方面要闡明此問題的複雜性，一
方面要說這扭曲變形乃起於「言業相隨、相伴、相絞、相
結，言已不再能如其形而定其形，言以其深沉之業而控其
形，役其形」。如此一來，我們既已清楚認知這是「語言
之異化」，因而所該尋求的、所能尋求的是經由「存有的
光照」，產生一「存有的治療」。

　　「存有的治療學」與當前「社會批判理論」可以相提並論，所不同者，「存有的治療學」所重在：經由一「因而通之，上遂於道」的方式，理解之、詮釋之、批判之、重建之，即此而產生一治療之效果。從「存有的執定」，而有恰當的、客觀的、對象化的論定，理解之；經由語言、文字的深化，既「詮」而「釋」之，「詮釋」是經由語言的破解，而使之釋放；如此漸由存有之執定上遂於存有之開顯，便可產生一批判之作用；這樣的批判便不同於對治式的批判，而是來自於存有的光照所導生的治療。經由這樣的治療而重建之，這樣的重建始能稍免於言業相隨、相伴、相絞、相結的惡執。

五、「言本無言」：語言還歸於沉默

1. 言本無言，然又不已於無言，無言而言，無言為本，此本亦無本矣！

　　言之為無言，此是「道」之「不可說」，然「道」又不停留於「不可說」，其「不可說」必含一「可說」，以其含一「可說」，因得以開顯也。「道」與「言」之關係，真乃「道可道，非常道」、「名可名，非常名」也。「言以定形」，此是言說之指向對象，因其指向對象而亦有所範限，此是以「道」之「常名」，經由「可名」之活動，而轉為一「定名」。能瞭解此由「常名」、「可名」而走向「定名」，故知「定名」之所限，以其知定名之所限，而

可跨出其所限，此即「言本無言」之諦義。

〈詮釋〉「道本」「不可說」，而「可說」，「可說」而「說」，
　　　　說之成物，此是一連續生發之過程，已如前所述。所當強
　　　　調者，這明白的要強調「道」與「言」之為不可斷，因此
　　　　落實於人間，就不採取「言語道斷、心行路絕」之實踐方
　　　　式。即採了「言語道斷，心行路絕」之實踐工夫，亦須得
　　　　調適而上遂之，輾轉以繹之，方才無誤。當然，「言語道
　　　　斷、心行路絕」不能做斷滅想，亦不當只是落在心性修養
　　　　上之「不斷斷」，更應是落在社會實踐上之「淨執以成業」。
　　　　　　　進一步言之，若一味的強調心性修養論式的「一體之
　　　　仁」，而忽略了將此「一體之仁」轉為社會實踐論，則難
　　　　免其自閉之限，無世界論、獨我論皆為可能之趨向，不可
　　　　不慎也。

2.「無言」之道，乃由「常名」再而歸返於「寂」也，此是由「境
　識俱顯」而渾歸於「境識俱泯」也。此是撤離一切言說之建構，
　而渾歸於一無建構的本然狀態，然此無建構並非在主客對概觀
　下，說其無建構，而是主客俱泯、物我皆忘下的無建構。蓋無建
　構所以為建構之基礎也，此基礎是一無基礎之基礎，是「無住本」
　也。

〈詮釋〉由「定名」歸於「常名」，再因而通之，使歸於「無名」，
　　　　這是一個回歸的過程，但這是「回歸」，可以是「還滅」，
　　　　但不是「斷滅」，回到「無建構」所以成就一「建構」之

可能。這樣的提法是有意將當前之解構論調適而上遂於道，再啓一新的建構論也。

就中國哲學論之，實可將佛老之「虛、無、寂、靜」與儒家所強調之「實、有、生、動」做一存有之連續，而不再兩相對反、對治也。宋明儒之批判佛老，多有偏見，亦不知佛老本亦有別者。船山之學，雖因而通之，多所融釋，但仍有立場之囿限。近世熊先生之論，宏遠深切，仍不免其誤解。牟先生更能擺脫原先「闢佛老」的心態，而有進一步的如理分判。筆者於此，更思有所進者，將此如理分判，因而通之，融釋於道也，行之於儒也。

3. 「言以定形」，指向對象，而成就一決定了的「定象」，如此之「定象」亦即「對象物」，一般所說之「萬物」是就此而說，此亦「有名萬物之母」之謂也。

「言本無言」，一切定象皆可撤離，渾歸於寂，故言歸於無言，如此無言之境，亦寂然之識，此境識俱泯，寂天寞地，一般所說之「天地」，溯源而說，當極於此，此亦「無名天地之始」之謂也。

〈詮釋〉如此之論，將「天地」與「萬物」分別說之，「天地」非萬物之總名，萬物亦非只就散殊而說。「天地」必渾歸於無名方得爲說，「無名」是就總體之本源說，亦可以是就存在之場域說、就生活之世界說，然所當注意者，必當歸本於無分別相、歸本於無名，方爲的當也。

或亦可如是說之，「天地」就「道」說，「萬物」就

「德」說，萬物莫不尊道而貴德，上承於道，下著於德；「道」是就本源說，「德」是就本性說；道是就總體之場域說，德則就具體之事物本性說。「言本無言」，實乃「尊道而貴德」之論也。

4.「天地」是就「場域」說，是就「生活世界」說，「萬物」是就「對象」說，是就「執著之定象」說。「言以定形」當指向對象物之釐定，「言本無言」則去名以就實，而此「實」非實，乃不可說之寂而已矣！

〈詮釋〉「去名以就實」，實非實，這是就回歸之途說，但就「道」之開顯處往下說，道生之、德蓄之，物形之、勢成之，如此「正名以求實」可也。存有的治療學所關連的存有三態論，由「存有的本源」、「存有的開顯」、「存有的執定」三者所構成之理論。這樣的治療學有意的將儒、道、佛的思想做一總體的融通，特別是儒道兩家本為一體，互為體用。儒體道用，其用在融通淘汰；道體儒用，其用在建立構成；儒道同源，互為體用。佛教之「真空」可調適上遂於道教之「虛無寂靜」，進言其「自然無為」也。佛教之「妙有」可因而通之於儒教之「實有生動」，進言其「人倫日用」也。

5.知識、對象、萬物乃「建構」所成者，天地、場域、生活則乃「參與」所成者，「參與」之「在言中」，然亦「在言外」，蓋「言本無言」，參與在先，建構在後也。參與可成建構，然亦可瓦解

此建構，而為解構也。

〈註釋〉將「參與」與「建構」對比而論之，前者重在生命主體之
　　　　互動融通，後者重在言說對象之客觀論定。參與之為先，
　　　　意指生命、存在、主體等之為先，如此為先，天地、場域、
　　　　生活方為落實，知識、對象、萬物亦才得以有一恰當之論
　　　　定。

　　　　　　「解構」看似一消極負面之活動，但回到一無建構之
　　　　本源，所以成就如其本然之建構也。從「解構」到「建構」，
　　　　從「無執」到「淨執」，這當是「言本無言」的深義！

六、「業本非業」：業力原是虛空無物

1. 業本無根，感之即有，歸寂為無，然「言業相隨」，伴之而成，
　　或亦可說業並非一「存在之實然」，乃經由「言說之定然」所拖
　　帶而成者。然其所獨特者在此「定執、染污、趨勢、性好、利害」
　　等等，既伴隨而生，彼又生出一束縛之力，將「言說之定然」往
　　下拖帶，而形成一僵化之結構，「言」「業」遂相纏繞而不可解。

〈註釋〉如前所說，「言業相隨」，這是一語言的異化現象，它是
　　　　由「橫面的執取所拖曳相引而成者」，是在「眾人皆知美
　　　　之為美，斯惡矣」的狀態下而生者。「業」之一字，正將
　　　　此趨迫性表達無疑，然此業並非存在之實然，乃經由言說
　　　　之定然而成者。這樣的強調，一方面是要說明一切之業皆

為人之所造，非有一客觀實然之業，一方面順此要說，一切業既為人之所造，亦當為人之所自解，人之不能自解，而乞靈於冥冥不可知，斯大謬也。

2. 如此之「言」為「業纏之言」，如此之「業」為「言纏之業」，以今人「知識」、「權力」二語言之，前者乃為「權力的知識」，而後者則為「知識的權力」。實者今人已落於此「知識」即「權力」，而「權力」即乃「知識」也。「知識」與「權力」兩者相即不二。

〈詮釋〉 「業纏之言」強調「言」所可能的「業」性與「纏」性，而說「言纏之業」，則強調「業」之為業就在「言」之所「纏」。既為如此，我們所當留意者是對於一切之「言說」都當做一「業纏」之解構，對一切「業力」亦當做一「言纏」之解構。

解構者何？當從執染之特性乃一橫面之執取所拖曳相引而成瓦解起，一旦摧破了語言的構造，回到存有之自身。這否定性的思考方式之所以能瓦解語言的異化與心知的定執，則是因為先預取了存有之為存有這個生活世界的概念做為基礎始為可能。這也就是說，否定性的思考之能產生的解構作用，並不是虛無主義的瓦解一個定執之物而已，而是要回到一個生命的開顯之場——「天地」之中，而天地是存有 (道) 平鋪的開顯。

3. 「言業相纏」所成之兩面相為「業纏之言」與「言纏之業」，「業

纏之言」看似理性，實則已為工具所異化之理性，而非理性之本
然。欲破此業纏之言，若不能深入其業，只依彼等之業纏之言以
為之理性破之，則是為業力所限之理性，只絞繞而不能破也。「言
纏之業」看似善著，實則已為言說所纏，故業力所現，多所曲折
周致。欲破此言纏之業，若不能深入其言，破解其言，只依彼等
言纏之業，順之思考，則多委曲從之，而不能真瓦解也。

〈詮釋〉如上所述，筆者實有意經由「言纏之業」與「業纏之言」
　　　　兩組詞來闡析當前現代化理性所造成諸問題，並進一步指
　　　　出當前面對現代化之後之種種反思，雖有其可貴處，但多
　　　　半囿限於言業相纏下，而無能為力，或者只以新的威權取
　　　　代舊的威權而已。

4.「言纏之業」、「業纏之言」所形成之總體，其特性在相刃相靡、
相纏相結、既矛盾又鬥爭、既對立又聯合，故以一般言說所及之
執著性對象化之知識系統欲破解之，實為不可能。因此破之為破，
不能以時下兩概對立觀下之為破也。故欲破「言纏之業」，當得
深入「言之無言」，欲破「業纏之言」，當得深入「業之非業」。

〈詮釋〉如上所述，之所以難解現代化工具理性所造成之嚴重異化，
　　　　乃因陷溺於主客兩概觀下來思考所致。蓋言本無言、業本
　　　　非業，「言」與「無言」是連續的，因之可以經由一存有
　　　　之道的回歸與還滅，而透入無言之境；「業」雖可回溯於
　　　　「無明」，然此「無明」即涵「法性」，即此「法性」故
　　　　為非業，由「業」與「非業」的連續性視之，「業」亦可

以經由一回歸與還滅之歷程，而透入非業之境。深入業之非業，乃使得「言纏」為解，言纏既解，其業可去，業纏既去，其言亦可以回歸於無言矣！深入言之非言，乃使得「業纏」為解，業纏既解，業為非業也。

5.存在之本然是境識一體、當下明白者，由存在之本然而走向言說之定然，業因之伴隨而生，然當下亦可以回歸本源，故業即生亦即滅，生滅一如，業本非業也。此業之生滅，端在心能無執、無染，不隨它去也，能隨緣不變，能依境而起悲也。即此悲慈，足以消其業力之障也。

〈詮釋〉　「言業相纏」下，頗難破解，但當此一念，即是契機，然此只是契機，並非果真即以此為破矣！為何當此一念，即是契機，蓋因人之心能當下捨執而入於無執之境，即此無執可為當下一時之解脫，使人們對此「言業相纏」之狀況能有一存有論式的光照，此即佛教所謂般若智是也，即此般若智，同體大悲存乎其中，所謂「悲智雙運」者即指此也。

6.業本非業，言業相纏，執此非業以為業，劫之、奪之，欲破其業難矣！業本非業，當下一念，慈悲為懷，當即可破，此是以其「言之無言」、「業之空無」以為破也。「業本非業」就其存有學之回溯其源，知業本虛空；此正含一實踐學之契入，知慈悲之為大也。

〈詮釋〉　如前所說，當此一念，即為契機，但此只是契機，並非如

此即可破此相纏之言業；欲破此相纏之言業，須得深入此中之底蘊。此須得回溯前節所述「淨執」之重要性，關連此「淨執」，吾人亦當深入理解一「淨業」之可能。既爲人間世便無有不執者，便無有非業者，只是要如何去面對此執、面對此業，此執既爲染，此業亦染之，卻須暫忘此染，方有去染之契機。

這裡所謂「暫忘」，亦是般若智初機之用也，過此初機，進一步才能解此深纏，步步做去，方得爲解。須得注意者，此非只是心性修養之事而已，它更得轉爲客觀法則性之重視，先以「暫忘」爲始，另建一理想之客觀結構，此即爲淨執，以此淨執做爲對比，再解開其糾纏繫縛，此事甚爲不易，須視實況而療治之，其原則大體先簡述至此。

七、「同歸於道」：存有本源的回溯

1. 「言」、「無言」，「業」、「非業」以兩概觀言之，此本不同，然破此兩概觀，以合一觀言之，此「不同而同」也，是乃「玄同」也。「合一觀」之所以可能，其關鍵點在於「言」與「無言」爲連續的合一，而非斷裂的兩端，「業」與「非業」爲詭譎的合一，而非矛盾的兩端。

〈詮釋〉如前所述，如此之合一觀、連續觀，乃基於中國文化之母土而做成者。若以如是模型觀之，吾以爲熊十力先生的體用哲學實有別於牟宗三先生的兩層存有論。熊氏之論實隱

含一「存有的三態論」，此乃吾於《存有、意識與實踐：熊十力體用哲學之詮釋與重建》一書中作成者。

牟先生重在「縱貫的創生」義上立說，而其立基點則在道德本心，熊氏一方面重在縱貫之創生，其立基點則在宇宙總體之本源（道），另外則亦開啓一橫面之執取，此則重點在由「存有的根源」、「存有的開顯」，進而有一「存有的執定」這樣的連續歷程。牟先生全繫於「一心」，由此「一心」而開二門也。熊先生繫於總體之本源，由此總體本源之道，而鋪展爲萬有一切也。牟先生重在主體的自覺義，而熊先生雖亦重主體之自覺義，但亦可以進一步轉爲萬有交融爲總體之處所義、場域義。吾之「存有的三態論」實繼承於此，而思有所轉進也。

由上所論，我們可以進一步說「『言』與『無言』爲『連續的合一』，而非『斷裂的兩端』：『業』與『非業』爲『詭譎的合一』，而非矛盾的兩端』，並不似主體性哲學一般，皆視一心之過轉而已，實乃鋪顯於場域、處所而顯現也。

2.歸者，因其「道」而有所「顯」，有所「顯」而後有所「形」、有所「形」而後有所「定」，因其「定」而成「執」、因其「執」而生「染」，終之以化此執染，而回歸於道也。如此之回歸可以理解爲一存有學之回溯其源，即此存有學之回溯其源實即含一實踐學之契入也。

存有學的回溯其源與實踐學的契入，乃一體之兩面，此非只

置於一詭譎的相即辯證中，即顯其義，亦非只置於一連續的一體中，即渾合為一，而是置於一廣大生活世界與歷史社會總體中，既指向對象物，分理之，又回歸於形上之道而統合之。

〈詮釋〉由「存有的根源」，而「存有的開顯」，進而「存有的執定」，這是就存有之道彰顯落實而說；再由「存有的執定」所伴隨而生之雜染，反思之、破解之、調適之，回返於存有之本源，這是一回歸、還滅之路。彰顯、落實與回歸、還滅，一體兩面，如如無礙！

　　「存有的三態論」重在處所、場域中展開，它所不同於主體性哲學者在於重視廣大的生活世界與歷史社會總體，尤有過之也。若以傳統之身心論、理欲論、理氣論、道器論、理勢論，它強調的不是以心控身，而是身心一如；不是以理控欲，而是理欲合一；不是理先氣後，而是理氣合一；不是道先器後，而是道器合一；不是理先勢後，而是理勢合一，或者說，他所強調的是具體性、實存性原則，而不是抽象性、普遍性原則，他所重視的是處所性、場域性，而不是主體性。

　　這也就是為何我在〈咒術、專制、良知與解咒──對「臺灣當代新儒學」的批判與前瞻〉一文所強調的：「實踐概念之為實踐概念應當是以其自為主體的對象化活動所置成之對象，而使此對象如其對象，使此實在如其實在，進而以感性的透入為起點，而展開一實踐之歷程，故對象如其對象，實在如其實在。這「如其」不是康德意義下的

> 物自身的「如」，不是佛教意義下的「如」，而是在「實
> 踐歷程而開啓」這意義下的「如」。「如」是動態的歷程，
> 不是靜態的當下。」

3. 指向對象物而分理之，此是「言以定形」事，而回歸於形上之道，
此是「去名以就實」事。「言以定形」須歸返於「無言」，如此
之「定形」，纔不致走向異化之定形，纔得一識解分明之定形，
因歸返於「無言」，才得歸返存有自身，如此才得以回返存有之
場，而受其治療也。

〈詮釋〉在「存有三態論」下，哲學治療學最終須得依止於「存有
的根源」，而所謂的存有的根源並不是一夐然絕待的形上
之體，而是「無名天地之始」，是一場域、一處所、一天
地，回到此存有之場中，方得療治也。

　　　這也就是前所述及的「存有」是「語言」的形上宅第，
而「語言」則是「存有」落實的具體安宅；其實，這樣的
治療學是與中國傳統的道德學得合而爲一的。

　　　傳統的道德學，如《老子道德經》所說「道生之、德
蓄之、物形之、勢成之」、「尊道而貴德」，《論語》所
說「志於道、據於德、依於仁、游於藝」等所說，皆是由
「存有的本源」下貫於活生生實存而有這樣的人的本性以
及一切存在事物之本性也。這樣的道德學不是規範、不是
強制，而是創造、是生長，不是對反的克治，而是回返本
源的治療。

4.「去名以就實」之「實」，一指「存在之實」，一指此「存在之
　實」之未對象化前之真實狀態；前者之「實」為「執實之實」，
　後者之「實」為「無執之實」。「去名以就實」一方面強調歸返
　於生活世界之真實，是以存在的活動之實取代理論之建構，另方
　面則強調此生活世界之真實更得歸返於「道」（存有自身），而如
　此之存有自身，乃非指向對象化之存有，而是一境識俱泯、主客
　交融為一整體之存有自身，如此之存有自身，亦可以說是空無的。

〈詮釋〉　兩層「實」的闡明是重要的，若只一味的強調未對象化前
　　　　之真實狀態（無執之實），則易落入原先中國專制、咒術傳
　　　　統的迷霧裡。若只一味強調執實之實，這樣的實易落於執
　　　　著之中，徒生對反，難得恰當之療治也。

　　　　　這也就是說，我們須得對於「存有的三態」有一恰當
　　　　之分際把握，「存有的本源」當落在場域、處所上來理解，
　　　　既落於此說，則必然得含存有之對象物及相關之網絡來理
　　　　解，也就是必須重視實存性、具體性、客觀性、物質性，
　　　　不能只是於心性主體上用工夫而已。能了然於此，才能一
　　　　方面重視回歸、還滅於「存有之道」這樣的「真實」，另
　　　　方面更重視到開顯、落實至「存在之物」這樣的「真實」。

5.或者可說，此「同歸於道」之「道」非一「建構之實在」，而為
　一「解構之實在」，然此解構之為解構，非主客兩橛觀義下之解
　構，而為境識俱泯義下之解構，蓋解構所以成就建構之始也。

〈詮釋〉　「同歸於道」指的是回到「存有的本源」，這本源是一切

建構的始點，他當然不適合再是一建構的實在，只適合是
一解構的實在。這解構的實在，或者亦可以說是還滅的實
在，回歸的實在，是無執著性的實在，是「見乃謂之象」
之所以可能的「道」，是一切宇宙創化之源，是「境識俱
泯」的空無狀態，是一切可能的起點，是哲學療治的家鄉。

八、「一本空明」：總體之源的場域覺醒

1. 「一本空明」，「一」是根源義、整體義，蓋論其整體之根源皆
「本」於「空」，而此「空」即為「明」也。

　　「本」之為「本」，以「無住」為本，或即謂以「無本」為
本，可也。

〈詮釋〉如上所論，可將儒教與佛、老徹底會通，道之為太極，太
極更本於無極也。根源義、整體義皆是抒義的說，而非定
實的說，不是在一線性思考下的最前項也，而是在一環性
思考下的場域也。

　　「一」是總體、是本源，「一」當為「本」，然亦有
所本，其「本」者何？其本為「空」而「明」也；「空」
是無執、無著、無昏擾、無紛雜、無分別，此是遮詮，亦
是一切表詮之所以可能的起點。「空」是就「心靈意識與
外界存在事物渾歸於寂處」說，是就「境識俱泯」處說；
「明」則是就「心靈意識與外在存在當下顯現明白而說」。
「空」字所重在「場域」，而「明」字所重在「覺醒」。

約摠言之，萬有一切皆回到總體之本源，回到場域的覺醒、覺醒的場域中也。

2.「空」之為「空」以「色空相即」為義之「空」，此「空」非定指的存有論義下的「空」，而為抒義的說此存有之為存有，實乃空無也。「空無」是消極的說、解構的說，「空無」非與「實有」相對待，此兩者玄同為一。「空」之義可理解為一存有論的回溯與銷毀，蓋銷毀所以成就其回溯也。

〈詮釋〉將「空」之義理解為一存有論的回溯與銷毀，銷毀所以成就其回溯，這論旨重在「為道日損，損之又損，以至於無為」的工夫。值得注意的是，它看似消極的解構，卻可以是一積極的建構。換言之，若以如是調適道家之學，彼則不只為一修養境界之形而上學也，彼亦堪理身理國，彼原亦可以是之療治之學，是一生長之學，是一建構之學也。

3.相對於「空」之偏就存有學之義上說，「明」則是偏就實踐工夫論之義上說。「空」是就「存有之在其自己」、就「境識俱泯」下「存有的根源性」而說，亦是就意識之空無性、透明性而說。如此之「空」，即隱含一意識的「明覺性」與意識的「自由性」，此即所說之「明」。

〈詮釋〉如此分述「空」、「明」二詞，是就道體之本源之開顯而往下說。若是就具體事物之回溯到道體，則「空」亦可以是一實踐工夫論，而「明」亦可以成就一「存有之本源」。由實踐論之「空」回到存有論之「明」，這是全修在性的

工夫，是即用顯體的工夫；由存有論之「空」開啓實踐論之「明」，這是全性在修的工夫，是承體達用的工夫。體用不二、一體如如。

4. 「明」是當下之照面、明白，如陽明觀花「一時明白起來」，是境識俱起而未分，一體通明之狀態，是由存有的根源而邁向開顯，此開顯仍爲無執著性、未對象化前之狀態也。

〈詮釋〉 佛教、道教之哲學的極致在「空」、「無」，而儒家哲學之極致處則在「明覺」。明覺義即含感通義、創生義、剛健義，其表述，或用「誠」、或用「仁」、或用「良知」皆無不可也。佛、道之所重在平鋪之場域義、處所義，而儒家則更於此場域義、處所義，進言其明覺義也。明覺義更含縱貫之創生義。

所須注意的是，「明」固然有其無執著性、未對象化之狀態，但更進一步地此「明」亦當落實於「執著性」、「對象化」之境。此或者可以說經由「明白」而轉爲「清楚」也。牟先生以「良知的自我坎陷以開出知性主體」來做理論上的疏通，此是其「兩層存有論」所必得往前推進的一步；此若置於「存有的三態論」視之，則亦當由「存有的開顯」而走向「存有的執定」也。如此由「空」而「明」，由「明」而落實於存在事物，此「執」是「明執」。「明執」非「定執」，「定執」爲染，「明執」無染，此如「業之有淨有染」，義相類也。

5. 如前所言，「道顯為象，象以為形，言以定形，言業相隨」，此是由其根源性、整體性、對偶性、定向性而落實為對象性，如此經由一切語言文字符號所構成之系統，即此則有其「業」，此「業」當可連著「染執」、「趨向」、「勢力」、「性好」、「利害」等等而說。如此經由存有之執定，是為境識俱起而兩分，以識執境、以主攝客，而成就其對象義。此自不免意識的染執性、意識的權體性，如此即隱含意識之質礙性、意識之隱蔽性。

　　「明」之所以為「明」，是存有論的「照明」，即此照明而為「銷毀」，即此銷毀而為「回溯」也。意識之質礙性、隱蔽性、染執性、權體性皆得因之而銷毀、瓦解，而回復意識的明覺性、自由性、空無性與透明性，存有之根源因之得以回歸，此即「同歸於道」，「一本空明」亦因之而成。

〈詮釋〉　吾常定位自己之學問路向爲「關心人及其周遭存在的異化」，「並尋求其克服之可能」。前者，須深於「存在之異化」的眞切理解，理解之、詮釋之，開權顯實，融通淘汰，由解構而回到存有之源，因之而得其澆灌、渥沐與治療也；既而由此得以進一步落實之、重建之也。

　　我深切知之，眾生病、吾亦病之；眾生未病，吾亦病之；哲學既爲思修交盡之學，思之、修之；修之、思之。吾何能建此「存有三態論」耶！蓋深有啓於牟師「兩層存有論」之教也。吾將吾師所做之超越區分融通之，將表象義與現象義做一區隔，深入於《易經傳》「見乃謂之象」之奧蘊，並經熊十力「體用哲學」之融通而締造之。

　　吾以爲「存有三態論」可消解「現象」與「物自身」的分隔，融通之，使之還歸於一也。如此言之，它可以解消「既超越而內在」之圓枘方鑿的問題；它可以化解理、心、氣三者之緊張關係；它可以更恰當安排佛教與道家的位置，並調適而上遂之；它可以解釋「名以定形」（存有的執定）之異化及其復歸之可能；順此理路，可以發展出一套「存有的意義治療」（或稱爲「道療」）；如此可以恰當釐清身心問題、心物問題、天人問題、德智問題、性善之內外問題等等；可以解消理論構作上之爲橫攝、縱貫的兩重問題；可以解決《易傳》、《中庸》、《論語》、《孟子》、《道德經》等如何通貫爲一的解釋系統。這樣的理論雖亦不離於主體之自覺，但顯然地，它的重點則落在「場域」、「處所」上立說。

　　〈道與言〉寫於丁丑之春五月四日凌晨三時於象山居
　　〈詮釋〉寫畢於己卯之夏七月廿二日、於清華大學之元亨齋

附　錄

《道言論》

　　「道顯為象，象以為形，言以定形，言業相隨，言本無言，業本非業，同歸於道，一本空明。」

　　　　　　　　————講於一九九六年南華哲學所之啓教禮————

第二章　論「道的錯置」：中國文化宰制類型的一個闡析

本章提要

　　本文旨在針對中國文化之宰制類型提出一總體的詮釋，提出「道的錯置」一詞以為概括。首先，經由「絕地天之通」與「巴別塔」二神話，做一宏觀的對比，指出中西文化心靈之根本差異，拈出「氣的感通」與「言說的論定」之異同；進而對比懷德海（A.Whitehead）所提之「具體性的誤置」（the fallacy of misplaced concreteness），而逼顯出「道的錯置」（the fallacy of misplaced Tao）。

　　再者，經由「君」、「父」、「聖」三概念的深層分析，指出中國文化傳統中之以「宰制性的政治連結」為核心，而以「血緣性的自然連結」為總樞，以「人格性的道德連結」為理想，而糾成一不可分的總體。君權中心、父權中心而管控一切，聖賢教養異化為工具，「道的錯置」於焉構成，中國族群之文化心靈受到

嚴重的扭曲與摧殘。

　　最後，筆者強調須邁出「血緣性的自然連結」，開展出一「契約性的社會連結」，進一步，瓦解「宰制性的政治連結」，進而構造一「委託性的政治連結」，如此才能使得「道德與思想的意圖」能得與現代化接榫，而不致形成一種謬誤。

關鍵字詞：道、錯置、血緣性、宰制、父、君、聖、契約、道德與思想之意圖

一、問題的緣起

　　這些年來，在腦海中常縈繞不去的一個問題是：追求現代化民主已接近一個世紀的中國，何以仍然陷入一籌莫展的困境之中；像「天安門」這樣的事件何以仍然在二十世紀八十年代的中國發生，除了現實上人爲的疏失以外，是否和中國數千年來積澱的傳統有關，如果是有關的話當作如何的理解，才不致穿鑿，才不致冤屈。當然這些年來，海內外亦有許多的學者在這方面作出很重大的貢獻；但所可惜的是，一直沒有作出更好的總結。之所以如此，一方面是因爲這些研究仍然處在披荊斬棘的階段，另一方面則因爲我們似乎太依賴外國漢學家所建立起來的概念範疇，不能作一更爲深刻的後設性反思，去結合既有的各種研究，讓它們成爲具有生產力的東西。事實上，早在二十世紀三十年代，就有許多傑出的中國學者

跨出了當時的各種限制，對於中國社會及歷史傳統作出了極為可觀的分析，唯後繼者少，也因此使得他們的研究只成了研究而已，對於實際的民主改革並沒有發生巨大的影響。

　　大體而言，這些年來活絡於國內言論場上，最常聽到的幾種言論有：反智論與中國傳統❶、簡易的一元心態❷、道德思想意圖的謬誤❸、缺乏幽闇意識❹、缺乏理性的架構表現（只有理性的運用表現）❺；相應於這些些理解，他們提出了各種不同的改革主張，強調知識傳統建立之重要性者有之，強調多元心態之培養者有之，強調「喚醒幽闇意識」者有之，強調「良知的自我坎陷以開出知性主體」者有之。衡情而論，這些見解的確都看到了很重要的側面，不過，顯然的他們背後都有不同的分析架構以作為其對比。正因如此，使得他們彼此之間仍存在著不可解的矛盾，甚至相互攻伐，抵消了彼此的研究成果，殊為可惜。當然這並不意味著他們是可以匯歸為一的，筆者想做的是如何藉由他們的啓發，跳脫出他們的限制，去尋求一更為周全的詮釋之可能。

　　經過多方的省思，筆者想提出一個總結性的說法──「道的錯

---

❶　余英時於一九七五年發表〈反智論與中國政治傳統〉，又於一九七六年發表〈「君尊臣卑」下的君權與相權──反智論與中國政治傳統餘論〉，見氏著《歷史與思想》（一九七六年九月，聯經出版，臺北）。

❷　傅偉勳常作此說，見氏著〈儒家心性論的現代化課題〉，收入《從西方哲學到禪佛教》（一九八六年六月，東大圖書，臺北）。

❸　見林毓生著〈兩種關於如何構成政治秩序的觀念〉，收入《政治秩序與多元社會》（一九八九年五月，聯經圖書，臺北）。

❹　見張灝著《幽暗意識與民主傳統》（一九八九年五月，聯經圖書，臺北）。

❺　見牟宗三著《政道與治道》第三章（一九六一年二月，廣文）。

置」，以之作爲討論的核心。筆者以爲這個現象是綿亙於整個文化之中的，它可以說是中國文化中最富有決定性的關鍵，值得我們好好去梳理它。相應於中西文化的不同，筆者在這裡取用了一個對比的分析，筆者想結合既有的研究成果，並集中於人類文明的發生根源所最常面臨的終極問題——天人之際，展示彼此的不同，並進一步概括的去處理中國文化結構性的困結，指出中國宰制性類型的獨特處並進而指出其解構及重建的可能。

二、「絕地天之通」與「巴別塔」

「絕地天之通」可以說是任何一個民族都有的古老神話，它代表的是人類由盲昧的洪荒走向文明的理性的第一步。不同的「絕地天之通」的方式，正反映著不同的文明進程；不同的經濟生產，不同的社會構造，不同的理性思維，不同的道德規範，以及不同的宗教信仰。以中國而言，「絕地天之通」的故事首見於《尚書》〈呂刑〉，又見於《國語》〈楚語〉，其所指的年代儘管有些不同，但從故事的內容構造中我們卻可以發現它所指的意義是一樣的。

《尚書》〈呂刑〉上說：

> 民興胥漸，泯泯棼棼，罔中于信，以覆詛盟，虐威庶戮，方告無辜于上。上帝監民，罔有馨香德，刑發聞惟腥。皇帝哀矜庶戮之不辜，報虐以威，遏絕苗民，無世在下，乃命重黎，絕地天通，罔有降格。群后之逮在下，明明棐常，鰥寡無蓋。皇帝清問下民，鰥寡有辭于苗。德威惟畏，德明惟明。

　　這段話說的是，古老的世代，人們逐漸開化，連帶地也遠離了渾沌的狀態。作為一個人的特性逐漸的突顯出來，彼此相互的侵奪，殺戮。上帝見此不幸，便想以其德威來阻止人們的殘暴；於是祂派遣了重（司地者）與黎（司天者）絕斷了人們通往天地鬼神的通道，使鬼神不再直接干涉到人們的活動·如此一來，就使得人們往德明（道德及智慧）之路邁進。當然這段話的義蘊極為豐富，而且充滿著歧異性，不過它卻清楚的指出了：當人類封住了（絕限了，斷絕了）與天地鬼神的通道，人類才真正邁入了人的世界。值得注意的是，這裡所謂的「封住」並不意味說從此之後，人與天地鬼神就再也沒甚麼關係；而是說人與天地有了一個普遍而恆定的關係。這是人們從偶然的，不定的，渾沌的狀態走出的決定性的一步，這個轉捩點的形式，可以說便隱含著那個民族的一個基本的生命樣式。

　　為了更清楚的給這一段話定位，我們可以引《國語》〈楚語〉來作說明：

> 昭王問於觀射父曰：《周書》所謂重黎實使天地不通者，何也？若無然，民將能登天乎？對曰：非此之謂也。古者民神不雜，民之精爽不攜貳者，又能齊肅衷正，其智能上下比義，其聖能光遠宜朗，其明能光照之，其聰能聽徹之；如是則明神降之，在男曰覡，在女曰巫；是使制神之處位次主，而為之牲器時服，而後使先聖之後有先烈，而能知山川之號。高祖之主，宗廟之事，昭穆之世，齊敬之勤，禮節之宜，威信之則，容貌之崇，忠信之質，禋絜之服，而敬恭明神者，以為之祝，使名姓之後，能知四時之生，犧牲之物，玉帛之類，采服之儀，彝器之量，次主之度，屏攝之位，壇場之所，上

> 下之神，氏姓之初，而心率舊典者，爲之宗，于是乎有神明
> 類物之官，是謂五官，各司其序，不相亂也。民是以能有忠
> 信，神是以能有明德，民神異業，敬而不瀆，故神降之嘉生，
> 民以物享，禍災不至，求用不匱。及少皞之衰也，九黎亂德，
> 民神雜揉，不可方物，夫人作享，家爲巫史，無有要質，民
> 匱於祀，而不知其福，烝享無度，民神同位，民瀆齊盟，無
> 有嚴威，神狎民則，不蠲其爲，嘉生不降，無物以享，禍災
> 薦臻，莫盡其氣。顓頊受之，乃命南正重司天以屬神，命火
> 正黎司地以屬民，使復舊常，無相侵瀆，是謂絕地天通。

　　這段話極爲清楚的說明了所謂「絕地天通」的意義，就理想的
狀況而言，民神是不雜的，人神是有所分別的；不過，這並不意味
著說人神就分離而不交。事實上，這正說明一個具有必然性及合理
性的神人關係之建立。在這裡我們發現在原始的古道教（巫教）傳
統中已包含著極高的道德實踐色彩，或者我們可以更進一步的說：
神人之際是通過德性來分判的，以是之故，所以「民是以能有忠信，
神是以能有明德，民神異業，敬而不瀆」。至於民神雜揉則是一種
亂德的狀態，結果是「民瀆齊盟，無有嚴威，神狎民則，不蠲其爲，⋯⋯
禍災薦臻，莫盡其氣」；而所謂的「絕地天通」乃是「使復舊常，
無相侵瀆」。換言之，「絕地天之通」爲的是尋求一個神人溝通的
恰當管道，經常管道。這麼說來，「絕地天之通」所指的是一個「絕
限的絕」而不是一「斷絕的絕」，由於有所絕限，便可以「人神異
業，敬而不瀆」；但又由於不是斷絕的絕，故人神之際是可以通而

爲一的❻。這清楚的顯示：在中國古文明裡，一方面含有薩滿教式的信仰（shamanistic belief），另方面則又含著高度的道德實踐色彩。這兩者並不是相背離的，而是合而爲一的。在這種「絕地天之通」的情況下，中國文明的特質可以將之定義在「存有的連續」及「天人的合一」這兩項上。

再者，我們勢將發現關連著這種「存有的連續」及「天人的合一」，中國在自然方面則強調「物我的合一」，而在社會方面則強調「人己的合一」。無可懷疑的，一個族群的宗教信仰，及其社會構造，以及其世界圖象是相應爲一的。而作爲人們終極關懷的宗教信仰往往更能保存那個族群最爲根本的思維模式，一旦深入了這個核心，便能掌握全局。

處理了中國傳統上所謂的「絕地天之通」後，筆者想對比的指出另一則來作比較。基督教的《舊約全書》〈第十一章〉曾有一則這樣的記載：

> 那時天下人的口音言語都是一樣，他們往東邊遷移的時候，在示那地遇見一片平原，就住在那裡，他們彼此商量說：來吧！我們要作磚，把磚燒透了。他們就拿磚當石頭，又拿石漆當灰泥。他們說：來吧，我們要建造一座城，和一座塔，塔頂通天，爲要傳揚我們的名，免得我們分散在全地上。耶和華說：看那他們成爲一樣的人民，都是一樣的言語，如今

---

❻ 王夫之於所著《尚書引義》〈皋陶謨〉對此有更進一步的析論，見林安梧著〈船山論「天人之際」——《尚書引義》〈皋陶謨〉一文疏解〉，見《王船山人性史哲學之研究》（一九八七年九月）。

> 既作起這事來，以後他們所要作的事，就沒有不成就的了。
> 我們下去，在那裡變亂他們的口音，使他們的言語不通；於
> 是耶和華使他們從那裡分散在全地上，他們就停工不造那城
> 了！因為耶和華在那裡變亂天下人的言語，使眾人分散在全
> 地上，所以那城名叫巴別（就是變亂的意思）。

事實上，這段話必須與前面〈第三章〉所述「伊甸園的神話」
合看，當始祖被誘惑，違背主命，上帝一怒，便欲將之逐出伊甸，
經書上面這樣記載著：

> 耶和華上帝說，那人已經與我們相似，能知道善惡，現在恐
> 怕他又摘生命樹的果子吃，就永遠活著，耶和華上帝便打發
> 他出伊甸園去，耕種他所自出之土。於是把他趕出去了。又
> 在伊甸園的東邊安設基路伯和四面轉動發火燄的劍，要把守
> 生命樹的道路……。

就這段話來說，它清楚的告訴我們，人食了智慧之果，便分辨
了善惡，豈容它再摘生命樹的果子吃，又豈容他仍居於伊甸園。這
樣的「絕地天之通」的意思，是值得我們注意的。它告訴我們，人
類一旦走向理性便必然的要離去了原始的渾沌，與那超越的絕對者
疏隔開來，天人分離為二。

再就所引〈十一章〉，我們發現即使人類用了再大的努力，想
通過一語言概念所成的建築之塔，去縫合天人之間的分隔都是不可
能而且不被允許的，甚至遭來更嚴重的後果，在上帝的大能之下，
變亂了人們的口音，使得大家言語不通，陷入一更為嚴重的疏隔現

象之中。顯然的，除了上帝之外，人們是不可能奉自己的名，因爲人自己的名是不能與上帝相提並論的。

　　《尙書》〈呂刑〉及《國語》〈楚語〉所顯示的。「絕地天之通」與《舊約》上記載的「絕地天之通」顯然南轅北轍，前者雖區分了天人之際，但仍然相信天人是可以感通的，在薩滿的儀式之中又隱含著道德的實踐色彩，而且顯然道德實踐的色彩才是更爲根本的。換言之，這樣的「絕地天之通」只是想讓民神異業，敬而不瀆。上蒼所希望人們的是以神明聖智來達成一具有必然性及合理性的天人關係，並不是非要將天人絕對的疏隔開來不可。正因爲他所走的是這樣的「連續之路」，「天人合一」之路，因而它以道德實踐爲首出，並且認爲道德實踐是通天徹地的，它能縫合天人之間的疏隔。

　　順著這樣的思維樣式，便極爲自然的以一種參贊天地的理解及詮釋方式，將自己的生命和自然的生命關連在一起，自然萬物因而充滿著價値性的色彩，人參贊之，感受之，實踐之，調適而上遂，通極爲一。《易傳》所謂「大人者與天地合其德，與日月合其明，與四時合其序，與鬼神合其吉凶」蓋如是之謂也。宋明理學家之強調「吾心即宇宙，宇宙即吾心」正是此思路發展的極至。

　　相對於中國文化的天人之際之爲一連續性的關係，西方文化的天人之際是一斷裂性的關係❼。兩相對比之下，就其爲連續的關係而言，在宗教上，它便無一創世的神話，亦因而無一夐然絕對與人

---

❼　杜維明於所著〈試談中國哲學中的三個基調〉中曾淸楚的指出「這種可以用奔流不息的長江大河來譬喩的「存有的連續」的本體觀，和以「上帝創造萬物」的信仰把存有界割裂爲神凡二分的形而上學絕然不同。」（見《中國哲學史研究》第一期，一九八一年三月，頁20）。

間世隔離開來的至上神❽；在認識上，它強調的是一直接契入的感通互動，而覺得言說概念是一暫時性的次要之物；在社會構造上，它是一個「波紋型」的構造方式，而不是一「絪材型」的構造方式，是一「差序格局」，而不是一「團體格局」❾；就其爲不連續的關係而言，則適爲相反。

就中國文化而言，由於彼之文化型態是一連續體的方式，因而天人之際不必再有任何一中介者，通過一個誠敬的方式，便可以默契道妙。終極言之，它所強調的是天人合一，因而此心即是天，良心即是天理，孟子所謂「盡其心者知其性，知其性則知天矣！」❿陽明所謂「無聲無嗅獨知時，此是乾坤萬有基」⓫都可以在這個氛圍下獲得一更切當的理解。在這種主體道體通極爲一的情況下，中國哲學自然而然的是以性善論爲大宗，而所謂的「性善」指的是「人性的善向」，不是「人性的向善」，這也就清楚而不辯自明了⓬。

相對而言，就西洋文化而言，由於天人之際是一斷裂的方式，因而就須要一中介者，唯有通過這中介者，天人才可能縫合起來；而更值得注意的是這樣的一個中介者是由天所決定的，它是一所謂

---

❽　美國學者牟復禮（F. W. Mote）即作如是説，見上所引文。

❾　參見費孝通所著《鄉土中國》〈差序格局〉一節，頁22-41，臺灣影印版。若擴大言之，我們發現包括「語言文字」、「紀年方式」等等都是如此，中西「天人之際」的差異是系統性的，不是偶然的，值得注意。

❿　語見《孟子》〈盡心（上）〉，第一節。

⓫　語見王陽明〈詠良知詩〉。

⓬　近些年來，天主教一方極力以「人性向善論」來詮釋孟子，新儒家一方則強調「人性本善論」，頗引起學界注意。

「道成肉身」者❸。

三、「道之錯置」的構成

關連著上面所述，我們可以更進一步來談所謂「道之錯置」的問題。「道之錯置」它不只是一簡單的思想現象，它是一個極為複雜的文化現象；因此我們必須從構成這個文化的結構上之總體去加以了解，尤其我們要注意的是足以作為此文化結構之總體的底座，並且將它和前節所述的「天人之際」比配而觀，以得出一更富說服力的結局。

首先，必須一提的是中國傳統社會的特質是鄉土性的，誠如費孝通氏所言，「我們的民族是和泥土分不開的，從泥土裡長出光榮的歷史，自然也會受到土的束縛，現在很有些飛不上天的樣子」❹。鄉土的特質即如前面所述之「連續性」，人們定在土地上，經由土地的生息來長養其自身，並且以一種「血緣性的自然連結」而構成最根本的宗族社會。這樣所構成的一個社會，它是一種自然形成的積累(aggregation)，而不是一經由契約連結以成的組織(association)❺。它所著重的是人與人直接的生命之感通，而不是一種言說式的

---

❸　相應於此「道成肉身」，我們似可以說中國之型態爲一「肉身成道」者。

❹　參見費孝通著《鄉土中國》，頁2。

❺　J. Locke於所著《政府論第二講》(Second Treatise of Government)中即對此二者作了極爲清楚的分析，大體說來，aggregation仍然處於「自然狀態」(state of nature)下，至於association則是就「市民社會」(civil society)而言。

溝通；而且他們深切的感受到言說概念終非究竟，最根本的是去體察一種內存於彼此之間互動的精神聲息──即所謂的「氣」。宇宙人生皆為「氣」之所包蘊，氣亦因之而被提到本體的層次，一陰一陽這樣的太和之氣即所謂的「道」。就此而言，顯然地，「道」並不是一超越而渺不可及的東西，它是一遍覆一切而無所不在，人人可以參與之的東西。

　　關連著這樣的鄉土性社會，它強調的是熟悉與感通，這是超乎言說之上的彼此之相與，正因如此，它強調的不是言說辯論，而是默契道妙。基督教《舊約全書》上所記載的上帝是通過「說」而創造了天地（第一章），這樣的強調方式清楚的告訴我們：在西方的傳統中，「言說」與「存有」是密切相關的；甚至我們可以說「上帝之經由言說去創造世界，正如同人們通過言說去把握世界」。至於中國則非如此，誠如孔子所說「天何言哉！四時行焉，百物生焉，天何言哉！」❶❻上蒼並不是通過言說來創造這個世界，而是通過一種默運造化的方式來創造的；相應於此，人們並不是通過一言說的方式來把握這個世界，而是通過所謂「先行其言而後從之」❶❼的方式來參贊天地化育的。我們可以更進一步的說，中國所注重的是一種具體的，感知的辯證銷融（所謂「潛移默化」是也），此不似西方所注重的是一種抽象的，概念的分析之釐清（所謂「真理愈辯則愈明」是也）。

　　事實上，「血緣性的自然連結」這樣的一個詞，它不只指有血

────────────────

❶❻　參見《論語》〈陽貨〉，第十七節。
❶❼　語見《論語》〈為政〉，第十三節。

緣關係而構成的宗法社會，它更可以擴而充之的指整個鄉土性的社會，因為，就中國傳統下所謂的鄉土是充滿著血緣性的，它對土地的關係也是一種血緣性的關係，中國並沒有發展出真正獨立的地緣性的連結，地緣乃是血緣的空間投影，它們是分不開的；即如我們的籍貫亦取自於我們的父親，祖籍則取自於我們的祖先，這是一種以父系為主的「血緣性的自然連結」，可見籍貫跟祖籍兩者都是血緣的空間投影❸。或者我們可以說「血緣性的自然連結」是中國社會構成的「形式性原則」，而「土地的固著性的連結」則是一「材質性的原則」，前者構成了宗法社會，及後者構成了小農經濟，這兩者又構成了一個不可分的整體。

　　相應於「血緣性的自然連結」，無疑的，中國是以倫理為本位的❸，它是一「波紋型的差序格局」，而不是一「綑材型的團體格局」；它只有天下的觀念而沒有國家的觀念；它強調的是一禮治社會下的平等原則，而不是一法治社會下的憲法原則；它重視的是「氏族倫理」而不是「市民道德」❹。這樣的社會構造之事實，顯然的是以家庭為中心，但更值得注意的是此以家庭為核心所映顯的文化哲學之意義則是以個人的意識為核心。家庭是社會構造的最基本單位，個人意識則是文化總體表現的最基本單位；它們都是同心波形紋圈的核心。值得注意的是：這裡所謂的「個人」並不是一具有個性（individuality）的個人，而是通極於道的

---

❸　參見費孝通前揭書，頁77及79。

❸　梁漱溟氏即作此說，見氏著《中國文化要義》第五章，頁78-95。

❹　以上所作之概述，大體得至於費孝通前揭書。

人格，是一「此心即是天」的個人。正因爲是這樣的個人，所以他可以推而擴充之，以達於四海。由於個人與團體並不是二分的，不是疏隔的，在連續觀及合一觀之下，使得中國人的群己關係極爲特殊，甚至可以說是模糊❷。事實上，中國人所謂的「大公無私」及「大私無公」有時候是極難分辨的。

以「血緣性的自然連結」作爲基本構造方式的中國社會，它的倫理當然是從家庭開展出去的。所謂「君子務本，本立而道生，孝弟也者，其爲人之本與！」❷，所謂「仁之實，事親是也；義之實，從兄是也；智之實，知斯二者弗去是也；禮之實，節文斯二者是也；樂之實，樂斯二者，樂則生矣！」❷事親及從兄這樣的孝悌之道，儒家將它深化爲仁義之道，這一方面意味著儒家所強調的「人格性的道德連結」是建立在「血緣性的自然連結」之上，另方面則意味著儒家所強調的「人格性的道德連結」在實際上原是另一個層次意義的「血緣性的自然連結」倒影，只不過儒家不只停留在生物學及社會學的層次；它將之提到了心性論及存有論的層次。所謂「惻隱之心，仁之端也；羞惡之心，義之端也；辭讓之心，禮之端也；是非之心，知之端也。」❷即指此而言。

---

❷ 因爲如此，故中國當代在吸收西方民主自由思想時，常忽略了群己的恰當分界，即如嚴復將J. S. Mill《On Liberty》譯成《群己權界論》亦常以中國傳統的群己觀來思考，因而導致錯誤的理解。參見林安梧〈個性自由與社會權限——以穆勒《自由論》爲中心的考察兼及於嚴復譯《群己權界論》之對比省思〉，《思與言》第廿七卷第一期，一九八九年五月。

❷ 參見《論語》〈學而〉，第二節。

❷ 參見《孟子》〈離婁（上）〉，第二十七節。

❷ 參見《孟子》〈公孫丑（上）〉，第六節。

　　先秦時期的儒家（尤其孟子）所強調的即是以此「血緣性的自然連結」及「人格性的道德連」結合而爲一的實踐，並認爲這樣的實踐是超乎政治之上，而且是足以抗衡現實政治的。孟子說：

> 君子有三樂而王天下不與存焉！父母俱存，兄弟無故，一樂也；仰不愧於天，俯不怍於人，二樂也；得天下英才而教育之，三樂也。君子有三樂而王天下不與存焉！❷❺

　　顯然的，「父母俱存」指的是「孝」，「兄弟無故」指的是「悌」，這強調的是孝悌人倫；「仰不愧於天，俯不怍於人」指的是「天理良心」，這強調的是人實存所對的人格性總體；「得天下英才而教育之」指的是「文化教養」，這強調的是人之所生所長的歷史長流所給人的陶養。這個陶養，其經驗上的基礎是孝悌所及的家庭，其存有論上的基礎則是人格性的總體。「血緣性的自然連結」及「人格性的道德連結」合而爲一，爲的是去抗衡君國霸權，以是之故，孟子三復其言「君子有三樂，而王天下不與存焉」蓋如是者也！❷❻

　　如孟子之所言，儒家所強調的是經由「血緣性的自然連結」之網絡，推而擴充之，讓「人格性的道德連結」得以養成。這樣說來，應是從自己推而擴充之以達於大公之際，當不致公私不分或大私無公；但我們又發現「公私不分」或「大私無公」確是中國人常犯的毛病，在理上這又如何說呢？問題的癥結在於這種以「血緣性的自

---

❷❺　參見《孟子》〈盡心（上）〉，第廿節。

❷❻　孔子說「書云：孝乎惟孝，友于兄弟，施於有政，是亦爲政，奚其爲爲政」（《論語》〈爲政〉，第廿一節），亦可作另一類例。

然連結」爲最基本的樣式,並沒有一獨立個性的個人,而且一切的存有亦無一徹底而孤離開來的客觀性;一切都在主體的互動與銷融之下,連結爲一體,無可分,亦不必分。儘管儒家所強調的是「人格性的道德連結」,但眞能與於此者本屬有限,更何況從秦漢之後,「宰制性的政治連結」成爲一切的管控核心,這使得「人格性的道德連結」異化爲一切宰制之合理化及合法化的基礎。因此之故,「人格性的道德連結」竟成了殺人的禮教;在這種情形之下,「人格性的道德連結」既已成僵化的教條,甚至是一有害之物,這便使得原本立基於個人之上推而擴充之的波紋狀連結,無法依大公無私之心推擴之以達於四海,如此一來,由「一體之仁」所推極而成的人格性總體既屬不可能;但個人還是一切的核心,只不過其方向作了一百八十度的改變。原本是個人通過一體之仁的實踐而銷融於整體之中,讓自己眞切的進入到人格性的總體之中;而異化之後則流落於感性的功利之境,個人成爲此感性功利之境的核心。更可怕的是,這樣的個人它常夾雜著堂皇而偉大的道德仁義之名,去行感性功利之實。

通過上述的分析,我們可以清楚的發現到這裡隱含了一個「道的錯置」的問題,這是值得注意的。爲了更清楚豁顯這個問題,筆者擬從「父」「君」「聖」這三個最重要的象徵,再作一番分析。大體來說——

　　「父」這個字眼代表的是:通過血緣性的自然連結而結成的人際網絡之中,那最高階位的倫理象徵。

　　「君」這個字眼代表的是:通過宰制性的政治連結而結成的人際

網絡之中，那最高階位的精神象徵。

「聖」這個字眼代表的是：通過人格性的道德連結而結成的人際
網絡之中，那最高階位的文化象徵。

　　值得注意的是，秦漢帝制之後，這三者是以「君」爲中心的，
它可以橫跨到其它兩個面向裡，並且與之結合爲一體，像我們平常
所聽到的「君父」或者「聖君」這兩個詞便是一明顯的例子。「君
父」一詞顯然的是將那「宰制性的政治連結作」爲主導力量而將「血
緣性的自然連結」吸收內化成爲一穩固政權之後所凝鑄而成的，它
意味著原本作爲中國人最基本的自然連結網絡已被政治化了，它已
喪失了獨立性。當然作爲「血緣性的自然連結」之中最重要的倫理
——孝道，這時也被異化成統治者宰制的工具❷。至於「聖君」一
詞從字面上看來似乎是聖高過於君，是將那「人格性的道德連結」
擺在優位，而將那「宰制性的政治連結」作爲從屬，其實不然。因
爲骨子裡具有決定性力量的不是道德理想的聖人，而是現實上具有
威權的國君；因而使得所謂的「聖君」異變成「君聖」。「聖君」
要求的是：讓那有德有才者始能爲君；「君聖」則異變成只要在現
實上當了國君的人都既是有德者又是有才者。在這種情況之下，「人
格性的道德連結」不但未能成爲主導性的優位地位，而且成了「宰
制性政治連結」的階下囚。

---

❷　從孔孟的諸多篇章裡，我們可以發現「孝道」是與當時的軍國政策相反的，
　　法家更是厭惡「孝道」；然而從秦漢之後，「孝道」卻成了最重要的統治
　　工具，漢皇帝之謚號且多加上一「孝」字。事實上，《孝經》多有維護帝
　　制之言。

作了這樣的概括分析之後，我們可以籠統的說，中國的歷史文化及其社會結構是以「宰制性的政治連結」為核心，以「血緣性的自然連結為背景，以人格性的道德連結為工具而形成了一個龐大的一體化結構。「君」成了「聖君」，又成了「君父」，「君」成了中國民族心靈的金字塔頂尖，是一切匯歸之所，是一切創造的源頭，是一切價值的根源，及一切判斷的最後依準。顯然地，正因為這樣的情況才使得中國文化落入一極嚴重的「道之錯置」的境域之中。

由於「君」不只是政治連結體所構成的「君」而且是「君父」之「君」，它不只是「宰制性的政治連結」體的最高精神象徵，更而代表的是「血緣性自然連結」的最高倫理象徵，也因如此，使得「血緣性的自然連結」充滿了宰制的氣息，原本所注重的倫理親情，此時便空洞而一無所有，只剩下一宰制性的迫壓形式。

由於「君」不只是政治連結體所構成的「君」，而且是「聖君」之「君」，它不只是「宰制性的政治連結體」的最高精神象徵，更而代表的是「人格性道德連結」的最高文化象徵。也因如此，使得「人格性的道德連結」充滿了宰制的氣息，原本所注重的一體之仁、道德真實感的互動感通，此時便異化而成為宰制者的工具，而且道德仁義亦因之而滑轉成所謂「吃人的禮教」。

經由以上的疏釋，我們可以清楚的指出所謂「道的錯置」原指得是這種以「宰制性的政治連結」的「君」為核心，並因而侵擾了「父」與「聖」的情形。在這樣的情況之下，父無一獨立的父道，聖無一獨立的聖道，它們都只是君道底下的附庸，甚至階下囚而已。

再者，以「血緣性的自然連結」為根本背景的中國社會，它當然是一家長制，是一父權制，此無所疑。但當「宰制性的政治連結」

成為一切管控的核心時，更使得中國的文化趨向於以「心性」為核心（或者說是以「道德思想意圖」為核心）。這一方面，因為中國的社會是一「波紋型的結構」，是一「差序格局」所形成的結構，如前所述，中國文化最為強調的是一連續體的觀念。天人、物我、人己、他們都是合而為一的，只要通過一道德的真實感，自然能怵惕惻隱的與之關連成一體，（或是經由一藝術境界的修養，亦可以與之關連成一體），所謂「親親而仁民，仁民而愛物」即此之謂也。不過「親親而仁民，仁民而愛物」原強調的是將那「血緣性的自然連結」與「人格性的道德連結」合而為一，想經由一種推擴的工夫而達於四海天下，如前所述，這原是與「宰制性的政治連結」相互背反的。

就另一方面來說，中國的歷史從秦漢以來，就陷入一嚴重的宰制性困局之中，作為「宰制性政治連結」的最高象徵的「君」成了最高的絕對管控者，它將儒家所強調的「人格性道德連結」及中國傳統社會的「血緣性自然連結」吸收成統治之一體。如此一來，「宰制性的政治連結」，「血緣性的自然連結」，「人格性的道德連結」形成了一個極為奇特而怪異的總體，相互依倚而相互抗持，尤其儒家所強調的「人格性的道德連結」所構成的「道統」與帝王家所強調的「宰制性政治連結」所構成的「政統」形成了一個內在對比的抗衡結構。相應於這內在對比的抗衡結構之一端，另一端亦因之而有所跟進；當「宰制性的政治連結」愈為絕對化，則相對的，「人格性的道德連結」也必須更為強調，甚至徹底的絕對化才可能與之相抗相持，那個內在對比的抗衡結構才能保持穩定狀態。在政治上以「君」為核心，在社會上以「父」為總樞，在教化上以「聖」為理想，這樣的歷史文化走向陶鑄了數千年，自然的成為中國人的基

本思維模式，林毓生氏所謂「道德思想的意圖」亦於焉構成。

　　再者，我們可以更進一步的說「道德思想的意圖」雖然與中國文化「天人之際」的強調其一體連續觀有密切的關連；但更爲重要的是由於中國長久以來的帝皇專制所造成的「道的錯置」更使之極端化了。

　　這樣的情形產生一極爲奇特的宰制型理性，它一方面仍然守著中國文化那種連續性的傳統，但由於「宰制性的政治連結」體之國君成爲獨大的管控者，這便使得原先那種發自生命內部深處的「一體之仁」這樣的道德真實感所開顯的「自律型之慎獨倫理」異化而成爲一「他律型的順服倫理」。更值得我們去注意的是這樣的「他律型的順服倫理」因爲它不是以一超越的位格神作爲最高的管控者，而是以一現實世界的國君皇上爲最高的管控者，所以它並沒有一恆定性，沒有一普遍性。它有的是繫屬於帝皇專制下的奴隸性及暫時的規約性而已。只有當那國君皇上被提到超越界的地位，這時「他律型的順服倫理」才可能具有恆定性及普遍性，而所謂「宰制型的理性」亦才能真正的建立起來。

　　相應於「他律型的順服倫理」，其理性是一「宰制型的理性」；而相應於「自律型的慎獨倫理」，其理性是一「充擴型的理性」。值得注意的是，這裡所謂的理性是就其爲連續觀及一體觀的情況下的理性；這不同於就其爲斷裂觀及二分觀的情況下的理性。連續觀及一體觀的情況下的理性不是一「決定性的理性」，而是一「調節性之理性」；不是一「主體的對象化」而成的「概念型之理性」，而是一「互爲主體化」而成的「體驗型理性」；不是一外在超越界與經驗世界相對執的理性，而是內在的將那超越的世界內化而交融

為一體所成的理性。

事實上，中國文化的一體觀及連續觀之所產下的帝皇專制和西方二分觀及斷裂觀下的君主專制，在表面上儘管有些相似，但骨子裡卻有極大的不同。中國的皇帝儘管也要強調自己的神聖性，但卻不同於所謂的「君權神授」。皇權一方面是天授，但所謂的天授又是依準於人民的，是依準於道德的。或者我們可以說：那「宰制性的政治連結體」這樣的最高管控者，它一方面滲入到「血緣性的自然連結體」之中，另方面又滲入到「人格性的道德連結體」裡頭，它使得「血緣性的自然連結」之孝悌倫理異化成宰制的工具，使得「人格性的道德連結」之仁義禮智異化成控制的技倆；但另一方面又使得它由於孝悌倫理及仁義禮智的薰習而受到限制。

換言之，儘管在中國的帝皇專制體制下應指向一絕對的宰制，但顯然地，因為那調節性理性的調節作用，使得它仍然保持到一相當的和諧狀態。再者，在「宰制型理性」的管控下，使得那「體驗型的理性」轉變成一境界型態的嚮往；而且因為「宰制型理性」的特別凸出而使得此境界型態的嚮往隨之而日趨強烈，甚至有病態的傾向。原初儒家所最強調的是通過這「體驗型的理性」而達到一真切的社會實踐，但由於帝皇專制的宰制及其造成的異化，而使得社會實踐沒得開展，因此它只能滑轉成一往內追求的修養意識，隨著宰制及其異化的程度，它再度滑轉成日常的修飾意識，甚而成為日常的休閒意識；伴隨此，道德實踐既已開拓不出，境界型態的修養，進而異變成精神上的自我蒙欺，阿Q式的精神勝利法於焉構成，此亦可證明前面所述，由於「道的錯置」使得「道德思想意圖」的傾向日趨於極端化及空洞化的表現。

四、結論——邁向解構與重建

經由上述的分析，我們可以說中國社會乃是一由「血緣性的自然連結」作爲背景而形構成的「波紋型」的社會，是一「差序格局」所構成的社會，這樣的社會原是以孝悌之道爲優先的。它經由儒家的拓深，發掘了人實存的道德眞實感，更而將之上提至一心性論及存有論的地步。儒家即於此而開展其「人格性的道德連結」，希望完成其親親仁民，仁民愛物的偉大襟懷。儘管我們可以說儒家所強調的「人格性的道德連結」是不離於那「血緣性的自然連結」的，但值得注意的是這只是發生學上的層次，至於理論的層次，我們可以說儒家所強調的「人格性的道德連結」有其優先性，它可以作爲未來發展的一個理論上的接榫點。這也就是說當一個歷史上的機緣所發展出的思想理論，如果當眞它指出了一個普遍的道理，那麼即使時代業已改變，但這思想卻可能強而有力的再度開展於人間社會之中。總的來說，中國的儒道兩家都有這個機會，這是值得我們注意的。

中國的社會是一「血緣性的自然連結」所構造成的，這正與中國長久以來的連續觀是相應合的。如前所述，中國人對於天人之際的理解特別強調其爲連續的合一觀，即如所謂的「絕地天之通」的「絕」不是「斷絕的絕」而只是「絕限的絕」，「絕」強調的只是「民神異業」而已，而且重要的是「敬而不瀆」。通過敬謹的德行功夫，達於所謂的「大人」，那麼便能「與天地合其德，與日月合其明，與四時合其序，與鬼神合其吉凶」。這種連續的合一觀配合

上那以「血緣性的自然連結構」成的社會，因此而形成的理性是不同於近代西方意義的理性的。

近代以來，西方學者對於所謂「理性」的詮釋與批判，眞是汗牛充棟，不勝枚舉，但令人深覺遺憾的是這些批判儘管有頗深刻者，卻都不能免除西方中心論的世界圖象。這正說明了我們先聖先賢流傳下來的偉大智慧仍鮮爲人知。事實上，以中國爲首的東方文化很可能是構造一嶄新世界文化的最重要因素，因爲相對於西方文化而言，它不是一天人疏隔的斷裂性文化系統，它不是一以抽象性的概念性思維去把握外在的事物，它更不會以此概念性的思維直接執泥之而以之爲具體之眞實事物，它不執泥於言說系統，它不必徬徨於天人之隔，不必以一種無可奈何的禁制方式去祈求上蒼，它也不是早已被決定的，它不是在這種悲劇氣氛底下才無可奈何的轉出一滅絕型及禁制型的理性，它不會如韋伯（Max. Weber）所述的西方資本主義社會，看似已解除了世界的魔魅（disenchantment），而事實上則陷入更嚴重的牢籠（Iron cage）裡頭❷❸。在天人兩橛觀的格局下，似乎不可能眞正地解除魔魅，整個近代西方理性化所帶來的不正是更大的魔魅嗎？當韋伯譏斥中國文化沒有如西方近代文化一樣的徹底解除魔魅，因而沒能發展出近代的資本主義精神，也因此而未達合理性現代化的地步。這個論法是否恰當，不無疑問；但它卻明顯的是以西方爲整個世界圖象的核心來立論的。若我們能不受它所提供之世界圖象的限制，我們當可以發現韋伯的論調充滿著對世

---

❷❸　參見林安梧〈理性的弔詭──對〔基督新教倫理與資本主義精神〕一書的理解與感想〉，《鵝湖月刊》第九卷第十期（總號：106），一九八四年四月，頁24-30。

界的悲感，從他的悲感之中，我們若能加上中國文化的資源，那是可以看到新希望的。

當然我們這樣去論它，未免太一廂情願，因爲擺在眼前的問題有更甚於此者。當前我們最切要的問題是如何免除如上所述之「道的錯置」的困結，而邁向一嶄新的構造，締結一新型的理性。明顯地，臺灣海峽兩岸的中國仍然處在這個關卡上，不過總的來說，臺灣有一嶄新的機會，它將成爲邁向世界史的一個嶄新角色❷。工商業的發達使得臺灣已不再是傳統的大陸型的思維模式，它不再爲「血緣性的自然連結」及連帶而來的土地的固著性所限制，就社會構造方面，它已被歷史的理勢逼向非往一「契約性的社會連結」建立之路走不可的地步。唯有順此大流而趨，才可能瓦解長久以來作爲整個中國人心靈的金字塔頂那個「宰制性的政治連結」體的最高權力的管控者，才可能建立起一「委託性的政治連結」，如此才可能進到所謂的民主政治。

相應於這裡所謂的「契約性社會連結」及「委託性的政治連結」，我們可以再回過頭去檢討前面所述的中國文化的總體性結構。我們勢將發現原先的那三種連結，所謂「以『宰制性的政治連結』爲核心，以『血緣性的自然連結』爲背景，以『人格性的道德連結』爲工具」而形成的龐大一體化結構，如今必然的面臨瓦解及重建的命運。若就這三者而言，我們勢將發現只有「人格性的道德連結」足堪作爲接榫的過渡，而且適巧長久以來它又作爲中國文化之總體表

❷ 參見林安梧著《臺灣、中國——邁向世界史》，一九九二年八月，唐山出版社印行，臺北。

現的心源動力之核心，這是值得我們去關注的。如前所說那樣的中國文化傳統所造就的「道德思想的意圖」它本就不可以簡單的從另外的立場說它是一種謬誤就能了事的；事實上，它是作爲傳統邁向現代必要的過渡關鍵，在這關鍵上，它提供了我們來自自家文化傳統內部的動源。或者更扼要的說，它提供了一個「定向性原則」。須知，在一個要由傳統邁向現代，要由開發中邁向已開發的國度裡，「定向性原則」無疑是極爲重要的，「定向性原則」不能清楚地被把握住，必然會產生整個民族心靈意識的危機。更爲弔詭的是；當這個危機嚴重到一個相當的地步時，那些勇於去爲中國找尋出路的知識分子，卻以爲此定向性原則是不需要，甚至是有害的，須得剷除；如此一來，使得中國陷入一無定向的迷思（迷失）之中。長久以來，有多少的知識分子在此頭出頭沒，聲嘶力竭，卻是浮沉度日。當然光靠一個「定向性原則」亦不能有所爲，它必得依尋著時代的聲息脈動，方得落實。定向性原則的要求絕不是守舊，也不是所謂的「中體西用」，它是作爲「接榫的過渡」而不是作爲「甚麼甚麼的基礎」，這一點的辨明是極爲重要的。

　　如上所述，我們可以更清楚的發現，依循「契約性的社會連結」而構造成的社會，以及依循「委託性的政治連結」而構成的政治，這並不意味說作爲中國族群最根本的「血緣性的自然連結」就已不再須要，而是說原先那「血緣性的自然連結」的方式，今日必然要被限制於個我的家庭之內，如此方爲合理。至於「宰制性的政治連結」則原屬不合理，它與「委託性的政治連結」適爲相反，它必然的要瓦解。

　　值得注意的是，無論瓦解也好，限制也好，足以作爲其內在心

源的動力者，唯此「人格性的道德連結體」所發之「道德思想的意圖」始足以當之。不過筆者仍得再強調它只是作為「接榫的過渡」，過渡之後，勢必再由一嶄新的社會構造，政治組織及經濟体系等等來型構另外一個心源動力。心源動力並不是百世不遷的，它是「日生日成」的，它是「未成可成，已成可革」的。

總而言之，唯有我們通過一文化結構的總體性之疏清，才能諦知「道的錯置」究竟為何，隨著世代的更替，結構的大幅變遷，也因此使得我們對於所謂的「道」有一嶄新締造及開展的可能。

第三章　再論「道的錯置」：先秦儒家政治思想的困結

——以《論語》及《孟子》爲核心的展開

本章提要

　　本文旨在通過一文獻的解讀方式，以《論語》及《孟子》爲考察的核心，企圖將儒家政治哲學所隱含的困結合盤托出。當然在所謂的困結之托出前，筆者連帶的將儒學的特質做了一極爲周全的交代。

　　依筆者看來，儒家之最可貴者，以其能於既有的「血緣性的自然連結」之上，更而開發之，以闡揚人之所以爲人的根本，點出吾人實於此「血緣性的自然連結」之上，尚有一更深切而真實的「人格性的道德連結」。至於其所謂的困結則在於帝皇專制之後，使得儒家原來的「聖王」理想，被異化成一「王聖」的現實困局，這使得原先儒家所強調的以「人格性的道德

連結」為核心，以「血緣性的自然連結」為方法這樣
的「聖王理想」，變成了以「宰制性的政治連結」為核
心，以「血緣性的自然連結」為背景，以「人格性的
道德連結」為工具的「王聖」現實，這便構成了一嚴
重的「道的錯置」（misplaced Tao）的情形。

關鍵字詞：血緣性的自然連結、人格性的道德連絡、宰制
性的政治連結、聖王、道的錯置

一、問題的提出

　　一、思想和其地域、風土、人情有密切的關連性，這幾乎是大
家所認可的（當然有少部份例外）。大體來說，先秦諸子各家各派的
主張，亦可關連著這裡所說的風土人情，再加上其出身背景及思想
傳承，來給予一類型學式的範疇。通過這個類型學式的範疇為的是
去彰顯彼此的異同，並不是就此而範限住說某家某派就是什麼。換
言之，類型學式的範疇祇是作用的，而不是實體的；它祇是方法論
式的一種運用，不是存有論式的論定。經由這樣的說明之後，我們
可以說「三晉之地」、「鄒魯之地」及「湘楚之地」正可作為三個
不同的類型，這三個不同的類型顯示了不同的風土人情，也顯示了
不同的思維風格。

　　二、大體說來，「三晉之地」是一大土塊的性格，生活較艱困，
對於「現實」的存在感受格外深刻，在與外族的拉扯抗防之中，更

體會到了「努力」乃作爲存在基礎的一個極爲重要的因素；「鄒魯之地」一方面涵容著古文化的教養，另一方面則含著高遠之玄思，凝合而成爲一深探人之作爲一個文化人的內在眞實；「湘楚之地」山林沼澤，奇幻浪漫，多富超越渺遠之玄思。「三晉之地」體會到的是一「社會的總體」（Social totality），「鄒魯之地」體會到的是一「人格的總體」（Personal totality），而「湘楚之地」體會到的是一「自然的總體」（Natural totality）。三晉之地的「社會的總體」、鄒魯之地的「人格的總體」及湘楚之地的「自然之總體」，這三者的文化性格，思想豐貌經由春秋戰國以來的相激相盪，終而構成了中國民族的性格之總體。

　　三、以先秦諸子而言，體會到現實之勢力而重「社會的總體」此可以「法家」爲代表，這可以說是從鄭子產、申不害、愼到、商鞅、韓非等人的一系列發展；體會到人之作爲一個人的內在眞實是圓滿無缺的，人之可貴在於其是一文化的存在、是一道德理想的存在，它所重的是一「人格的總體」，這可以「儒家」爲代表。從孔子、曾子、子思、孟子這一系列的發展充分的體現了這個風格；體會到人本天地之子，受擁抱於自然之中，慈母之懷，一任包容，順此造化，何須執泥，順情適性，無爲而樂，誰曰不宜，它所重的是一「自然的總體」，這可以「道家」爲代表，老子、莊子、楊朱一系列的發展正體規此風格。

　　四、這三個不同的地域特徵，三個不同的思想流派呈現了三個不同的風格樣態，但值得注意的是他們並不是孤離開來，而是在長期的相激相盪之下，融成了中國的民族性。法家的事功精神、儒家的仁義教化、道家的自然無爲，幾乎可以在每一個中國人的身上見

到。但歷史的發展是奇幻而詭譎的，幾千年來的帝皇專制及宗法封建使得法家的事功精神扭曲爲勢術爲用，機巧愛詐；使得儒家的仁義教化異變爲教條德目，以理殺人；使得道家的自然無爲滑轉爲因循苟且，落後不進。魯迅筆下的「阿Q」不正是這一種扭曲、異變、滑轉而成的文化總體之表現嗎❶？

　　五、顯然的，這裡隱含了一個極爲終極性的困結，這即是我所謂的「道的錯置之謬誤」（The fallacy of misplaced Tao）❷。在歷史的流衍來說，從宗法封建到帝皇專制正體現了此誤置的情形，而在思想的流變來說，從孔、孟經荀子到韓非，從老、莊經申不害、愼到而至韓非，正清楚的可以看見其扭曲滑轉而誤置的情形。經由這樣的異化與誤置使得法家所應發展出來的「社會總體」滑轉而統一於君主一人，形成一「獨夫式的總體」。這樣的「獨夫式的總體」成了絕對的宰制，使得儒家所重的「人格的總體」異變而爲一境界型態的「獨我論式的總體」（Solipicistic totality）；使得道家所重

---

❶　筆者以爲魯迅的一連串作品，充分的掌握到了那個時代的文化總體之表現。作爲文化象來考察，我們可以發現「阿Q」就是這種扭曲、異變、滑轉而成的文化總體的具體的人之表現。就這意義下，我們甚至可以宣稱作爲主流的儒家與阿Q是有關係的，當然這關係是極複雜的現象，絕不可任意羅織！

❷　「道的錯置之謬誤」（The fallacy of misplaced Tao）是筆者於近些年來的一個提法，筆者想通過它來理解中國文化所隱含的「宰制性」之問題。此正如同A. N. Whitehead所提出的「具體性誤置之謬誤」（The fallacy of misplaced concreteness）是針對整個西方文化所隱含的「宰制性」之問題。筆者有〈論「道的錯置」與「具體性的誤置」──中西文化下兩個宰制類型之分析〉（手稿，一九八九年）。

的「自然的總體」轉化為一淡漠無情放浪形骸的「似詩情的總體」（quasi-poetic tota1ity）❸。在「獨夫式的總體」的宰制之下，正顯示了左中國數千年的帝皇專制歷史中，祇有一個人擁有所謂的自由，而其餘的百姓蒼生都祇是「芻狗」罷了❹。這個關鍵點在於我所謂的「道的錯置之謬誤」，惟有疏解了這個問題的困結才能超克二千年帝皇專制之餘毒。或許，讀者會覺得我這樣的強調太片面、太偏激；其實不然，或許讀者還可以詰問儘管在數千年的帝皇專制下，中國人仍然有相當的自由，甚至是「日出而作，日人而息，帝力於我何有哉？」但我要說，這樣的自由並不是真正的「主體的自由」，它仍然祇是「理上的自由」（或合理的自由）❺，而之所以仍保有這樣的自由，乃是由於「道的錯置」所形成的另一面的調節性的功能所使然。這個調節性的功能之所以能發揮出來與儒道二家的原型有密切關連，如果這二家的原型徹底的毀損了，則將表現出一使為可怖的「獨夫式專制」。

---

❸　筆者此處所論大體是著重於負面的（negative）說法，若正面而積極的論，則儒、道兩家的互濟，形成一個極寬廣的氛圍，足以對法家的弊病有所對治及緩和。

❹　《老子道德經》〈第五章〉：「天地不仁，以萬物為芻狗；聖人不仁，以百姓為芻狗」。「芻狗」原是祭祀所用的草製之狗，祭畢則任意棄之，無所愛惜。老子之義，究何所解，爭論頗多，此處用之，著重其負面的消極義。

❺　G. W. F. Hegel（黑格爾）於所著《歷史哲學講演錄》論及中國所根據的原則是實體性，以為其客觀的存在與主觀的運動之間缺乏一種對峙，中國人無主體的自由，祇有理上的自由。參見黑格爾《歷史哲學》第一部第一篇，王造時中譯，頁176-183，里仁書局，一九八四年十二月，臺北。

六、筆者在前面第五條所謂的「道的錯置」是一個什麼樣的東西呢？該當如何理解，此甚重要。大致說來，道一般被中國人描述成存有、生成及價值判準的總原理。所謂「道的錯置」，大概有兩個類型，一是「時間性之錯置」，另一則是「結構性之錯置」。「時間性之錯置」是將道的邏輯開展和時間秩序結合起來，並認定愈久遠的古代（即愈接近所謂的時間起點）則道愈接近圓滿俱足，經由時間的衍展，道因之而逐漸衰頹萎縮，一般俗稱「世衰道徵，人心不古」即顯示此錯置之情形。「結構性之錯置」特別指的是政治階層結構所導致之錯置情形，以為階層愈高者，其所分受於道者愈多，帝皇專制體制下最高階位的國君則是道的具體代表，其所分受於道者獨多，甚至更進一步直將之視為道。一般所以為官大學問大，道德高，實是此「結構性錯置」之毒所致。從思想史的脈絡看來，由孔孟而荀子到韓非，由老、莊、申、慎而韓非，徹底的造就了這裡所說的「道之錯置」❻。惟本文之檢討大底限制在「結構性的錯置」，至於「時間性的錯置」則涉及史觀問題之種種，擬再作他文以為討論。

二、儒家「人格性總體」之規模及其限制

七、作為儒家的開創者，孔子所主張的仍然是「郁郁乎文哉，吾從周」❼，儘管他所從的周是一理想的禮樂教化的周，是一「文

---

❻　此段所述請參見林安梧〈韓非政治哲學的特質及困限〉一文，《鵝湖學誌》第一期，頁103-104，一九八八年五月，臺北。

❼　見《論語》〈八佾〉：「子曰：周監於二代，郁郁乎大哉，吾從周」。

質彬彬，然後君子」的周❽，但隨著世代的移轉，孔子亦感慨「道之不行」❾而「欲無言」❿，欲「乘桴浮於海」⓫，從憤懣的心中吶喊著「吾豈匏瓜也哉，焉能繫而不食」⓬，甚至「佛肸叛」⓭、「公孫弗擾以費叛」⓮，孔子竟皆欲往而未往。孔子經過一番內心的掙扎、徘徊與苦慟，自衛返魯之後，便清楚的致力於刪詩書，訂禮樂，贊周易，修春秋⓯。這時的他可以說是「學而時習之，不亦悅乎」⓰，可以說「發憤忘食，樂以忘憂，不知老之將至云爾」⓱，即便有人質問他「子奚不為政」，他便清楚的說「孝乎惟孝，友于

---

❽　見《論語》〈雍也〉：「子曰：質勝文則野，文勝質則史，文質彬彬，然後君子」。

❾　見《論語》〈微子〉，第七節。

❿　見《論語》〈陽貨〉，第十七節。

⓫　見《論語》〈公冶長〉，第七節：「子曰：道不行，乘桴浮於海，從我者其由也與」。

⓬　見《論語》〈陽貨〉，第六節。

⓭　同上註。

⓮　見《論語》〈陽貨〉，第四節。又崔述《洙泗考信錄》咸以為上所述註十二、十三、十四皆為後人偽造。但值得注意的是司馬遷《史記·孔子世家》亦有此記載。不管此事真偽如何，但此事所形成之言說情境實有深切的影響。就某個意義下，真偽雖不明而實為真也。

⓯　《論語》〈子罕〉，第十五節：「子曰：吾自衛反魯，然後樂正、雅頌各得其所」。
　　又《論語》〈述而〉，第十七節：「子曰：加我數年，五十以學易，可以無大過矣。」
　　又《孟子》〈滕文公（下）〉，第九節：「……世衰道微，邪說暴行有作，臣弒其君者有之，子弒其父者有之。孔子懼，作春秋。春秋，天子之事也；是故孔子曰：知我者其惟春秋乎，罪我者其惟春秋乎」。

⓰　《論語》〈學而〉，第一節。

⓱　《論語》〈述而〉，第七節。

兄弟，施于有政，是亦爲政，奚其覓爲政」❶❽。

八、明顯地，孔子一生中的行誼正代表著一個偉大的靈魂在困阨的現實中奮鬥不屈，昂昂而進的歷程。從對於周文禮樂背後的精神內涵，重建人間孝悌之道，締造人與人那種生命的眞實性的感通關連。在現世的政治實踐他或許一無所得，但那種來自生命深處的眞摯追求，卻使得他眞正的開發了儒家的聖賢之道與君子之教。通過倫常日用，將此道、此教體現於天地之間。「暮春三月，春服既成，冠者五六人，童子六七人，浴乎沂，風乎舞雩，詠而歸」❶❾這是何等雍容太和的境界！孔子通過既有的周文禮樂，拓深了人性的眞實內涵，希望能以此去澆灌既有的周文體制，並歸返於生機揚溢的自然之中。換言之，孔子是通過「社會之總體」的省思，而凸顯了此「社會總體」背後的精神內涵——即道德的眞實感（仁），進而將此仁敷布於大宇長宙之中而連結了「社會的總體」與「自然的總體」，當然值得強調的是他邁向了一個「人格之總體」之建立。孔子之所以爲至聖者蓋以此也，語云「天不生仲尼，萬古如長夜」蓋以此也。

九、以如上第八條所述，孔子是以人存在的道德眞實感（仁）來連結「社會的總體」與「自然之總體」，並邁向一「人格之總體」的建立。值得我們注意的是，因爲孔子所見及的「社會總體」是以周代禮文爲規模的（「郁郁乎文哉，吾從周」）❷⓿，他之所見是一理想

---

❶❽　《論語》〈爲政〉，第廿一節：「或謂孔子曰：子奚不爲政。子曰：書云「孝乎惟孝，友于兄弟，施於有政，是亦爲政，奚其爲政」。

❶❾　《論語》〈先進〉，第廿四節。

❷⓿　《論語》〈八佾〉，第十四節：「子曰：周監於二代，郁郁乎文哉，吾從周」。

的見，而不是現實的見。由「理想的見」之拓深而體會人存在道德真實感的重要，這分明走的是道德教化之路，而不是現實事功之路。相對於當時的「政刑」為重，孔子以為這頂多祇能「民免而無恥」，惟有「導之以德，齊之以禮」，才能「有恥且格」❷。禮與德的強調，是要人們從政治社會的宰制中解脫出來，轉而為一文化倫理的存在，在其中暢情適性，自己作為自己，莊嚴而悅樂的成就其自己。「道」是人間永恆的嚮往，而「德」是不變的憑依（如北極星般，居其所而眾星拱之），「仁」則是生命存在的道德真實感，倫常日用，禮樂融合，潤物遊「藝」，天地同流，這正是孔子的道德教化之理想❷。即如「正名」思想亦當涵於此中理解，德位所稱，當禮而行，又那裡是為維護統治階層的立論呢❷？

　　十、正因孔子所見之「社會總體」是以周代之禮文教化為規模的，儘管其重德禮而輕政刑，強調人存在的道德真實感超過那些虛文禮飾，即如正名，雖說是「德位所稱，當禮而行」，但畢竟這是

---

❷　《論語》〈為政〉，第三節：「子曰：道之以政，齊之以刑，民免而無恥；道之以德，齊之以禮，有恥且格」。

❷　上述乃是對於《論語》〈述而〉，第六節：「子曰：志於道，據於德，依於仁，游於藝」的詮釋。

❷　一般常以為孔子的正名思想是為統治階層說話，其實不然，孔子的「正名思想」，是想在當時的封建體制下，遂行其德位所稱的理想。這樣的思想並不為當時的諸侯所喜歡，也因此，孔子周遊列國，不為所用。司馬遷《史記》『孔子世家』曾述及齊景公問政孔子，孔子告以君君，臣臣，父父，子子，起先齊景公頗為賞賞，以為有助於己，而欲以尼谿之封孔子，結果晏嬰進言，景公終又不用。又孔子世家中，特標舉孔子習禮，而為諸侯、大夫所不喜，可見孔子之「禮」亦絕非為統治者說話，而是要成就一妥貼而恰當的人與人的社會關係，締造其理想的社會。

落在君臣上下之權利及義務關係下來調整的❷。再者，他將禮樂征伐歸之於天子，所謂「天下有道則禮樂征伐自天子出」❷，他分明是將社會之總體之最後的軌持者仍繫屬於「天子」。換言之，孔子雖然一方面強調了人與人之間那種存在的道德真實感（仁），但相應於此存在的道德真實感（仁），政治社會之規範及秩序（禮）之最後的軌持者仍然是「天子」。如此一來，便隱含著一個難以處理的困結在，因為作為政治社會之規範及秩序（禮）之最後的軌持者這樣的「天子」，在現實上，他不一定是具有道德真實感（仁）的。儘管儒家強調「大德者必得其位」❷，但這裡的「必」仍祇是理想上實踐的必然，而不是現實上實際的必然。這樣的困結又隱含著倒反、翻轉、異化而反控的可能，此是中國歷史文化自孔子以來本質上的悲劇？思之，寧不惻然！

　　十一、值得注意的是，孔子雖然仍認可社會總體最後的軌持者是「天子」，這分明是擁護周代的封建制度；但在孔子思想中，我們可以發現，他通過「仁／禮」對比辯證的方式，拓深了人之所以

---

❷　蕭公權於所著《中國政治思想史》（華國出版有限公司，一九七七年二月，六版，臺北）曾謂「蓋禮既為社會全部之制度，『克己復禮』則『天下歸仁』矣。孔子正名之術若行，則政逮大夫者返於公室，國君徵伐者聽於天王，春秋之衰亂，可以復歸於成康之太平。戰國可以不興，始皇莫由混一。就此以論，則『孔子政治思想在晚周之地位，略近蘇格拉底門人埃索格拉底之於雅典。埃索格拉底雖無精深博大之思想足與孔子相較，然其主張恢復梭倫所締造之祖先舊制則有似孔子從周之論』，而孔子思想與封建天下關係之密切，亦從可窺見矣。」（見氏著，頁58）。蕭氏所見甚諦。

❷　《論語》〈季氏〉，第二節：「孔子曰：天下有道則禮樂征伐自天子出。天下無道，則禮樂征伐自諸侯出。」

❷　《中庸》，第十七節：「子曰：舜其大孝也與，德為聖人，尊為君子……故大德，必得其位」。

爲人的道德尊嚴感，從而在既有的封建體制下建立了一套依循著宗
法制度的人倫教化之理想❷。在這人倫教化的實踐中，他稱立了另
一個有別於政治的傳統，即所謂的「道統」。這道統卻以所謂的聖
賢、君子爲主導者，此有別於天子君相爲主導的政統。當然道統與
政統並不是截然分離的，而是以一種對比的辯證方式統合爲一體
的。值得注意的是，道統與政統之爲對比的辯證關連仍祇是一內在
的意義的對比辯證關連，而不是一外在的結構的對比辯證關連。

　　十二、內在的意義的對比辯證關連，對比的兩端，無斷裂性，
而是一連續體，此之所以爲連續在實質上是血緣親情的宗法關連
性，而意義上則經由孔子對於人性的拓深與提昇而上躍至一文化傳
統的道德實感的關連性。前者即是中國實際上的父權制、家長制的
宗法社會；後者則是孔孟之教仁義之統下道德教化的人性社會。父
權制、家長制的宗法社會是「血緣性的自然連結」所成的總體，而
道德教化的人性社會是「人格性的道德連結」所成的總體；在儒家
的理想裡，是要將這兩種總體合爲一個總體，這便是孝悌之道的開
展，孔子所謂「『孝乎惟孝，友于兄弟』，施于有政，是亦爲政，
奚其爲爲政」❷，所謂「恭己正南面而已」❷亦皆在這格局不思考

---

❷　《論語》〈八佾〉，第三節：「子曰：人而不仁，如禮何？人而不仁，如
　　樂何？又〈陽貨〉，第九節：「子曰：禮云！禮云！玉帛云乎哉！樂云！
　　樂云！鐘鼓云乎哉！」此在在可見孔子是想通過「禮」的掘發，而提出一
　　道德的眞實感通之「仁」，以形成一對比的辯證關連。又大陸學者，龐樸
　　於〈儒家辯證法論綱〉中，選用了仁、義、禮、樂、忠、恕、聖、智、中、
　　庸等範疇來分析。收入氏著《稂莠集──中國文化與哲學論集》，頁231-248，
　　上海人民出版，一九八八年。

❷　同註❶。

❷　《論語》〈衛靈公〉，第五節：「子曰：無爲而治者，其舜也與！夫何爲

而得的極致。

十三、如上所述，儒家所謂的內聖外王，原祇是此「血緣性的自然總體」與「人格性的道德總體」通極爲一的理想境界而已，如此一來，卻忽略了「血緣性的自然總體」及「人格性的道德總體」之外，應該還有一獨立的社會總體之可能。長久以來，「社會」祇是「血緣性的自然總體」的衍伸及人格性的道德總體滋潤、澆灌於其上的附屬存在而已。這也是爲何中國的《大學》所說「格物、致知、誠意、正心、修身、齊家、治國、平天下」，從內往外推，個人的內在修爲可以直接順成爲治國平天下的理由。

十四、如果是一外在的結構的對比辯證關連，則此對比的兩端必非連續體，而是斷裂體❸。正因其爲斷裂體，故必須插入一中介

哉，恭己正南面而已矣」。《孟子》〈盡心（上）〉，第卅五節，記載桃應問舜父瞽瞍殺人的故事，皆可見孔孟儒學是以孝弟之道爲優先的。他們想將這「人格性的道德連結」（道德眞實感的連結）與「血緣性的自然連結」合成一體，來抗衡當時窮兵黷武的軍國政策、來抗衡這種「宰制性的政治連結」，但其抗衡仍祇是消極的，因爲他們無法正視孝弟之道以外，尚有一客觀的政治社會之領域。

❸ 杜維明於所著〈試談中國哲學中的三個基調〉一文中曾提及所謂「存有的連續」（Continuity of being），他以爲中國哲學的基調之一，是把無生物、植物、動物、人類和靈魂統統視爲在宇宙巨流中，息息相關乃至相互交融的實體。這種可以用奔流不息的長江大河來譬喻的「存有連續」的本體現，和以「上帝創造萬物」的信仰，把「存有界」割裂爲神凡二分的形而上學絕然不同」。見《中國哲學史研究》第一期，一九八一年，頁19-20。又張光直於所著〈中國古代史在世界史上的重要性〉一文中，亦論及所謂「瑪雅——中國文化連續體」與「西方文化之突破」的對比，見氏著《考古學專題六講》，頁14-24，稻鄉出版社，一九八八年，臺北。又日本人亦以爲日本人的天相對於遊牧民族的「斷絕的天」，乃是「連續的天」，見土居

者以為連結。此中介者必須為一獨立的客觀之物始能為一中介者，否則不足以為中介者。所謂的斷裂指的是從「血緣性的自然總體」中脫落出來，成為一散開而燭立的個人，這些散開而獨立的個人再通過一客觀的中介凝合為一，此客觀之中介即所謂的「法」或「契約」。當然此「法」或「契約」與「人格性的道德總體」有密切的關連性，此時之「人格性的道德總體」即依循於此契約之法的中介而凝合以成的社會去展開其整體性的凝合之任務❸。如此一來，人格性的道德總體才不會為血緣性的自然總體所侷限，而得超越出來成為一社會的普遍意志（General will），如盧梭（J. J. Rousseau）於《社會契約論》中所述者❸。中國數千年來，儒學於此始終未轉

　　健郎著，黃恆正中譯《日本式的愛──日本人「依愛」行為的心理分析》，頁85。遠流出版社，一九八五年，臺北。如上可見中國文化圈（或瑪雅──中國文化圈）與西方文化的確有巨大之不同。筆者為中國文化之「仁／禮」的辯證結構仍祇是內在的意義的對比辯證關連，而不是一外在的結構的對比辯證關連。因其為連續體（Continuity）而不是斷裂體（discontinuity）故也。

❸　通過一客觀之中介（法或契約）而凝合為一者，我以為可以稱之為一「契約性的社會連結」。傳統儒家是將「人格性的道德連結」（即「道德真實感的連結」）」置放於「血緣性的自然連結」之上，而凝合為一，後來（秦漢以後）又為「宰制性的政治連結」（帝皇專制）所統合起來，形成僵固的一體化構造。當前現代新儒家的重大任務該是從「宰制性的政治連結」中脫落出來，並釐清「血緣性的自然連結」之限制，讓「人格性的道德真實感的連結」，再建立一「委託性的政治連結」。此工作若不速為之，則儒家義理難明，中國政道之根源亦難清。

❸　參見J. J. Rousseau所著《The Social Contract》第二卷第三章及第四卷第一章。何兆武中譯盧梭著《社會契約論》，唐山西潮文庫四，一九八七年三月，臺北。

出者，蓋以其帝皇專制、宗法親情、道德仁義凝合一體，故爾如此
也。帝皇專制今雖已除，但餘習猶在，儒家思想仍有此帝制之餘習
在焉，不欲速轉，則儒學之仁義道德之恐猶爲其所假借也。

三、一體兩面：血緣性自然的連結體／道德性真實感的連結體

　　十五、如上所述，可知孔子思想仍圍限於當時宗法封建的格局，
儘管他拓深了人存在的深刻內涵，點出了人之所以爲人端在其道德
的眞實感，開啟了一個光明的道德理想世界，但他卻仍將整個政治
社會之規範及秩序之軌持者很當然的委諸「天子」——這個現實存
在的具體人格。雖然，他有意將此現實存在的具體人格提昇至一理
想的超越人格，但卻充滿著嚴重的困難。

　　值得注意的是，這裡所說的祇是「困難」，而不是說儒家始祖
的孔子即是爲統治階層的君主說話。事實上，順著孔子所開啟的「道
德眞實感」（仁），孟子不再祇是如孔子般的強調「道之以德、齊
之以禮」（同註㉑）、「恭己正南面而已」（同註㉙）；他更進一步
的就「怵惕惻隱」、這「不忍人之心」而主張「不忍人之政」（即
仁政），並且將每一個人都提昇到能具現這道德人格的層次㉝。「人
皆可以爲堯舜」一命題的提出，可以說點燃了每一個人生命中的亮

㉝　《孟子》〈公孫丑（上）〉，第六節：「孟子曰：人皆有不忍人之心。先
王有不忍人之心，斯有不忍人之政矣。以不忍之心，行不忍人之政，治天
下可運之掌上」。

光，照亮了大宇長宙❸❹。在這樣的格局下來思考問題，某個意義下可以說是極端的自由主義者。不過這裡所謂的極端的自由主義者的「自由」是就每一個人都是一獨立自主的道德人格而說的自由。這是一種「人格主義」（Personalism）下的極端的自由主義，而不同於「個人主義」（individualism）下的自由主義。

　　十六、在這「人格主義」下的極端自由主義之強調下，孟子必然的會將孔子的政治思想推進一步而強調一極端的「民本」。孟子「民爲貴、社稷次之、君爲輕」即此之謂也❸❺。順此而言，孟子之視天子亦衹是一個爵稱而已❸❻，其位階雖高於公卿，但卻是同質的，此不同於荀子之將天子提到極端而成爲一純粹的理型。正因天子衹是一個爵稱，而「修其天爵則人爵從之」，衹要「得乎丘民則爲天子」❸❼（同註❸❺）故孟子正式提出了「禪讓說」。此又不同於荀子的「天子無讓說」❸❽。

　　十七、事實上，孟子承繼孔子之教而更清楚的擁立道統說，並

---

❸❹　《孟子》〈告子（下）〉，第二節：「曹交問曰：人皆可以爲堯舜，有諸？孟子曰：然。」

❸❺　《孟子》〈盡心（下）〉，第十四節。

❸❻　《孟子》〈萬章（下）〉，第二節：「……天子一位，公一位，侯一位，伯一位，子男同一位，凡五等也。君一位，一卿一位，大夫一位，上士一位，中士一位，下士一位，凡六等……」

❸❼　《孟子》〈告子（上）〉，第十六節。

❸❽　關於孟子「禪讓說」，下節再議。又荀子的「天子無讓說」則見之於《荀子》〈正論〉，牟宗三所著《名家與荀子》〈荀學大略〉：「荀子論君及其問題：道德形式與國家形式」論之甚詳，見氏著，頁228-244。學生書局，一九七九年三月出版，臺北。

用此君子之教，大丈夫之道來抗衡政治傳統（政統）❸。孟子說：「君子有三樂而王天下不與存焉。父母俱存，兄弟無故，一樂也；仰不愧於天，俯不怍於人，二樂也；得天下英才而教育之，三樂也。君子有三樂而王天下不與存焉」❹。君子有三樂，而統治天下是與此不相干的，而這三樂，一指的是孝弟之道，即順著「血緣性的宗法自然連結」，而予以一道德的眞實感之潤化，並成就一套人間禮文制度；二指的是對得起天理，對得起社會，即依循著天理良知（道德法則及道德眞實感）而展開人間的實踐行動；三指的是經由教育而達致文化教養的傳承。在這「三樂的傳統」的對照下，國君似乎變成是一個相應於君子的存在，他似乎沒有超越性，亦似乎無絕對性。再者，孟子的君臣關係論，更充分的顯示出「君臣」似乎是對比的依存體，而不是一隸屬的依存體。所謂「君之視臣如手足，則臣視君如腹心。君之視臣如犬馬，則臣視君如國人。君之視臣如土芥，則臣視君如寇讎。」❹蓋如是之謂也。順著當時的宗法制，做爲貴戚之卿者，「君有大過則諫，反覆之而不聽則易位」❹。至於寇讎之君，殘賊之人，則可以弒之，非弒君也，蓋誅一夫是也❹。

　　十八、孟子之強調君子的「三樂之統」，事實上是想將儒家所

---

❸　《孟子》〈滕文公（下）〉，第二節：「居天下之廣居，立天下之正位，行天下之大道，得志與民由之，不得志獨行其道。富貴不能淫，貧賤不能移，威武不能屈，此之謂大丈夫」。

❹　《孟子》〈盡心（上）〉，第廿節。

❹　《孟子》〈離婁（上）〉，第三節。

❹　《孟子》〈萬章（下）〉，第九節。

❹　《孟子》〈梁惠王（下）〉，第八節「……曰：賊仁者，謂之賊，賊義者謂之殘，殘賊之人，謂之一夫。聞誅一夫紂矣，未聞弒君也」。

強調的道德眞實感，通過「血緣宗法的連結」性而開展成一彌天蓋地的德化網路，在這強勁的網路下，孟子似應與政治之統能起一眞正的抗衡，但事實上卻不然。如前第十一條所述，因彼停留在一內在的意義的對比辯證關連，而不是一外在的結構的對比辯證關連，故爾未然也。

　　儒家所強調的道德眞實感，通過「血緣宗法的連結性」而構成一彌天蓋地的德化網路，固然對於政治之統能有一相當大的抗衡，但問題是由血緣宗法爲基準而建立起的統治體系，亦可以借此德化網路來鞏固其自己。尤其儒家所提倡的仁義之教不離「血緣性的宗法倫理」，不離周代的封建君臣之制，天子仍然被視爲道德人格的象徵，彼通過道德人格的彰顯，爲天之所受，並爲民之所歸。即使孟子已將之推到了極端的「民本」，但這仍祇是「for the people」，離「of the people」及「by the people」還遠得很❹❹。

　　十九、何以極端的民本，卻未能搏出所謂的民主出來？這問題的核心點在於孟子仍然未將整個政治思想建立於「人民」之上，而是建立於一理想的國君之上。值得一提的是，孟子義下的人民乃是一宗法的自然連結下的「天民」，不是一社會構成下的「市民」❹❺。宗法的自然的連結，經由孔孟的拓深，賦予一道德的義涵，在道德與宗法自然的連結的一體化情形之下，一方面，使得

---

❹❹　薩孟武即以爲如此，見氏著《中國政治思想史》，頁45，三民書局，臺北。

❹❺　「天民」是相應於「天下」而成者，是「天降下民」之民也。「市民」（Citizen）則是相應於「城市」（City）或「社會」（Civil society）而成者，前者依於「血緣性的自然連結」及「人格性的道德眞實感的連結」而構成的，後者則依於「契約性的社會連結」而構成的。

道德真實感的連結有了經驗實證的基礎，（如孟子所說「仁是孝親，義是敬兄」，此即是），因而得以落實；另一方面，使得「宗法的自然連結」有了超越理念的根據（如「見父自然知孝、見兄自然知弟」，此即是），因而得以普遍❹。我們可以說：在中國固有的歷史傳統中，要是沒有「宗法血緣的自然連結體」，則孔孟所謂的道德的真實感（仁，義，不忍人之心）是空的；要是沒有孔孟所謂的道德的真實，則「宗法血緣的自然連結體」亦祇是盲的（不明的、血緣之情的連結而已）。

　　作為一個理想的國君，他是這「宗法血緣的自然連結體」之最高統治者，同時他也是這道德的真實感所型構成的連結體的最高表徵。孟子說：

　　　　（甲）人皆有不忍人之心，先王有不忍人之心，斯有不忍人

---

❹　《孟子》〈離婁（上）〉，第廿七節「孟子曰：仁之實，事親是也。義之實，從兄是也。智之實，知斯二者弗去是也。禮之實，節文斯二者是也。樂之實，樂斯二者，樂則生矣。生則惡可已也。惡可已，則不知足之蹈之，手之舞之」。

又《孟子》〈公孫丑（上）〉，第六節「……惻隱之心，仁之端也。羞惡之心，義之端也。辭讓之心，禮之端也。是非之心，智之端也。人之有四端也，猶其有四體也。……凡有四端於我者，知皆擴而充之矣。若火之始然，泉之始達。苟能充之，足以保四海；苟不充之，不足以事父母」。前段所述之仁義禮（樂）智，偏重在其如何與「血緣性的宗法自然連結體」關連而論。後段所述則著重於仁義禮智是人性之本具。前者是就實際的發生層次來說，後者是就理念的本質層次來說。今人所論孟子學常著重於後者，而忽略了前者，故一論其政治哲學，常常揄揚太過，而不知其限制何在也。

之政矣。以不忍人之心，行不忍人之政，天下可運之掌上**❹**；

（乙）老吾老以及人之老，幼吾幼以及人之幼，天下可運於
掌。詩云：「刑於寡妻，至於兄弟，以御于家邦。」言舉斯
心加諸彼而已。故推恩足以保四海，不推恩無以保妻子。古
之人之所以大過人者，無他焉，善推其所爲而已矣**❹**。

如上所引述可知，（甲）強調的「先王」是道德的眞實感所型
構成的連結體之最高表徵，他祇要通過道德的眞實感之呈現，便能
「天下可運之掌上」。（乙）則強調所謂的「推恩」使可以保四海，
而「推恩」是從「血緣性的宗法自然連結」而展開的。值得注意的
是這樣的展開與道德的眞實感之展開是一體之兩面。

廿、作了這樣的分析之後，我們便可以清楚的掌握到，孔孟雖
極重視人民，強調「以民爲本」；但另一方面卻仍是以「天子」爲
尊的。「尊君」與「民本」看似矛盾，卻交融成一個極弔詭的整體。
當然這裡所謂的「尊君」的「君」是一理想之君，而不是現實之君。
現實之君若不符合理想則可以放逐或討伐，此即所謂的「暴君放伐
論」（monarchomachos）**❹**。而一個理想之君的具體展現，其王位
的傳遞則有所謂的「禪讓」，但儒家對於王位的繼承祇有一消極的
呼籲，而乏積極的干預。在儒家看來，人／己、物／我、天／人都
是連結一體缺的，正因這種內在連結的關連性，使得儒家在處理所

---

❹　《孟子》〈公孫丑（上）〉，第六節。

❹　《孟子》〈梁惠王（上）〉，第七節。

❹　薩孟武即作此說，見氏著《儒家政論衍義——先秦儒家政治思想的體系及
　　其演變》，頁412，東大圖書公司，一九八二年六月。

謂的政治社會，一直無法成為一個獨立的領域，而祇是宗法血緣倫理及道德仁義的延長罷了。正因此故：「格君心之非」便成了儒者的要務之一，儒者認為「惟大人能格君心之非，衍仁莫不仁，君義莫不義，君正莫不正，一正君而國定矣」❺⓪。儒者所秉的是「血緣性宗法的自然連結」及「道德真實感的連結」之一體兩面，故他對於國君（或天子）亦祇能以這一體兩面之連結來要求而已。此亦相應於前面第十一條、第十二條所述及道德與政統祇是一內在意義的對比辯證關連，而不是一外在結構的對比辯證關連。

四、一脈三統：龍種政統／宰相傳統／儒者道統

廿一、孔孟子即順著這樣的理路來展開其「天意／民意」政治及「政權禪讓」說的主張：

> （甲）萬章曰：「堯以天下與舜，有諸？」孟子曰：「否，天子不能以天下與人」。「然則舜有天下也，熟與之？」曰：「天與之」。「天與之者，諄諄然命之與？」曰：「否，天不言，以行與事示之而已矣❺①」；
>
> （乙）曰：「以行與事示之者，如之何？」曰：「天子能薦人於天，不能使天與之天下；諸侯能薦人於天子，不能使天子與之諸侯，大夫能薦人於諸侯，不能使諸侯與之大夫。昔者堯薦舜於天而天受之，暴之於民而民受之。故曰：天不言，

---

❺⓪　《孟子》〈離婁（上）〉，第廿節。

❺①　《孟子》〈萬章（上）〉，第五節。以下所引（乙）、（丙）同出於此。

以行與事示之而已矣。」（同上註）

（丙）曰：「敢問薦之於天而天受之，暴之於民而民受之，如何？」曰：「使之主祭而百神享之，是天受之，使之主事而事治，百姓安之，是民受之也。天與之，人與之，故曰：天子不能以天下與人。舜相堯，二十有八載，非人之所能爲也，天也。堯崩，三年之喪畢，避堯之子於南河之南，天下諸侯朝覲者，不之堯之子而之舜；訟獄者，不之堯之子而之舜；謳歌者，不謳歌堯之子而謳歌舜；故曰：天也，夫然後之中國，踐天子位焉。而居堯之宮，逼堯之子，是篡也，非天與也。泰誓曰：『天視自我民視，天聽自我民聽』此之謂也。」（同上註）

　　以上所引，（甲）已清晰的標明了整個論題的綱脈，（乙）則繼續順此綱脈而舖展。如（甲）所述，「天子不能以天下與人」因爲天下非天子所有故他。然則，天下究何人所有，依孟子看來天下乃天下人之天下，在形式上天下是天所有，而實質上則是百姓萬民所有。放天子之擁有天下是受之於「天」而有，不是受之於「人」而有。因爲「天」是終極而永恒的絕對體，是作爲一純粹形式（pure forme），是一促使位階於其下的蒼生萬物得以實現的最後原因（目的因）。「天與之」，並不是「諄諄然命之」，而是「以行與事示之而已」。換言之，天之所與，這是一形式之所與，**實**質上須經由行與事表現出來。此即（乙）所說必須「暴之於民而民受之」之謂也。

　　不過如（乙）所說，孟子似乎仍嚴守著天、天子、諸侯、大夫

這樣的位階次序，而且率位由位階身份來舉薦，蒼生萬民祇是做為一被動的試金石而已，他們未能成為一主動的存在。這裡我們看到儒家雖極強調「民本」，但其背後骨子裡卻仍是「貴族的」，「封建的」。這封建貴族的格局與儒家政治理想卻有著難以解消的困結所在。

　　如（丙）所說，「使之主祭而百神享之」、「使之主事而事治」，天受人受的情況下，才可以薦天子之位。這說法又如何具體落實呢？孟子即以舜為例，說彼相堯廿八年，非人之所能為，直到堯崩之後，三年之喪畢，由於百姓的擁戴，才天與人歸的即天子之位。這段描述，我們可以看出這裡有一個令人玩味的張力（tension）在。傳統以來「血緣性的自然連結體」是極不易拆解的，祇有在一個極難得的具體偉大人格——舜之上才能以所謂的「道德真實感的連結體」來替代它。換言之，「道德真實感的連結體」是一理念的連結，而這理念的連結體是附儷於此實際的連結之上的。換言之，祇有實際的連結出了嚴重的問題，使得那理念的連結體無法附儷於其上，才可能有一新的連結關係的誕生。要不然，「血緣性的自然連結」這樣的方式可能是最為根深柢固的，祇要通過教育的歷程，讓那「道德真實感的連結」能附儷於其上，那也就可以了。我們一旦疏清了「血緣性的自然連結」與「道德真實感的連結」之困結所在，再去看看「天聽自我民聽，天視自我民視」這句話，便可發現它祇是一句困難重重的美麗話頭罷了。

　　廿二、（甲）萬章問曰：「人有言：『至於禹而德衰，不傳於賢而傳於子』，有諸？」孟子曰：「否，不然也。天與賢則與賢，天與子則與子。昔者，舜薦禹於天，十有七年，舜崩，三年之喪畢，

禹避舜之子於陽城，天下之民從之，若堯崩之後，不從堯之子而從舜。禹薦益於天，七年，禹崩，三年之喪畢，益避禹之子於箕山之陰，朝覲訟獄者，不之益而之啓。曰：『吾君之子也！』謳歌者，不謳歌益而謳歌啓，曰：『吾君之子也。』丹朱之不肖，舜之子亦不肖；舜之相堯，禹之相舜也，歷年多，施澤於民久。啓賢，能敬承禹之道；益之相禹也，歷年少，施澤於民未久。舜、禹、益明去久遠，其子之賢不肖，皆天也。莫之爲而爲者，天也，莫之致而至者，命也。」

　　（乙）「匹夫而有天下者，德必若舜禹，而又有天子薦之者，故仲尼不有天下，繼世而有天下。天之所廢，必若桀紂者也，故益、伊尹、周公不有天下，伊尹相湯以王於天下。湯崩，太丁未立，外丙二年，仲壬四年，太甲顛覆湯之典刑，伊尹放之於桐，三年，太甲悔過，自怨自艾，於桐處仁遷義三年以聽伊尹之訓己也，復歸於亳。周公之不有天下，猶益之於夏，伊尹之於殷也，孔子曰：唐虞禪，夏后殷周繼，其義一也❺❷。

　　上所引（甲）、（乙）兩段，可以清楚的看到孟子所提倡的「天與」之見解。「天與賢則與賢，天與子則與子。「唐虞禪，夏后殷周繼，其義一也」。天是作爲政權超越的形式根源，至於政權演變的實際狀況或禪或繼都在此超越的形式的規範之下得以完成。若積極的了解孟子所說這段話，就其超越的形式的一面而言，是恆久而不遷的。若順著前第廿一條所述，此超越的形式的「天與」之規定，實含著「人歸」這樣的「民本」思想。至於政權演變的實際狀況當

---

❺❷　《孟子》〈萬章（上）〉，第六節。以下所引（乙），同出於此。

可改變。不過就孟子所論，在政治實踐上，明顯地囿限於時代的限制，仍然在「血緣性的自然連結」之優位底下來思考問題，「道德真實感的連結」則是附儷於其上的次位傳統罷了。

對比於第廿一條所引述者，我們可以明顯的發現「傳賢的傳統」，極為特殊，不易奠立，「傳子的傳統」似乎極為當。孔雖一再的想突顯人與人之間那種生命內在深處所涵具的道德真實感的重要性，但在傳統所重視的「血緣性自然的連結」之囿限下，祇能順勢承認它，而內在的作一形式上超越的規定，而埋下另一個可貴的傳統。相對於禹、啓之後的「血緣性自然連結」，這樣的「龍種政統」，這一可貴的傳統是由伯益、伊尹及周公所定立的「宰相師儒傳統」，廣義的說孔孟亦可屬此傳統，若更狹義的區辨之，則孔孟實又另外締結了一個「儒者道德教化傳統」。「龍種政統」——即所謂的「政統」、「儒者道德教化傳統」——即所謂的「道統」，「宰相傳統」則是由道統之進於政統而一方面有其調節的作用，另方面亦使得儒者道德教化的理想能順此而展開。君——龍種政統、相——宰相傳統、師——儒家道統，三者型構成一體，這正可用來說明中國政治文化的一般狀況。

廿三、「龍種政統」因其受之於天，故其天生的具有神聖性，它是作為「天」落實於人間政治的絕對表徵，甚至我們可以說它是絕對體。「宰相傳統」則是輔弼此「龍種政統」的，在職務上，它是受此「龍種政統」規定的，但其懷抱的理想是由此作為絕對體象徵的「龍種政統」之上的「天」而來，「天」是就其純粹的形式而立言，落實的說則是「民」（蒼生萬民）。約言之，「龍種政統」是「宰相傳統」現實上的權力賦予者，而「天」是「宰相傳統」超越

的形式基礎（「天」亦是龍種政統及儒者道統的超越形式基礎），「民」則是「宰相傳統」內在的實際的基礎（「民」亦是「龍種政統」及「儒家道統」的內在的實際的基礎）。

廿四、如上所述，我們可以發現光就「天」——作為超越的形式基礎及「民」——作為內在的實際的基礎，似應可建立一套「天與人歸」的理想政治。但問題的困結是那個奠基於「血緣性自然連結」的「龍種政統」卻是現實上權力的最高所有者，它是個絕對體，即使「禪讓」（如孟子所述者）都得受此絕對體的「管控」，從夏以後「繼世」成為當然，這管控便又更為當然。這時祇能靠宰相師儒傳統（廣義者）做個調節，做做「格君心之非」的工作罷了。正因「龍種政統」的絕對獨大，使得中國政治傳統陷入一個無以掙脫的困結之中，祇能暴力革命，一治一亂的相循下去。儒家仁道王政的理想亦祇得在此範限下苟延殘喘，至於所謂的「民本」也就空洞無憑，而其成為有心者的藉口而已。弔詭的是，所謂的「人民」常是「反人民」的，所謂的「民本」卻是「反民本」而徹徹底底是「以君為本」的❸。

廿五、在《孟子》書中，我們可以發現他用了極大的力在掙脫這個「龍種政統」，但是儒家的道德教化原本就是在一「血緣的自

---

❸　大體說來，秦漢帝皇專治的格局穩立之後，便以這「宰制性的政治連結」作為獨大的管控者，此時之「民本」實已徹底的異化為「君本」。如「道統說」的提出者，韓愈於所著〈原道〉一文明顯的是提倡一種「帝皇專制的道德教化」，此有別於孔孟之為「道德教化的宗法社會」，參見林安梧〈傳統與啓蒙——以韓愈〈原道〉及嚴復〈闢韓〉為對比的考察〉（「晚清文學與思潮對論會」論文，淡江大學，一九八八年十一月）。

然連結體」之上一附儷其道德真實感而構成其「人格的總體」的。正因此故，孟子仍然掙脫不出此「龍種政統」（宰制性的政治連結）的限制。更弔詭的是，極可能因儒家所強調的道德真實感構成的連結體使得原先那「血緣的自然連結體」更為穩固，「龍種政統」亦因之而變得更為堅牢而不可破，歷史上「愚忠愚孝」的事情，正是這樣的悲劇產物。其節義固值諷誦，但對此困結實堪悲慟哀憫也。

五、道的錯置——難以解開的困結

廿六、本文在開首之初，以一種思想類型學的方式，指出了儒、道、法三家代表三個地域的三個特殊類型，並概括的指出了這三個特殊類型之融合正形成了中國民族的特殊性格。而這樣的特殊性格隱含著一個極為詭譎的困局在，此即所謂「道的錯置」。

「道的錯置」一詞是對比於A. N. Whitehead（懷德海）所謂的「具體性的錯置」（The fallacy of misplaced concreteness）而提出來的（同❷）。如前所述，做為中國政治文化的一個核心來考察，至少得省思孔、孟、荀、韓及老、莊、申、慎、韓等義理脈絡。本文因限於篇幅，祇大略地處理了孔、孟，其他則須另文處理。就做為儒家、典型的孔孟看來，他們企盼的是一人格性總體之建立，但在「血緣性自然的連結體」與「道德真實感的連結體」在實際上不能獨立出來。它只能是一附儷於「血緣性的自然連結體」之上的東西。「血緣性自然的連結體」，經由「親親」、「尊尊」的演變，形成一嚴密的宗法社會及封建政治。東周之後，封建逐漸瓦解，經過春秋戰國，到了秦漢確立了帝皇專制。不論封建政治帝皇專制都是以宗法

社會爲其背景的，此是建立於「血緣性自然的連結體」而構成的。儒家深刻的體察這「血緣性自然的連結體」而點出了其超越的形式的基礎，進而實存的指出此超越的形式的基礎是內存於心的，是人人皆有的道德眞實感，進而強調在此「血緣性自然的連結體」之上建立一道德眞實感的連結體。順著這個理路，激進的儒家甚至強調要超邁「血緣性自然的連結體」之限制，而邁向一徹底的道德眞實感的連結體，所謂由「小康」邁向「大同」當指此而言❺❹。但從封建瓦解，不久即邁向帝皇專制，原本「血緣性自然的連結體」又成了極爲鞏固而難解的巨大網脈，在「龍種政統」的帝皇專制的管控下，激進的儒家變成一口耳相傳的隱匿性傳統，甚至沈湮不見。現實上的儒家的「龍種政統」皇帝專制的管控下，遂行其「格君心之非」的偉大悲劇事業（俗語云：伴君如伴虎）。由於「龍種政統」帝皇專制的絕對管控（宰制），形成了「絕對宰制性的政治連結體」如此一來，便使儒家原先所附儷於血緣性自然的連結體之上的「道德眞實感的理想」徵符，形成一嚴重的錯置。理想的君父之道（所謂「君君、臣臣、父父、子子」）異化而成爲壓制現實的教條；而另一方面，現實的君父亦宣稱彼即是理想的君父；既是理想的君父，則「君要臣死，臣不得不死，不死謂之不忠；父要子亡，子不得不亡，不亡謂之不孝」。當「龍種政統」這個「絕對宰制性的政治連結體」成爲獨大的管控者時，儒家建立於「血緣性自然的連結體」之上的「道德教化」、仁義之道便喪失了其自主性及獨立性，而被此管控

---

❺❹　《禮記》〈禮運·大同〉前段的思想可以屬此。請參見熊十力《原儒》〈原外王第三〉，明文書局，一九八八年十二月，臺北。

者絕對的宰制了。換言之，儒家所強調的「人格性道德的連結體」
本來在現實上便依倚於「血緣性自然的連結體」，現又被「宰制性
的政治連結體」絕對的管控著，如此一來原先在「人格性道德的連
結體」下所強調的「慎獨的自律倫理」便異化而為「順服的（被宰
制的）他律倫理」。當然「忠」、「孝」這時便祇成了一被宰制的、
順服的、他律的倫理教條而已。相對於「君」這個「宰制性政治的
連結體」的最高管控者，及「父」這個「血緣性自然的連結體」的
最高管控者，人人都祇成了一「隸屬性的存在」，而喪失了其獨立
性的主體地位。如此一來，宰相賢臣亦祇成了國君的「奴才」，而
人子亦成了父親的「小犬」。再者，在「宰制性政治的連結體」的
絕對管控下，使得「血緣性的自然連結體」成了其最重要的工具，
並吸收而成為一體，歷史上「君父」一辭所顯示的正是此義。再者，
儒家所強調的「人格性道德的連結」是依倚於「血緣性自然的連結
體」之上的，「血緣性自然的連結體」既被「宰制性政治的連結體」
所吸收而成為一體，儒家所強調「人格性道德的連結」便得依於此
而有所展開，甚至被他所吸收而成為其隸屬之部份。如此一來，我
們發現「宰制性政治的連結體」、「血緣性自然的連結體」、「人
格性道德的連結」為工具的一體化結構。「君」、「父」、「聖」
三者型構成一體，而以「君」為核心。「聖」、「君」、「父」一
體的情況之下，它成了那永恆之道的人間絕對體，這是中國政治傳
統一的巨大怪胎，遍覆一切、宰制一切、管控一切，怪不得祇能借
用「龍」這個大怪獸來象徵它，其他則難以言喻。

在這種情形下，儒家孔孟之道所呼籲的「人皆可以為堯舜」便
異化成「境界型態」的嚮往，甚至再扭曲為「精神勝利」的阿Q而

已！思之，憫哉！憐哉！在絕對的宰制壓縮到忍無可忍的情況之下，從「阿Q式的精神勝利法」再扭轉而異變成純陰性的、材質性的生命吶喊，血洗乾坤，生民塗炭矣，思之，哀哉！慟哉！此「大怪獸」不除，「道的錯置」不疏理，中國寧日幾時，民主自由又何得生根耶？

第四章　韓非政治哲學的特質及其困限：以「法」、「勢」、「術」為核心展開的分析

本章提要

　　本章旨在經由「法——結構性原則」、「勢——動向性原則」及「術——運用性原則」三者對於韓非政治哲學作一概括掌握，並經由這種概括掌握，以一種幾近 Max. Weber 的理想類型（Ideal-type）之分析方式，回過頭來指出韓非政治哲學的特質及困限。由於韓非之「法」祇是刑賞的工具，而且背後為「術」所操縱，故不足以構成契約性的客觀結構性原則。而他強調的「勢」雖著重於所謂「人造之勢」，但由於他太注重位勢，而忽略了真正的動向性之理解。至於韓非強調國君要執術而抱法處勢，這在在可見它是以「術」為首出的，但由於他的「法」穩不住，「勢」亦不明，故「術」亦落入暗無天日的「祕窟」之中，這造成了中國政治

傳統帝皇專制的惡性文化。從全文的釐清過程中，指
向了所謂「一體化結構」之困限。

關鍵字詞：一體化、專制、抱法處勢、理想類型、術、秘窟

一、問題的提出

　　一般提及所謂的「法家」，總會概括的說：商鞅重法，慎到重
勢，申不害重術，而韓非則集其大成，法、勢、術三者皆重❶。這
樣的說法未免籠統，未能眞切的指出韓非的思想特質及其困限。

　　就思想史的角度，我們亦常聽到這樣的立論，說：韓非是承繼
荀子性惡論的傳統而開出了法治之局，而且又通過田駢、慎到受到
道家的影響而於人主勢術頗有理解❷。爲思想家去尋求其理論的傳
承與脈絡，這原亦不錯。不過若吾人將之擺在一更寬廣的歷史長流
中，我們將發現，韓非思想乃是先秦封建瓦解，諸侯分立，耕戰擴
張，而逐漸締結一君主專制之趨勢的總結。更廣的來說，這是中國
傳統「專制主義」形成的一個過渡的中點站而已。韓非的理論正扮
演著重要的角色，在政治實踐方面則是其同學李斯之輔助秦皇帝併
吞了六國。

---

❶　這樣的說法可謂思想史上之通識。中國思想史的研究者，好用「集大成」
　　這個名號去稱指那些偉大的思想家，實則「集大成」這個詞極爲含混，它
　　並不足以表達出這些偉大思想家的獨創性。
❷　王邦雄《韓非子的哲學》即作如是之理解。王氏之理解觀點頗值參考，然
　　未全置入一更廣大的視野中去審視。

　　秦皇帝之能吞併六國正說明了韓非法術理論之成功，但秦朝建立十數年即被那「甕牖繩樞之子，甿隸之人」，「躡足於行伍之間，倔起阡陌之中，率罷弊之卒，將數百之眾，轉而攻秦，斬木爲兵，揭竿爲旗，天下雲集而嚮應，贏糧而景從，山東豪俊，遂並起而亡秦族矣」，終而「身死人手，爲天下笑」，賈誼〈過秦論〉指出這是因爲「仁義不施、攻守之勢異也」❸。併吞六國，威名赫赫；「身死人手，爲天下笑」，這是多麼強烈的對比。此中似乎即隱含著說韓非的思想有破綻、有困限，值得檢討。

　　當然實踐上的失敗，不見得是導生於思想理論上的缺失，理論與實踐多少有些不同。但儘管它們沒有絕對的必然關連，卻多少有密切的相關。再者，若關連到秦以後的漢一起來考慮，我們將可以宣稱，秦的失敗正顯示著韓非政治哲學的困限；而漢之從黃老之治而轉爲王霸雜揉的一體化結構，正暗示中國傳統專制主義已穩立了其不拔之基❹。

　　從戰國末年經秦至漢初乃至武帝更化，採取了董仲舒的建議「罷黜百家，獨尊儒術」的建議，近世學者即以爲這是「儒學法家化」而構成了一個「反智論的中國政治傳統」❺。姑不論其爲「儒學法

---

❸　以上所引，皆見賈誼〈過秦論〉。

❹　關於「一體化的結構」請參考金觀濤及劉青峰合著《興盛與危機—論中國封建社會的超穩定結構》，第二章及第八章，前者重在社會結構之分析，後者重在意識型態的分析。

❺　余英時〈反智論與中國政治傳統〉（一九七五年）收入氏著《歷史與思想》（聯經，一九七六年，臺北）一書中，即作如是說。余氏的說法太約簡，並未全盤指出儒、道諸家所隱含的思想困結，故對意識型態的成長之分析稍缺。筆者於此有所省察，請參看林安梧〈中國政治傳統中主智，超智與

家化」與否，可以肯定是：法家在整個中國政治史上的確扮演著一個轉捩點的角色，像廢封建、行郡縣，甚至其他所謂的書同文，車同軌，乃至開馳道，築長城，這都在在顯示所謂的「統一」與「專制」，統一與專制的過程正是融合諸種族文化的大動力，也是錘鍊「民族性」的重要步驟。我們甚至可以說沒有秦朝則恐怕沒有所謂的中國民族。當然祇有秦而沒有漢朝的話，中國民族亦不可能成立的，即使成立了，經焚書坑儒，而「以法爲教，以吏爲師」的中國人亦不是現在的中國人。這樣說來，我們似乎一方面承認「秦」在整個中國歷史上所扮演的轉捩點角色，但另一方面則承認其祇爲轉捩點的角色而已❻。

經由以上的敘述，既已肯定了秦朝在中國歷史上轉捩點的關鍵性地位，而關連到作爲秦朝立國意識型態的主要根源——韓非哲學，這便有許多值得我們考慮和思索的地方。筆者便想扣緊韓非所「集大成」的「勢」、「術」、「法」三個思想面向，原則性的深入到韓的思想結構中，去理解它，重建它，並且詮釋它，批判它。

韓非所提出的「法」、「勢」、「術」三者，其理論或有所缺憾，但卻已指出了政治哲學的三大面向。「法」是「結構性原則」（The principle of construction），「勢」是「動向性原則」（The principle of tendency），「術」則是「運用性原則」（The principle of operation）。

反智的糾結——先秦儒、道二家政治思想的試探與考察〉（一九七九年）（收入林安梧著《現代儒學論衡》一書第十章，業強，一九八七年，臺北）。
❻ 王船山敏銳的歷史洞察，說這是「天假其私以行其大公」。此句話很能表示出秦在中國歷史上所扮演的轉捩點角色。見王夫之《讀通鑑論》卷一〈秦始皇〉，頁2，河洛，一九七六，臺北。

筆者這麼說並不意味說韓非業已建立了一套顛撲不破的政治哲學，而祇是說韓非是第一個明確地覺察到政治哲學構成的三大面向❼。至於說他對這大面向的安排是否周至穩當，這正是這篇文章要探索的主題。

二、「法──結構性原則」的展開

「法──結構性原則」的提出乃是由井田封建崩潰向君主專制的重要里程碑。井田封建所依據的是「禮」而不是「法」，「禮」是宗法性的倫理原則，是以血緣關係而締結成的倫理性原則。這是「神聖時代」的「半自然狀態」，人們一方面受到血緣倫理的限制，一方面又依持於血緣倫理。經濟方面，人則爲土地所固限，如植物般種植於斯，而未有隨意變之可能。人們似乎還蒙昧的活在一完整而未破裂的自然統體（natural totality）之中❽。「禮」並不是一契

---

❼　筆者這裡所謂的政治哲學的三大面向，是從韓非的政治哲學中抽繹而得的，但這並不即意謂筆者祇順著韓非的理路來瞭解它而已。筆者之將「法」說成是一「結構性原則」，而將「勢」說成是一「動向性原則，將「術」說成是一「運用性原則」，這實已不祇是韓非政治哲學的概括而已。筆者是通過一種「因而通之」或「調適而上遂之」的方式，從韓非的典籍脈絡中，提昇而爲「理想類型」（Ideal type），通過這「理想類型」一方面可以更深切的去理解韓非政治哲學的深切底蘊，另一方面則可以通過此「理想類型」的深入而對韓非政治哲學提出其批評，指出其困限所在。換言之，這裡所謂的三大面向或三大原則的訂立，既是論釋性的，又是評價性的。這個方法學的進路得自於王夫之及馬克斯・韋伯（Max. Weber）的啓發。

❽　義大利史學家G. Vico（1668—1774）提出了歷史的三階段説──神的世代、貴族的世代及人的世代。（請參看《Vico Selected Writings》，edited and

約的原則，「禮」衹不過是神聖時代，半自然狀態下的血緣性倫理原則而已。自然之統體是定然要破裂的，「破裂」使得人們逐漸走出神聖時代，脫離半自然狀態，而進入到一人的時代，一自覺的狀態。孔子提出「人而不仁，如禮何」，「禮云！禮云！玉帛云乎哉！」這正說明了「人的世代」之來臨❾。

　　契約的原則所強調的是人從所謂的「自然狀態」（state of nature）而欲進入到謂的「市民社會」（civil society）而秉持著自然的理性（natural reason），信任一理性的法則（rational law），而此理性的法則即是自然的法則（natural law），而締結一共同遵守的契約，以成為彼此的客觀性原則。此原則至少牽涉到立法權，執行權及對外權，它使得人們能依據此而成立一合理的人間社會（Rational civil society）❿。

---

translated by Leon Pompa, Cambridge University Press, Book IV. Concerning the Course 〔of human beings〕taken by the nations. Pp250-258）筆者這裡借由Vico的啓發來陳述中國之歷史。筆者以為Vico的onto-genetic method之運用於歷史的說明是有說服力的。

❾ 以上所引見《論語》〈八佾〉及〈陽貨〉，又孔子作《春秋》事實上正透露一個人的世代的來臨。值得注意的是孔子所開啓的「人的世代」並不同於西方契約論傳統所謂的「civil society」。孔子筆下的「人」即是有別於「自然」，但又與自然融而為一。人詮釋自然、潤化自然，自然同時回過頭來擁抱著人，滋育著人。

❿ 以上所說大底是民主政治契約論的傳統，尤其是以洛克（J. Locke）的《The Second Treatise of Government》一書為根本的。請參看拙著〈從自然狀態政治社會之締造──對洛克政治哲學兩個基礎性問題之詮釋與理解〉。至於契約論的深一步討論則可參見John Rawls所著《A Theory of Justice》一書。J. Rawls拈出「Justice as fairness」為原則，並廣泛的論及「a original position」及「a veil of ignorance」等以為契約論的倫理原則。筆者以為通

　　依據契約論原則來看儒家所提出的「仁」之理念，實祇是走出「自覺」的第一步而已。因「仁」是在「郁郁乎文哉，吾從周」的情況下提出的，是在既有的宗法封建之結構下的內在心生自覺，而不是另起新結構的外在性自覺。這祇是體制內改革，不是改革體制；這祇是主體性的自覺，而不是架構性的覺醒。主體性的自覺爲中國哲學開展了一個新的廣的深的理境，但由於架構性覺醒的缺乏，使得中國政治結構一直祇是順著自然趨勢行走，又加上了主體性自覺之黏合了（締結了）一強固而有力的倫理結構，這個倫理結構又與政治結構黏合爲一，終而使得中國二千多年來一直埋在君主專制，皇帝聖明的一體化結構之中❶。

　　「一體化結構」的構成，法家實扮演著一個極爲重要的角色。韓非「法」的提出可謂爲此「一體化結構」提供了一個極好的結構性原則。這個結構性原則使得君國臣民統體而結合於「君」之中。換言之，韓非「法」這個結構性原則的提出並不是契約論下的結構原則，而是專制主義下的結構原則。

　　韓非以爲：「聖人之治也，審於法禁，法禁明著則官治；必於賞罰，賞罰不阿則民用。民用官治則國富，國富則兵強，而霸王之

過契約論的原則來審視中國法家是極爲必要的，不過這篇文章祇是對於韓非的法、勢、術之結構作一通盤的詮釋與理解而已。

❶　金觀濤、劉青峰即以爲中國封建社會是一「超穩定結構」。而早在數十年前，梁漱溟即謂中國傳統政治是超結構的。前後二者的見解似乎有所異，但實際上都道出了中國傳統政治中極爲強烈的倫理性格。通過倫常教化而與政治結合爲一，這是中國傳統「政教合一」的狀態，此即所謂「皇帝聖明」的一體化結構。

業成矣」❷。就這段話分明可見韓非所論的「法」是和「禁」密切結合在一起。法禁又與所謂的賞罰黏合爲一。法禁賞罰之徹底施行而能民用官治，爲的是富國強兵的霸王之業。

法禁賞罰手段的提出，針對的正是封建沒落所出現的衰頹現象——所謂「姦僞無益之民六，而世譽之如彼；耕戰有益之民六，而世毀之如此」。這種「六反」的情況，使得「名賞在乎私惡當罪之民，而毀害在乎公善宜賞之士」，國家要富強根本不可能❸。從韓非所提的「六反」可以看出，對宗法封建若祇作內在的主體性反省，那是不夠的。儒家之徒，雖歷千辛萬苦，周遊列國，勸諸侯行仁政王道，但畢竟在這衰頹的封建結構中是不可能成就的。

從思想史的鉅觀來說，孔子之積極投入人間世，點燃了人的德性價值根源，欲恢復一具有德性內容的宗法封建（此恢復即隱含了創造）；而老子則返歸自然；他見及自然往復之理，人世盛衰之機，而強調守柔歸根的小國寡民之治。孔老世代尚是一渾樸之世代，至墨子孟子之世代則可見人心爲浮利所蕩，孟子之極力分辨「義利」此實可見一斑，而墨子之言「交相利，兼相愛」亦可見一般人之價值判準已落於「利」上。利之勃興，使得人性惡的傾向極致的發展，荀子一反孟子性善之說，而主張「性惡」正是代表著整個時代的呼聲。其他道家之由莊子過渡到楊朱的「全生保眞」乃至田駢、愼到之「棄知去己」，宋牼之「見侮不辱」，原先老莊之超越的自然逍

---

❷ 見《韓非子》〈六反〉，陳奇猷《韓非子集釋》（以下簡稱《集釋》），頁949，河洛，一九七四年，臺北。

❸ 此二段引文，俱見《集釋》，頁948。

遙亦墮而爲塊然無知無欲的自然。

　　荀子對於「性惡」提出了「禮義之教，師法之化」的辦法，仍然保留了儒家禮義之統；而韓非之所見是極端的性惡——即如父母子女都有利害算計之心，更何況無父子之澤的下上君臣關係❶，面對此極端的性惡，他提出了「以法爲教，以吏爲師」的藥方。

　　「禮義之教，師法之化」仍強調「塗（途）之人皆可以爲禹」，仍想望一理想人格的建立，亦希望一個理想世界的可能。「以法爲教，以吏爲師」則所謂的法是「法禁賞罰」，所謂的吏是君主的工具，這企求的祇是富國強兵的霸王之治，而未有任何道德理想可言。

　　既無任何道德理想可言，人性若不往「利」上追逐則亦祇成了一塊然無知的生理機栝而已。如此一來，老莊的自然無爲之教因之一變而爲「術勢之道」。老莊原先想通過的主體修養工夫而欲成就一逍遙無礙，歸根復命的理想世界，此時這主體修養工夫一轉而爲「陰謀權術」的心術之用。陰謀權術與法禁賞罰之密切結合正是韓非哲學的精彩所在，亦是其困限所在。

　　通過上述思想史的鉅觀，我們將可以了解爲何韓非一言「法」便馬上關連著「術」來說。他說：

> 術者，因任而授官，循名而責實，操殺生之柄，課群臣之能者也，此人主之所執也。法者，憲令著於官府，刑罰必於民

---

❶　〈六反〉云：「今上下之接，無子父之澤，而欲行義禁下，則交必有郤矣。且父母之於子也，產男則相賀，產女則殺之。此俱出父母之懷袵，然男子受賀，女子殺之者，慮其後便，計之長利也。故父母之於子也，猶用計算之心以相待也。而況無父子之澤乎？」，《集釋》，頁949。

> 心，賞存乎愼法，而罰加乎姦令者心，臣之所師也。君無術
> 則弊於上，臣無法則亂於下，此不可一無，皆帝王之具也⑮。

就上述所引這段話來說，若不全引，而祇將言及法的部份孤離
開來看，則可以加上作者的想像及期望，而將韓非的「法」視爲「公
正」與「不等」的意義，但若關連著整個文脈來說，我們發現「法」
是在「術」的運用之下才得成立的。換言之，「法」與「術」二者
「法」非但不爲首出，而且是以「術」爲首出，「法」是從屬於「術」
的。國君所操持的是「君術之用」，國君所掌握的是一運用性原則，
而不受結構性原則的規範。君術臣法，君通過其運用性原則來運用
法這個結構性原則。法之運用爲的是「一民之軌，莫如法。屬官威
民，退淫殆，止詐僞，莫如刑。刑重則不敢以貴易賤，法審則上尊
而不侵」⑯。法之運用於是與「刑」結合來說的，而法之爲君運用
是結合著「術」來說的。當然「刑」是扣緊著「名」來斷的。如此
我們便將韓非的「刑名法術」之學統體而觀了，而他也坦率的指出
此蓋「皆帝王之具也」。由是可見韓非所說的「法」祇是統治者的
工具，它並不是構成一個合理的政治社會的結構性原則⑰。如果通

---

⑮　《韓非子》〈定法〉，《集釋》，頁906。

⑯　《韓非子》〈有度〉，《集釋》，頁88。

⑰　王邦雄於所著《韓非子的哲學》一書中極力的強調「法」的客觀性與公正
　　平等，並以爲韓非是以法爲體。這大底因爲王氏太強調「法」這個側面所
　　導致的結果。王氏雖然一再的強調由「法」而轉爲勢術這是實踐上的下墮，
　　而不是韓非的本意，但筆者以爲此乃因王氏有爲「法家」紹述的使命感所
　　致。蕭公權則認定「法」祇是用，君勢才是體。（見氏著《中國政治思想
　　史》第一篇，第七章。本文則認定「法」、「勢」皆祇是用，君「術」才

過John Rawls所謂的「Justice as Fairness」去審視的話，韓非的法祇能是專制主義的，而不是契約論的❶。我們再看看下所引，當更可見韓非所謂的「法術」，他說：

> 人主之大物，非法則術也。法者，編著之圖籍，設之於官府，而布之於百姓者也。術者，藏之於胸中，以偶眾端而潛御群臣者也。故法莫如顯而術不欲見，是以明主言法，則境內卑賤莫不聞知也，不獨滿於堂。用術則親愛近習莫之得聞也，不得滿室。而管子猶曰「言於室滿室，言於堂滿堂」，非法術之言也❶。

「法」、「術」二者俱為人主之大物。換言之，人主通過法、術的運用而鞏固其自身，其自己即是國家，而且「法」是用來規範蒼生萬民的，故「法」莫如顯。但「術」則是潛御群臣之用，故不欲見。通過「術」而去把握「法」，「術」則是純恃人君心智之運用，它是純主觀性之物，是秘藏於黑無天日的秘窟之中的，以這樣的術所把握的法，其客觀性也祇能是一偽似的客觀性而已。

是體。

❶　約翰・羅爾士（John Rawls）所著《A Theory of Justice》一書可以說是為洛克（J. Locke），盧梭（J. J. Rousseau）以來的契約論傳統建立了一堅實的倫理學基礎。這裡所謂的「Justice as fairness」強調的是人在一公平的原初境域而生的正義感，而人之能有此正義感則是因為人就其為人本身，乃是一道德的存有（moral being），是一理性的存有（rational being），以其自身之能力，追求其目的而然。依羅爾士看來，這是作為一切社會批判的評準及體制改革的依據。（見氏著pp12-14，臺灣雙葉影印，一九八七年）。

❶　《韓非子》〈難三〉，《集釋》，頁868-869。

　　然則，韓非的「法」又在如何的情況下有其正面而積極的意義呢？吾人若如實去看韓非的「法」，我們將發現唯有在「國君」足以成為法的超越性根據，如此，「法」之成為積極而客觀的，公平而合理的才為可能；但問題是「國君」足以成為所謂的「超越性根據」嗎？以今日觀點視之，眾人皆會說國君是不能成為法的超越性根據，因為國君亦是人而不是神，既為人亦有如韓非所謂的好利之情，私欲之情，故亦會作出亂子來，他既生於世間便不可能成為法的超越性根據，但將國君視為法的超越性根據，這又如何造成的呢？筆者以為這乃肇因於一種「道的錯置」（The misplacement of Tao or The fallacy of misplaced Tao）所致。

　　「道」一般被中國人描述成存有、生成及價值判準的總原理。所謂「道的錯置」，大概有兩個類型，一個是「時間性的錯置」，一個是「結構性的錯置」。「時間性的錯置」是將道的邏輯開展和時間次序結合起來，並認定在始初（吾人可知之時間的起點）道是圓滿俱足的，經由時間的開展，道因之而逐漸衰頹萎縮，所謂「世衰道微，人心不古」即顯示此錯置情形。「結構性的錯置」指的是政治社會的結構層級其愈高者則所分受於道者愈多，最高階位之國君則是道的具體代表，甚至將此代表（象徵）執實了而直視之為「道」。一般人之以為官大學問大、道德高，實中了此「結構性之錯置」之毒所致。以「結構性的錯置」來講，在思想史上由荀子到韓非正反映了此錯置之構成。依儒家原先聖王之理想是聖者當王，《荀子》〈君道〉更極推此聖王之義，以為現實之王當知通統類，能壹天下之權稱，這本是極富理想主義的性格，但弔詭的是，現實的政治實踐卻敦促著現實之王宣稱彼等即是理想之王，如此一來便生出了「錯

置」的情況。原先仍是以道來要求君的，而落到韓非手裡，則「道」分而爲「法」與「術」，「法之結構性原則」的提出，使得國君不必再是一有道之君，而「術」之提出則更顯示了國君祇是會使用權術的陰謀之士罷了。這麼一來，便加速了錯置的情況，使得原先半自然狀態的「禮義之教，師法之化」下墮而爲「法禁賞罰」等權術工具而已；而所謂「法的結構性原則」亦無客觀性與眞正的合理性，它不是契約的原則，而祇是專制主義下爲君王服務的工具而已。

三、「勢——動向性原則」的展開

「勢——動向性原則」的提出是扣緊著「位」來說的。因爲依韓非來說，由位而生權，由權而生勢，由勢而可以落實爲政治實踐的力量。換言之，對「勢」的理解，韓非並不著重於將之視爲「觀察」整個政治動向的原則，而是將之視爲「掌握」整個政治動向的原則。簡言之，他強調的不是一靜態的觀察，而是一動態的宰制。通過靜態的觀察與動態的宰制這兩個面向，我們才能理解作爲動向性原則—「勢」之全。依韓非看來前者即是所謂的「自然之勢」，後者即是所謂的「人造之勢」。

先就「自然之勢」來說，此著重於一靜態的觀察（簡稱「靜觀」）。靜觀是以虛靜之心而觀其動勢，了然於心，以資運用。這是對於政治實踐的理解與省察，如《韓非子》書所說：

> 夫勢者，非能必使賢者用己，而不肖者不用己也，賢者用之則天下治，不肖者用之則天下亂。……夫勢者，便治而利亂

者也。

今以國位爲車，以勢爲馬，以號令爲轡，以刑罰爲鞭笑，使堯
舜御之則天下治，桀紂御之則天下亂，則賢不肖相去遠矣**⑳**！

就上所引，分明可見若就「自然之勢」來說，它袛是中性的，
故賢者如堯舜用之而成其治勢，不肖者如桀紂用之而成其亂勢。因
爲畢竟「勢」袛是「馬」，問題不是馬能怎樣，而是「駕馬」的怎
麼樣。人頂多能觀察現在那駕馬的把馬駕得怎樣了，至於親自駕馬
則又是另一回事。韓非以爲像這樣的「勢治者，則不可亂，而勢亂
者，則不可治也」，這是「自然之勢，非人之所得設也」。如果「勢」
袛是必於自然，那也不必去談什麼「勢」了。換言之，韓非以爲若
袛是對自然之勢去理解與省察，這仍袛是站在政治之流的外圍去理
解政治，並未眞正參與政治。眞正參與政治的實踐當掌握機先，並
將此靜觀之勢扭轉而爲「動態的宰制之勢」。

靜觀之勢則頂多袛能歸結於「任賢」與否，但動態的宰制之勢
則不在「任賢」而在「抱法」。韓非說：

吾所以爲言勢者，中也。中者，上不及堯、舜，而下亦不爲
桀、紂。抱法處勢則治，背法去勢則亂**㉑**。

如上所說可知韓非通過「法」來結合「勢」，使得原先的靜觀
之勢一變而爲「動態的宰制之勢」。當然韓非之所以能通過對於「法」
的掌握來結合靜觀之勢，使之成爲一動態的宰制之勢，正因其所謂

---

⑳　《韓非子》〈難勢〉，《集釋》，頁887。
㉑　《韓非子》〈難勢〉，《集釋》，頁888。

的「法」祇是王之具，它祇是「慶賞之勸」或「刑罰之威」而已。
韓非子說：

> （甲）君執柄以處勢，故令行禁止。柄者，殺生之制也；勢
> 者，勝眾之資也❷。

> （乙）明主之所道制其臣者，二柄而已矣。二柄者，刑德也。
> 何謂刑德？曰殺戮之謂刑，慶賞之謂德。爲人臣者，
> 畏誅罰而利慶賞，故人主自用其刑德，則群臣畏其
> 威而歸其利矣❸。

> （丙）彼民之所以爲我用者，非以吾愛之爲我用者也，以吾
> 勢之爲我用者也❹。

> （丁）夫賞罰之爲道，利器也。君固握之，不可以示人。若
> 如臣者，猶獸鹿也，唯薦草而就❺。

類似上所引四條之義理於《韓非子》書中幾乎俯拾皆是，到處
可見。（甲）的「執柄以處勢」正符合了前述所謂的「抱法處勢」，
而所謂的「柄」正是「殺生之制」，所謂的「勢」則是「勝眾之資」。
這是通過「殺生之制」的運用而掌握了「勝眾之資」的威勢，（乙）
則主張「殺戮之刑」及「慶賞之德」二柄才可以道導制群臣，而這
因爲人臣畏誅罰而利慶賞所致；（丙）則更直截了當的指出人們之
所以爲國君所用並不是「愛」，而是由於「威勢」所逼；（丁）則

---

❷　《韓非子》〈八經〉，《集釋》，頁996。
❸　《韓非子》〈二柄〉，《集釋》，頁111。
❹　《韓非子》〈外儲說右（下）〉，《集釋》，頁769。
❺　《韓非子》〈內儲說（上）〉，《集釋》，頁550。

指出了賞罰是君所固握的利器，是不可以示人的利器，祇要運用這法子──賞罰，那麼群臣就像獸鹿一樣，薦草而就。

　　如上所述可知韓非是通過「法的結構性原則」來加之於勢這個動向性原則之上，如此一來使得「勢」不再祇是停留於靜態的觀察而能一轉而為動態的宰制。這是對於慎到「重勢」論的改造。慎到所謂「飛龍乘雲，騰蛇遊霧，雲罷霧霽，而龍蛇與蚯蟮同矣，則失其所乘也。賢人而詘於不肖者，則權輕位卑也；不肖而能服於賢者，則權重位尊也。」❷這祇是自然之勢，祇是靜觀之勢；韓非加上了「法」（控制「法」的則是「君術」）的運用，終使得「勢」成為「人造之勢」，使得「勢」成為動態的宰制性原則，使得「勢」能成為強固的實踐動力。

　　韓非於「勢」的理論確實有了進一步的改造，但顯然的，我們發現韓非的「勢」理論亦有化約簡陋之病。誠如開首所言，廣義的「勢」應是所謂的「動向性原則」，它包括整個政治勢力的消長與流動關係。儘管韓非的「勢」具有主動性和宰制性，但我們卻發現他並未及於整個政治勢力消長和流通的問題。而韓非之所以如此，乃因為他將政治的權力資源緊縮的化約到君臣的利害關係上，並通過好利自為的人性化約論，而提出刑賞二柄以控制臣民；換言之，經由韓非的化約取捨，使得其「勢論」統統歸結於君主的刑賞二柄。如此一來，「勢」便從政治勢力的動向性原則轉換成刑賞的規範，再由到賞的規範轉換而為君術的運用。

　　作了這樣的分析之後，我們勢將發現韓非所提出的「勢論」固

────────────────

❷　《韓非子》〈難勢〉，《集釋》，頁886。

然已免除了素樸的「自然之勢」的論調，而另締結了所謂的「人造之勢」；但這樣的「人造之勢」真能是動態的宰制性原則嗎？而「自然之勢」的理論真能免除嗎？當然慎到「自然之勢」的理論嫌簡陋而不足，但這正反映出不可以將「自然之勢」的理論侷限於君臣彼此的勢位權力關係而已，而應寬廣的及於整個政治權力資源的消長和流通的問題。換言之，慎到所提出的「自然之勢」上能先洞燭其機先，能「知機造勢」。「勢論」之所以能極成為政治的動向性原則，此勢必要將「理」這個範疇引入，不能單從「刑賞二柄」來造勢，因為所謂的「理」正是理解動向性及駕馭動向性的原則，它是與「勢」不可分的。理有條理之理，事理之理、物理之理，亦有人性之理，天道之理。理的多重分劃正顯示其複雜度與豐富性，亦顯示政治資源之流通消長之複雜與豐富，它不是隨意可以化約的，它祇能「調適而上遂」的層層搜討，以證其成。王夫之所提出「貞一之理」與「相乘之幾」統合了兩者，強調「理勢合一論」當可以視為「動向性原則」確立的里程碑[27]。

　　當然王夫之的「理勢合一論」著重在歷史的詮釋與理解，而不像韓非之著重於政治的實踐，兩者所涉的領域似乎並不相同。但正因如此，我們才提出王夫之的「理勢合一論」來與韓非的「勢」理論作一個對比。因為我們一論及「勢」必及於「動向性」，動向性是在時間中展開的，這個展開的歷程即所謂歷史的詮釋與理解。惟

---

[27]　關於王夫之（船山）的「理勢合一論」，請參看林安梧著《王船山人性史哲學之研究》第五章〈人性史哲學的核心論題〉，第四節〈論「理勢合一」〉。（臺灣大學哲研所碩士論文，一九八六年六月，東大圖書公司印行，一九八七年）。

有經過這樣的理解與詮釋才能把握住所謂的「動向性」，亦才能眞正進於政治的實踐。換言之，以歷史爲通鑑，而此「通鑑」是足以「資治」的，即所謂「資治通鑑」❷。通過「資治通鑑」一語，吾人才能眞理會到所謂的「動向性原則」。個人以爲韓非所謂的「動態的宰制性原則」必須通過這一步的調適而上遂，才能成爲政治資源消長與流通的理解者，詮釋者，進而是實踐的參與者，乃至主宰者❷。

四、「術——運用性原則」的展開

前面第二節述及「法」時，筆者已拖帶出韓非所論的「術」。「術」之作爲「運用性的原則」在韓非哲學中實具有主導性的地位，它是控御刑賞之法的關鍵——即韓非所謂的「因任授官」及「循名責實」。值得注意的是韓非所謂的「術」並不祇停留在參驗任官及督責名實這個層次，他更而汲取老莊哲學無爲自然之旨，使得「運用性原則」的「術」提昇到「道」的層次。換言之，「術」之於韓非而言，它不祇是「技術」而且是「藝術」。《韓非子》云：

> 國者，君之車也；勢者，君之馬也。無術以御之，身雖勞，

---

❷ 這裡所謂「資治通鑑」一語祇是借用，不必同於司馬光的「資治通鑑」一語。事實上，他較接近於王夫之所理解下的意義。請參見王夫之《讀通鑑論》卷末〈敍論四〉，河洛版，一九七六年，頁1113-1114。

❷ 關於王夫之的「理勢合一論」及韓非的「勢論」有何異同，這裡筆者祇做原則性的提揳，至於更進一步的理論分疏則請俟諸他日。

猶不免亂。有術以御之，身處佚樂之地，又致帝王之功❸⓿。

這裡韓非將「國」比成「君的車」，而將「勢」比成「君的馬」。國君則是坐著「馬車」，並控御著臣子去駕馬車。值得注意的是，韓非所提供的哲理是如何駕馭「臣子」而不是如何駕馭「馬車」。駕馭「馬車」才是政治之術——即是所謂的「治道」，而駕馭「臣子」——控御駕馬車的臣子此不是「治道」，這是「心術」。「治道」必須扣緊整個政治的架構性原則來運作，它必須受到政治的結構性原則的限制；但「心術」則不同，「心術」則純是主觀之運用，或者依韓非之意更緊切的說那扣緊著君臣好利自為之心來鬥心機。因為「勢」是君的馬，「國」是君的車，臣子則祇是奉命駕馬的車伕，國君才是這輛馬車的主人❸⓵。如此一來，祇要以刑賞二柄控御臣下，自然能夠「身處佚樂之地，又致帝王之功」。

韓非的心術只是「主觀之運用性原則」而不是所謂的「治道」——政治上客觀的運作原則，其所論及「術」之性能亦應從這個角度去理解。他說：

（甲）術者，因任而授官，循名而責實，操殺生之柄，課群

---

❸⓿ 《韓非子》〈外儲說右（下）〉，《集釋》，頁782。

❸⓵ 多數詮釋者將上述這段引文理解為「國為其體，勢為其力，君為駕車馭馬者，法為其前進之方向，術則為駕御之方法」（見王邦雄著《韓非子的哲學》，三民版，頁183），但這樣的理解值得商榷，因君若真是駕車馭馬者則君不可能身處佚樂之地，惟有君是控御作為駕車馭馬之車伕的臣子時，君才可能「身處佚樂之地，又致帝王之功」。

臣之能者也；此人主之所執也❸。

（乙）術者，藏之於胸中，以偶眾端而潛御群臣者也。故法
　　莫如顯，而術不欲見。……用術則親愛近習莫之得
　　聞也❸。

就上所引兩條目來說，（甲）雖指出「術」所涉及的實際運作
層面重在參驗與督責，但很明顯的這個「術」並未與客觀的結構性
原則參合運作，它之所涉乃是一作為主體的人——即所謂的臣子。
更值得注意的是，他把這作為主體的人視為工具般的控御他。（乙）
則點出為了要使得臣子永遠是被控御的馬車伕，那惟一的辦法是使
得國君做為一個絕對者，他決不與臣子相對，臣子絕對的隸屬於國
君，服從國君。換言之，君臣的關係不是相對的對列之局，而是絕
對的隸屬之局。在這種情況之下，做為「運用性原則」的「術」於
是被收攝到「君」這一端之上。「君」乃是做為國家，臣、民所綜
結而成之統體（totality）的代表，或者我們可以將君直視之為一「統
體之體」（totality）。

扣緊著「統體之體」來理解「君」，並因之而理解「術」，這
便使我們更清晰而豁達的思考到它與「道家」的密切關係。

太史公曰：老子所貴道，虛無，因應變化於無為，故著書辭
稱微妙難識。莊子散道德，放論，要亦歸之自然。申子卑卑，
施之於名實。韓子引繩墨，切事情，明是非，其極慘礉少恩。

---

❸　《韓非子》〈定法〉，《集釋》，頁906。
❸　《韓非子》〈難三〉，《集釋》，頁868。

皆原於道德之意，而老子深遠矣❸❹。

　　太史公司馬遷這段話表現了其卓越的思想史的洞察力。他將老莊如何落轉而爲申韓的觀念脈絡點示了出來。老子之「貴道、虛無」是說老子之極具一種本體的洞見而審得道體之虛，道體之無；落實於變化的因應則是無爲的工夫（此可見無爲的工夫是與道體之虛無是相映合著的），而落實爲表達則顯其詭譎相的微妙。莊子「散道德、放論」指的是承繼老子貴道虛無之說，而涵攝於己，潤化於生，並以洸洋自恣之言以適己，而這最後則歸之於不禁其性、不塞其源的「自然」，自然者，自然而然，物各付物，各可其可之謂也。申子則卑卑（勉強也）的運用於名實之覈，韓子則將之置於更現實的政治運作之中——引繩墨、切事情、明是非，但其用法卻極慘急而鞠礉深刻（慘急苛刻），這都原於「道德之意」（即《道德經》之義）❸❺。

　　司馬遷這段話雖表現了其高度的思想史洞察力，但未免嫌簡略，仍須多加說明。誠如上述所說，韓非筆下的「君」是將之視爲「統體之體」的。「統體之體」，若依道家的思想來說即是「道」，韓非便在此將其統御之道和道家的自然之道結合起來，並視之爲一。

---

❸❹　《史記》卷六十三〈老莊申韓列傳〉，粹文堂版第四冊，一九七五年，頁2156。

❸❺　司馬遷這裡所謂的「道德」不是一般倫理道德的「道德」，而是《道德經》的省稱。《老子》一書可分爲上下二卷，上卷爲《道經》，下卷爲《德經》，合稱《道德經》。上卷開首謂「道可道，非常道；名可名，非常名；無名天地之始，有名萬物之母」。下卷開首謂「上德不德是以有德，下德不失德是以無德」。前者探極於宇宙本體之眞，而後者則窮極於人事運作之妙。前者正指出所謂的貴道虛無，後者則指出自然無爲。

　　道家的自然無爲之教強調的是「不禁其性，不塞其源」，使天地萬物皆能如其自如的各遂其所生，各長其所長，使全體都能達乎自然無礙的境界。韓非的統御之道則是一種僞似的自然之道，因爲他將「道」裂而爲「法、勢、術」三者，「法」是刑賞之柄，「勢」是居於掌刑賞之柄之位而生的威勢，勢力與趨勢，「術」則是控御法、勢（抱法處勢）的運用性原則。「法、勢」是「實」，而「術」則是「虛」；「法、勢」是「有」，而「術」則是「無」。「實」與「有」是控御臣下的工具與勢位，而「虛無之用」則是「君王」之作爲一個統體之體的極權者、權威者、絕對者的虛詭之秘密。《韓非子》說「明主之行制也天，其用人也鬼。天則不非，鬼則不困」❸❻。君主之行其制度法令，此是至尊無上，權力如天的，而其用人則如鬼之陰密不測；如天之至尊無上，故君主所行之制度法令不可非議，如鬼之陰密不測，故君主所運用之心術纔不會爲人所困。此亦即韓非所謂「明主，其務在周密」、「言通事泄則術不威」❸❼。

　　誠如前面所敍，韓非之所以強調「務在周密」、強調「言通事泄則術不成」這是從道家的「道」脫落滑轉下來的。《韓非子》於

---

❸❻　《韓非子》〈八經〉，《集釋》，頁996。

❸❼　《韓非子》〈八經〉，《集釋》，頁1026、1017。

　　又相較於荀子之主張「主道利宣不利周」來與韓非做一比較，吾人將可以發現其明顯的差異。荀子之「禮義之教，師法之化」，君是聖君，王是聖王，故主張的是一光明洞達，無所隱遁的人間之道荀子所說的仍是「道」的層次，韓非則從此「道」的層次脫落下來，而談「術」。簡言之，荀子所說的是政治之道（〈治道〉），而韓非所說的則是陰謀之術（所謂「務在周密」）（〈心術〉）。

〈主道〉對此言之甚詳❸：

> 道者，萬物之始，是非之紀也。是以明君守始以知萬物之源，
> 治紀以知善敗之端。故虛靜以待令，令名自命也；令事自定
> 也。虛則知實之情，靜則知動者正。有言者自爲名，有事者
> 自爲形，形名參同，君乃無事焉，歸之其情。故曰：君無見
> 其所欲，君見其所欲，臣自將雕琢；君無見其意，君見其意，
> 臣自將表異。故曰：去好去惡，臣乃見素，去舊去智，臣乃
> 自備……明君無爲於上，群臣竦懼乎下，……臣有其勞，君
> 有其成功，此之謂賢主之經也❹。

　　這段話首先說明「道是萬物之始，是非之紀」，明君於此若有
所「體道」的話當知「守始治紀」。就其始而言是「虛靜」（由道
之無、無爲而導出「虛靜」的工夫），「虛靜」乃是一種工夫。有了這
個虛靜的工夫才能參竅刑名，壹其名實。將道家的修養工夫作如此
落實的政治運用原亦不算錯，但接下去韓非卻有了脫落滑轉，韓非
末能將道家的工夫著實的去看待它，反而落於利害的關係去計較
它。一套在加臣利害的關係網絡上去談論，如此便將「修道」一變
而爲「用術」。「修道」的功夫是「實質的」（substantial），而「用
術」的功夫則是「關係的」（relational）。一落在關係中對生活終
而下落爲心術機構之運用而已。您看「明君無爲於上，群臣竦懼乎

❸　除了〈主道〉外，〈解老〉、〈喻老〉兩篇亦對此言之甚詳。前者重在原
　理性的提示，而後兩者則重在文句的詮釋闡發。筆者以下所大底依〈主道〉。
❹　同上，《集釋》，頁67。

下」、「臣有其勞，君有其成功」，這是一幅啥模樣的圖畫？君主居其上，頭戴皇冠，身穿龍袍，一副逍遙無爲的樣子，而作臣子的則心裡竦懼的跌跪地上，高喊皇上聖明！臣罪當誅！奴才該死！思之，寧不哀哉！

綜上所述，我們可以發現韓非所謂的「術──運用性的原則」是當該受到疵議的。韓非雖亦注重「因任授官、循名責實」等參驗督責的技術層面之運用，但因爲其所謂的任官名實仍祇是君主之運用而不是一客觀的架構性原則所撐架出來的，那麼所謂的參驗督責便仍停留在君主的運用之中，無客觀性、架構性。再加上韓非一再的將政治範圍緊縮到君臣的利害關係上，於是參驗督責所及的事物亦一併被消歸化約到君臣的心機權術之上。更值得注意的是，韓非將「君」視爲整個國家、臣民所統合而成之「統體之體」（totality）的代表（或直視之爲此統體之體）。如此一來，便將自家提到了「道」的階位，造成了一嚴重的「道的錯置」（misplacement of Tao）的情形❹。「道的錯置」正說明道之嚴重異化乃起因於韓非之將一切政治運作歸結爲加臣的利害網絡，於是虛靜的修養工夫亦脫落滑轉爲虛僞巧詐，周密而不欲人知的心術。換言之，所謂的「運用性原則」，於韓非而言祇成了此所謂的「心術」罷了。儘管它祇是「心術」，但它卻是掌握勢術（抱法處勢）兩端的關鍵，是中國傳統政治思想「專制主義」構成的核心所在，亦是往後（漢武帝）邁向「政治之倫理一體化結構」的核心所在。

---

❹　請覆按前面本文第二節末兩段。

五、本章結語：法勢術的重新釐清

　　經由以上對於韓非政治哲學的理論核心——「法」、「勢」、「術」之分析，當可逐漸豁顯筆者此篇論文的意圖。在開首之初，筆者先指出了韓非哲學的三大面向，並以「結構性原則」來指謂「法」，以「動向性原則」來指謂「勢」，以「運用性原則」來指謂「術」。這樣的指謂方式一方面是要指出理解韓非所謂的「法」、「勢」、「術」的一個比較可取的途向，另一方面則想通過這三個指謂來做為批評韓非政治理論的判準。

　　在分析展開的過程中，筆者儘量運用可能的學問研究方法的資源——如思想史、觀念史的脈絡及文獻之理解，結構性的分析以及對比的批評，扣緊著韓非的哲學理念一方面從中理解、詮釋與重建，而另一方面則對比著如何使得其判準得以成立的理論來作批評。

　　對於「法—結構性原則」，筆者一方面扣緊法與術二者來省思，並指出韓非的法不是一契約論底下所成的客觀結構原則，而祇是專制主義下為君王服務的工具而已。對於「勢—動向性原則」，筆者一方面稱許韓非之能注重人造之勢，扭轉靜觀之勢而為動態的宰制之勢。但筆者又深入韓非「抱法處勢」的理論核心，而認為韓非所提出的「人造之勢」乃祇是刑賞的規範，而骨子裡則祇是君術的運用（心術）。如此一來，韓非之「勢論」便不足以成為「動向性的原則」，筆者以為若能以王夫之的「理勢合一論」濟之，一方面拓深慎到的自然之勢而成就一套歷史的理解方式，而於此中「知機造勢」如此才能調適而上遂的將韓非的「勢」作為「動向性原則」來

使用，付諸於政治實踐。對於「術──運用性原則」，筆者一方面雖亦承認其於因任授官，循名責實的參驗督責有所作用，但畢竟由於客觀的結構性原則穩不住，亦無一恰當的動向性原則，故其所謂的運用性原則便又緊縮到君臣利害的關係網絡之中；加上君乃是作為國家家臣民統合而成之「統體之體」，如此便形成一嚴重的「道的錯置」之情形，於是道家的虛靜工夫──修道，一變而為「心術」的虛偽巧詐，而這便構成了專制主義的核心。秦雖僅僅十五年（從正式稱帝到滅亡）而亡，但這卻深刻的影響到整個中國帝皇專制的模型，即使以後所提倡的是道德倫理，但「一體化的模型」已然構成了。

第五章　三論「道的錯置」：中國政治哲學的根本問題

本章提要

　　筆者首先回顧自一九八六年以來有關「道的錯置」之探討，進而環繞「君」、「父」、「聖」三者的關聯，指出其複雜糾葛的情形，進而指出此中所隱含的「錯置」狀態。

　　其次，筆者關聯著此「道的錯置」，而論彼如何的由「慎獨倫理」轉向「順服倫理」，並對比中西雙方的宗教構成，進一步指出兩個對比的理性面向：連續型的理性與斷裂型的理性，此又與「氣的感通」、「言說的論定」之為對比，兩相呼應。

　　筆者更而對於儒家文化傳統中的「性善說」做出文化心理的深層分析，指出此所強調的「根源性的縱貫創生」與其「血緣性縱貫軸」密切相關，此又與「道的錯置」問題環環相扣。最後，筆者嘗試指出「道的

錯置」之解消的可能，強調由「血緣性縱貫軸」走向
「人際之間性互動軸」，以開啟一活生生的公民社會。

關鍵字詞：道的錯置、血緣性縱貫軸、順服倫理、人際性互動
軸、良知

一、問題的緣起

「道的錯置」一詞，筆者始用於一九八六年，當時申論船山之
史論，曾有這樣的議論：

> 一般說來，歷史退化論者（或歷史復古論者），他們將自己胸
> 中的道德理想託之於古代，他們將理想的歷史與現實的歷史
> 混同爲一，他們將道的開展次序和歷史的時間次序等同一
> 氣，並認爲道的開展是逐漸貧困，終至失喪而難挽的。換言
> 之，他們將邏輯上道的源頭轉變成時間上道的根源，認爲有
> 個歷史的起源，而歷史的起源即是道的源頭。簡言之，他們
> 將道錯置了——一種「時間性的錯置」——。由於這種時間
> 性的「道的錯置」，使得中國儒者一直徘徊在懷古的情調裡，
> 低迴不已❶。

緊接著，我又做了這樣的補充——「這裡所使用『道的錯置』

---

❶ 請見林安梧著《王船山人性史哲學之研究》附錄二〈船山對傳統史觀的批
判〉，頁155，東大圖書公司印行，一九八七年，臺北。

（misplacement of Tao）這個詞是筆者省思中國傳統的歷史及政治而安立的一個詞。筆者以爲「道的錯置」這個現象在歷史上則表現爲「歷史復古論」及「歷史退化論」，這是所謂「時間性的錯置」；而「道的錯置」這個現象在政治上則表現爲專制極權，這是所謂「結構性的道的錯置」。時間性的道的錯置將愈古老的世代認爲是愈接近於道的世代，故是愈理想的世代，而愈往後的世代則愈遠於道，故離理想愈遠，一般所謂「世衰道微，人心不古」即隱含此錯置的謬誤。至於「結構性的道的錯置」則是認爲政治制度結構中愈高的階層愈接近於道，而君主（國君）即是道在人間世的化身，依次遞降而有君子與小人之別❷。」

　　這樣的問題意識一直勾引著我，它喚醒了我對傳統主義者的反省與批判，特別是上面所述的後者——「結構性的道的錯置」，之後更是我所著力之處。於是我又寫了〈道的錯置㈠：先秦儒家政治思想的困結——以《論語》及《孟子》爲核心的展開〉、〈論「道之錯置」——對比於西方文化下中國文化宰制類型的一個分析〉兩篇文章，來闡明這個問題❸。

---

❷　同上註。

❸　前者發表於一九八九年六月在臺中東海大學所舉辦之「第一屆中國思想史研討會：先秦儒法道思想之交融及其影響」，後又修訂並講於一九八九年十月於北京舉辦的「孔子誕辰2539年國際學術研討會」；此文刊於《鵝湖月刊》第十五卷第二期（總號：170），頁1-14，一九八九年八月。又收於《第一屆中國思想史研討會論文集》，頁101-122，東海大學，一九八九年十二月，臺中。後者，首次發表於一九八九年八月於臺北由中國文化大學所舉辦的「國際東西哲學比較研討會」，刊於《鵝湖月刊》第十八卷第六期（總號：210），一九九二年十二月，臺北。

　　其實，這問題的緣起應早溯自牟宗三先生《政道與治道》一書❹，之後余英時先生又發表了〈反智論與中國政治傳統〉一文（一九七五年），這篇文章給了我許多啓發，但也引發起我不同的觀點，於是在一九七九年我寫了〈中國政治傳統中主智、超智與反智的糾結──環繞先秦儒、道二家政治思想的試探與考察〉一文，這應是我對中國政治社會哲學研究的起點。從「主智、超智與反智」糾結的論述，到「道的錯置」之提出，算是我在中國政治社會哲學探索的一點心得，之後再順此寫就了多篇文章❺，而於一九九四年於美國麥迪遜寫成，而於一九九六年印行的《儒學與中國傳統社會的哲學省察》，可以視爲此問題的一個總結。

　　今年所寫成並刊行的〈牟宗三之後：咒術、專制、良知與解咒──對「臺灣當代新儒學」的批判與前瞻〉，亦可視爲此系列的另

---

❹　牟宗三《政道與治道》一書最早刊行於一九六一年。

❺　如以下三文，即可視爲此系列進一步的發展：

〈實踐的異化及其復歸之可能──環繞臺灣當前處境對新儒家實踐問題的理解與檢討〉，收於《「儒釋道與現代社會」學術研討會論文集》第十一章，頁155-178，東海大學哲學研究所，一九九〇年十二月，臺中。

〈從咒術型的因果邏輯到解咒型的因果邏輯──中國文化核心困境之轉化與創造〉，海峽兩岸文化與思想研討會，一九九二年二月，中央大學哲學研究所，刊於《鵝湖月刊》第十八卷第八期（總號：212），一九九三年二月，臺北。

〈「以理殺人」與「道德教化」───環繞戴東原對於朱子哲學的批評而展開對於道德教育的一些理解與檢討〉，道德教育國際研討會，一九九二年五月，臺灣花蓮師範學院，刊於《鵝湖學誌》第十期，一九九三年六月，臺北。

一個新的發展❻。這發展在強調即如當代新儒學而言，它對於中國傳統政治社會已有深入的探討與批判，但仍不免落於「道的錯置」之中，它像是一個「咒」一般，須得瓦解與重建。

　　這回《鵝湖月刊》的學術會議，我想總的就以上我所涉及的理路，再提到一更高的哲學思維層次，重建一思考之理緒。

二、「君」、「父」、「聖」三者的關聯及其錯置

　　大體說來，我之使用「道的錯置」一詞是對比於懷海德（A.N.Whitehead）所謂的「具體性的錯置」（The fallacy of misplaced concreteness）提出來的❼。在我以前所做的諸多反省裡，雖亦有及於道家、法家者，然多半集中在儒家上。就做爲儒家典型的孔孟看來，他們企盼的是一人格性總體的建立，但在「血緣性的自然連結體」與「道德眞實感的連結體」這辯證的關聯之下，所形成的一體之兩面，這便使得道德眞實感的連結體在實際上不能獨立出來，它

---

❻　此文原發表於一九九七年四月在國立成功大學所舉辦的「第一屆臺灣儒學研究國際學術研討會，後發表於第十屆本文曾於一九九七年四月間，在國立成功大學所舉辦之第一屆臺灣儒學國際會議上宣讀，稍作修改後，又於一九九七年七月間，在韓國東國大學所舉行之第十屆國際中國哲學年會「東亞哲學之當代意義國際研討會」宣讀，後定稿發表於《鵝湖月刊》第廿三卷第四期（總號：268），頁2-12，一九九七年十月，臺北。

❼　關於「道的錯置」一語，實對比於懷海德（A.N.Whitehead）於《科學與現代世界》（Science and Modern World）一書中所提出「具體性的錯置」（Misplaced concreteness）（見該書第三章論及十八世紀處，臺灣虹橋影印版，頁58）而提出者。

只能是一附儷於「血緣性自然連結體」之上的東西。「血緣性自然的連結體」經由「親親」、「尊尊」的演變，形成一嚴密的宗法社會與封建政治。東周之後，封建逐漸瓦解，經過春秋戰國，到了秦漢確立了帝皇專制，不論封建政治或帝皇專制都是以宗法社會為其背景的，此是建立於「血緣性自然的連結體」而構成的。儒家深切地體察到這「血緣性的自然連結體」而點出了其超越的形式基礎，進而實存的指出此超越的形式的基礎是內存於心的，是人人皆有的道德真實感，進而強調在此「血緣性自然的連結體」之上建立一道德真實感的連結體。順著這個理路，激進的儒家甚至強調要超邁血緣性自然連結體的限制，而邁向一徹底的道德真實感的連結體，所謂由「小康」而邁向「大同」當指此而言❽。

但從封建瓦解，不久即邁向帝皇專制，原本「血緣性自然的連結體」又成了極為鞏固而難解的巨大網脈，在「龍種政統」的帝皇專制的管控下，激進的儒家變成一口耳相傳的隱匿性傳統，甚至沈湮不見。現實上的儒家在「龍種政統」皇帝專制的管控下，遂行其「格君心之非」的偉大悲劇事業(俗語云：「伴君如伴虎」)。由於「龍種政統」帝皇專制的絕對管控(宰制)，形成了「絕對宰制性的政治連結體」如此一來，便使得儒家原本所附屬於「血緣性自然的連結體」之上的道德真實感的理想徵符，形成一嚴重的誤置。理想的君父之道(所謂「君君、臣臣、父父、子子」)異化而成為壓制現實的教條，而另一方面，現實的君父亦宣稱彼是理想的君父；既是理想

---

❽ 《禮記》〈禮運・大同〉前段的思想可以屬此，請參見熊十力著《原儒》〈原外王第三〉，明文書局印行，一九八八年十二月，臺北。

的君父，則君要臣死，臣不得不死，不死謂之不忠；父要子亡，子不得不亡，不亡謂之不孝。當「龍種政統」這個「絕對宰制性的政治連結體」成爲獨大的管控者時，儒家建立於「血緣性自然的連結體」之上的「道德教化」、「仁義之道」便喪失了其自主性及獨立性，而被此管控者絕對的宰制了。

　　換言之，儒家所強調的「人格性道德的連結體」本來在現實上便依倚於「血緣性自然的連結體」，現又被「宰制性的政治連結體」絕對的管控著，如此一來原先在「人格性道德的連結體」下所強調的「愼獨的自律倫理」便異化而爲「順服的（被宰制的）他律倫理」。當然「忠」、「孝」這時便祇成了一被宰制的、順服的、他律的倫理教條而已。相對於「君」這個「宰制性政治的連結體」的最高管控者及「父」這個「血緣性自然的連結體」的最高管控者，人人都祇成了一隸屬性的存在，而喪失了其獨立性的主體地位。如此一來，宰相賢臣亦祇成了國君的「奴才」，而人子亦成了父親的「小犬」。再者，在「宰制性政治的連結體」的絕對管控下，使得「血緣性的自然連結體」成了其最重要的工具，並吸收而成爲一體，歷史上「君父」一辭所顯示的正是此義。再者，儒家所強調的「人格性道德的連結」是依倚於「血緣性自然的連結體」之上的，「血緣性自然的連結體」既被「宰制性政治的連結體」所吸收而成爲一體，儒家所強調「人格性道德的連結」便得依於此而有所展開，甚至被他吸收而成爲其隸屬之部份。如此一來，我們發現「宰制性政治的連結體」、「血緣性自然的連結體」、「人格性道德的連結體」三者，形成一以「宰制性政治的連結」爲核心，以「血緣性自然的連結」爲背景，以「人格性道德的連結」爲工具的一體化結構。「君」、「父」、

「聖」三者型構成一體，而以「君」爲核心。「聖」、「君」、「父」一體的情況之下，它成了那永恆之道的人間絕對體，這是中國政治傳統上的巨大怪胎，遍覆一切、宰制一切、管控一切，怪不得祇能借用「龍」這個大怪獸來象徵它，其他則難以言喻。

在這種情形下，儒家孔孟之道所呼籲的「人皆可以爲堯舜」便異化成「境界型態」的嚮往，甚至再扭曲爲「精神勝利」的阿Q而已，思之，憫哉！憐哉！在絕對的宰制壓縮到忍無可忍的情況之下，從「阿Q式的精神勝利法」再扭轉而異變成純陰性的、材質性的生命吶喊，血洗乾坤，生民塗炭矣，思之，哀哉！痛哉！此「大怪獸」不除，「道的錯置」不疏理，中國寧日幾時，民主自由又何得生根耶❾？

通過上述的分析，我們可以清楚的發現到這裡所隱含「道的錯置」之問題，這是值得注意的。爲了更清楚豁顯這個問題，筆者擬從「父」「君」「聖」這三個最重要的象徵，再做一番分析。大體來說：

> 「父」這個字眼代表的是：通過「血緣性的自然連結」而結成的人際網絡之中，那最高階位的倫理象徵。
>
> 「君」這個字眼代表的是：通過「宰制性的政治連結」而結成的人際網絡之中，那最高階位的精神象徵。

---

❾ 關於此，請參見林安梧〈孔子與阿Q——一個精神病理史的理解與詮釋〉，《鵝湖月刊》第廿二卷第十期（總號：262），一九九七年四月，臺北。

　　「聖」這個字眼代表的是：通過「人格性的道德連結」而結
　　　　　　成的人際網絡之中，那最高階
　　　　　　位的文化象徵。

　　值得注意的是，秦漢帝制之後，這三者是以「君」爲中心的，
它可以橫跨到其它兩個面向裡，並且與之結合爲一體，像我們平常
所聽到的「君父」或者「聖君」這兩個詞便是一明顯的例子。「君
父」一詞顯然的是將那「宰制性的政治連結」作爲主導力量而將「血
緣性的自然連結」吸收內化成爲一穩固政權之後所凝鑄而成的，它
意味著原本作爲中國人最基本的自然連結網絡已被政治化了，它已
喪失了獨立性。當然作爲「血緣性的自然連結」之中最重要的倫理
——孝道，這時也被異化成統治者宰制的工具❿。至於「聖君」一
詞從字面上看來似乎是「聖」高過於「君」，是將那「人格性的道
德連結」擺在優位，而將那「宰制性的政治連結」作爲從屬，其實
不然。因爲骨子裡具有決定性力量的不是道德理想的聖人，而是現
實上具有威權的國君；因而使得所謂的「聖君」異化轉變成「君聖」。
「聖君」要求的是：讓那有德、有才者始能爲君；「君聖」則異變
成只要在現實上當了國君的人都既是有德者、又是有才者。在這種
情況之下，「人格性的道德連結」不但未能成爲主導性的優位地位，

----

❿　從《論語》、《孟子》以及的諸多篇章裡，我們可以發現「孝道」是與當
　　時的軍國政策相反的，做爲法家代表的《韓非子》更是對「孝道」嚴加批
　　評；然而從秦漢之後，「孝道」卻成了最重要的統治工具，漢皇帝之謚號
　　且多加上一「孝」字，而事實上於漢代結集編纂而成的《孝經》更是多有
　　篡竊之言，它已是一帝制式儒學下的產物，對於帝皇專制，多所迴護。

而且成了「宰制性政治連結」的階下囚。

做了這樣的概括分析之後，我們可以籠統的說，中國歷史傳統中，其政治社會共同體是以「宰制性的政治連結」爲核心，以「血緣性的自然連結」爲背景，以「人格性的道德連結」爲工具而形成了一個龐大的總體。「君」成了「聖君」，又成了「君父」，「君」成了中國民族心靈的金字塔頂尖，是一切匯歸之所，是一切創造的源頭，是一切價值的根源，及一切判斷的最後依準。顯然地，正因爲這樣的情況才使得中國文化落入一極嚴重的「道之錯置」的境域之中。

由於「君」不只是政治連結所構成的「君」，而且是「君父」之「君」，它不只是「宰制性的政治連結」的最高精神象徵，更而代表的是「血緣性自然連結」的最高倫理象徵。也因如此，使得「血緣性的自然連結」充滿了宰制的氣息，原本所注重的倫理親情，此時便空洞而一無所有，只剩下一宰制性的迫壓形式。

由於「君」不只是政治連結所構成的「君」，而且是「聖君」之「君」，它不只是「宰制性的政治連結」的最高精神象徵，更而代表的是人格性道德連結的最高文化象徵。也因如此，使得「人格性的道德連結」充滿了宰制的氣息，原本所注重的一體之仁道德眞實感的互動感通，此時便異化而成爲宰制者的工具，而且道德仁義亦因之而滑轉成所謂「吃人的禮教」。

經由以上的疏釋，我們可以清楚的指出所謂「道的錯置」原指的是這種以「宰制性的政治連結」的「君」爲核心，並因而侵擾了「父」與「聖」的情形。在這樣的情況之下，父無一獨立的「父道」，聖無一獨立的「聖道」，它們都只是「君道」底下的附庸，甚至階

下因而已。

再者，以「血緣性縱貫軸」為根本背景的中國社會，它當然是一家長制，是一父權制，此無所疑。但當「宰制性的政治連結」成為一切管控的核心時，更使得中國的文化趨向於以「心性」為核心（或者說是以「道德思想意圖」為核心）。這一方面，因為中國的社會是一「波紋型的結構」，是一「差序格局所形成的結構」；如前所述，中國文化最為強調的是一連續體的觀念，天人，物我，人己，他們都是合而為一的，只要通過一道德的真實感，自然能怵惕惻隱的與之關連成一體，（或是經由一藝術境界的修養，亦可以與之關連成一體），所謂「親親而仁民，仁民而愛物」即此之謂也**❶**。不過「親親而仁民，仁民而愛物」原強調的是將那「血緣性的自然連結」與「人格性的道德連結」合而為一，想經由一種推擴的工夫而達於四海天下，如前所述，這原是與「宰制性的政治連結」相互背反的。

就另一方面來說，中國的歷史從秦漢以來，就陷入一嚴重的宰制性困局之中，作為「宰制性政治連結」的最高象徵的「君」成了最高的絕對管控者，它將儒家所強調的「人格性道德連結」及中國傳統社會的「血緣性自然連結」吸收成統治之一體。如此一來，「宰制性的政治連結」、「血緣性的自然連結」、「人格性的道德連結」形成了一個極為奇特而怪異的總體。相互依倚而相互抗持，尤其儒家所強調的「人格性的道德連結」所構成的「道統」與帝王家所強調的「宰制性政治連結」所構成的「政統」形成了一個內在對比的抗衡結構。相應於這內在對比的抗衡結構之一端，另一端亦因之而

---

❶　見《孟子》〈盡心（上）〉。

有所跟進；當「宰制性的政治連結」愈爲絕對化，那麼連帶的「人格性的道德連結」也必須更爲強調，甚至徹底的絕對化才可能與之相抗相持，那個內在對比的抗衡結構才能保持穩定狀態。在政治上以「君」爲核心，在社會上以「父」爲總樞，在教化上以「聖」爲理想，這樣的歷史文化走向陶鑄了數千年，自然的成爲中國人的基本思維模式。一元化或道德思想之意圖的思維方式於焉構成。

再者，我們可以更進一步的說「道德思想的意圖」雖然與中國文化「天人之際」的強調其一體連續觀有密切的關連；但更爲重要的是由於中國長久以來的帝皇專制所造成的「道的錯置」更使之極端化了❷。

三、「道的錯置」下的「順服倫理」及其對比的宗教構成

如上所述，正由於中國長久以來的帝皇專制所造成的「道的錯置」，因之產生一極爲奇特的「宰制型的縱貫軸理性」，它一方面仍然守著中國文化那種「連續型理性」的傳統，但由於「宰制性的政治連結」之國君成爲獨大的管控者，這便使得原先那種發自生命

---

❷　「道德思想的意圖」乃林毓生所提出的，其詳請參見氏著《中國意識的危機》（The Crisis of Chinese Consciousness），筆者於此處則重在給出一哲學的理解與詮釋。又關於此請參見拙著〈「道德與思想之意圖」的背景理解——以「血緣性縱貫軸」爲核心的展開〉一文，發表於「思維方式及其現代意義：第四屆華人心理與行爲科際學術研討會」，中央研究院民族學研究所、臺灣大學心理學系及研究所主辦，一九九七年五月，臺北。

內部深處的「一體之仁」這樣的道德眞實感所開顯的「自律型之愼獨倫理」異化而成爲一「他律型的順服倫理」❸。更值得我們去注意的是這樣的「他律型的順服倫理」，因爲它不是以一超越的位格神作爲最高的管控者，而是以一現實世界的國君皇上爲最高的管控者，所以它並沒有一恆定性，沒有一普遍性。它有的是繫屬於帝皇專制下的奴隸性及暫時的規約性而已。只有當那國君皇上被提到超越界的地位，這時他律型的順服倫理才可能具有恆定性及普遍性，而所謂宰制型的理性亦才能眞正的建立起來。

　　然而，國君皇上畢竟不是上帝，他只是一個專制政治上最高階位的存在而已，將國君皇上視之爲一超越的絕對者，這無疑的是一種嚴重的錯置情形，因此所謂「他律型的倫理」並未眞正建立起來，而只是一類似於他律下的「順服倫理」。如上所說，我們知道相應於「他律型的順服倫理」，其理性是一「宰制型的理性」；而相應於「自律型的愼獨倫理」，其理性是一「良知型的理性」。值得注意的是，這裡所謂的理性是就其爲連續觀及一體觀的情況下的理性；這不同於就其爲斷裂觀及二分觀的情況下的理性。連續觀及一體觀的情況下的理性不是一「決定性的理性」而是一「調節性之理性」；不是一主體的對象化而成的「概念型之理性」，而是一互爲主體化而成的「體驗型理性」，不是一外在超越界與經驗世界相對

---

❸　關於此，請參見林安梧〈「以理殺人」與「道德教化」──環繞戴東原對於朱子哲學的批評而展開對於道德教化的一些理解與檢討〉，第三節〈道德超越形式性原理與絕對宰制性原理之關係〉，第四節〈從根源性的愼獨倫理到宰制性的順服倫理〉，收入林安梧著《中國近現代思想觀念史論》，頁104-115，臺灣學生書局印行，一九九五年，臺北。

執的理性，而是內在的將那超越的世界內化而交融爲一體所成的理性。

如上之論，我們要指出「君」、「父」、「聖」三者的結構，不只是構成「血緣性縱貫軸」的傳統社會結構，它更且影響到華夏族群對於天地人我的認知理解，並且由於這樣的認知理解所因之而成的詮釋結構，更而有其獨特的道德實踐指向。此不可不知也。

大體說來，中國文化傳統之基本建構乃是一「血緣性之縱貫軸」所開啓者，這樣所成的一政治社會共同體，是以「氣的感通」的方式而凝聚其共識的，它預取其爲一不可分的整體，而這不可分的整體有其共同的生命根源，此生命根源又不外於此整體，而即在此整體之中❹。或者說，在整個共同體凝固的過程裡，並沒有發展出一客觀對象化的理性優位性，而一直是處在主體的情志之互動的優位性上；「言說的論定」一直未成爲一優先性的原則，而是「氣的感通」這一原則一直是具有優位性的❺。

---

❹ 若落在民族學、人類學的角度而言，我們實可說中華民族乃是「一統而多元」型態或「一體而多元」的格局，費孝通即做此說，他以爲它所包括的五十多個民族單位是多元，而中華民族則是一體。中華民族做爲一個自覺的民族實體是近百年來中國和西方列強對抗中出現的，但作爲一個自在的民族實體則是幾千年的歷史過程所形成的。見氏著〈中華民族的多元一體格局〉，收入費孝通等著《中華民族多元一體格局》，中央民族學院出版社印行，一九八九年七月，北京。

❺ 關於「氣的感通」與「言說的論定」之對比，乃筆者近十年來對中西宗教、思想、文化之整體概括，見林安梧〈絕地天之通與巴別塔──中西宗教的一個對比切入點的展開〉，東方宗教討論會第四屆論文發表會，一九八九年八月。《鵝湖學誌》第四期，一九九○年六月，頁1-14。臺北。又請參見林安梧著《臺灣、中國──邁向世界史》第一章，唐山出版社印行，一九九二年，臺北。

　　若是在一「客觀的對象化」的過程裡，理性又取得優位，推極而致，則有一超乎世上之絕對的客觀對象。再者，這樣的一客觀對象，它並不會停留在做為一對象的身份為已足，因為人們經由自家生命內在理想的呼喚，以及來自於生命不可知的畏懼，轉而為一深度的虔敬，他們會發現此呼喚有一極高的權能，由此權能轉而使得他是至高無上的，能動的主體。那客觀的對象即是那絕對的能動的主體，兩者看似相反但卻相合為一。就理性上來說，它是一客觀的絕對者，是一對象化所成一客觀絕對者，是一至高至善至美的純粹形式，亦是亦無所遮蔽的實現。它看起來是一切理性與存在的基礎，然而若論其發生的歷程來說，則是經由理性化的過程，充極而盡所成就的。就政治社會共同體而言，它逐漸凝固聚結，就在這過程中，人類的理性伴隨著權力，而達到一穩定的狀態，至於其理性的狀態則與其權力的狀態是相刎合的，而這將與整個共同體之凝固方式刎合。權力、理性、結構之確定，宗教之神亦因之而確定，它們彼此是相刎合的。

　　或者，我們亦可說，要是吾人經由一「言說的論定」這樣的方式來理解、詮釋這個世界，我們亦用這樣的方式來構造我們所處的生活世界，並因之而構造一政治社會共同體。這裡所說的理解、詮釋、構造，其實骨子裡一定要涉及到權力的問題，我們如何的理解、詮釋與構造，其實也就是指的我們是如何的將權力伸展出去，而取得一恰當的確定性。再者，我們一方面經由理解與詮釋的歷程而構作人間的政治社會共同體，同時，我們也在釐清我們與那冥冥中的神人關係。我們若用「言說的論定」這方式去理解、詮釋這個世界，那我們將發現上帝亦是經由「言說的論定」來創造整個世界。當然，我們用的若是「氣的感通」的方式，則整個都不一樣。

　　在西方基督宗教的傳統，上帝是由原先的希伯萊之戰神發展而來，配合著中東地區的集權官僚體制，而逐漸演變成一天上之王的最高神觀念，這位最高的神從空無中將人類與世界創造出來，並且成為一超俗世的倫理支配者，祂要求每一個被造物都要來做祂的工。這裡，我們可以瞭解到這樣的政治社會共同體所重在通過一種權力的約制而建立起來的，而且之所以能恰當的通過權力而約制起來，這必得經由一「主體的對象化」的歷程，此即是「言說的論定」。即如現在所可見到的《舊約全書》〈創世紀〉一開頭便說「上帝說有光，就有了光，於是把它分成白晝和黑夜」。「言說」乃是一主體的對象化活動，而「分」亦是一「主體對象化」活動所衍申出來的主客對立的活動。在這裡，顯然地，我們發現「創造」與「支配」的觀念是連在一起的。若落在宗教倫理的立場，我們亦可發現「愛」與「權能」是合在一起的。

　　「主體的對象化」充極而盡的發展，一方面擺定了這個世界，另方面則置立了一至高無上的上帝，這上帝便成了一切的起點，以及一切的歸依之所，而且它是在這個世界之上的，因為它若不在這個世界之上便不足以顯示其絕對的神聖性、絕對的威權性。再者，這樣的政治社會共同體是由一個個原子式的存在，經由一「言說的論定」、權力的約制而逐層的紮合在一起，最後則統於一❶。在每

----

❶　費孝通即謂此為一「細材型格局」，而有別於中國之為一「波紋型格局」，見氏著《鄉土中國》〈差序格局〉，頁22-30，上海觀察社出版，一九四八年，上海。又如此之「差序格局」不只行於中國內地，實亦行於漢人之移民社會。請參見陳其南《家族與社會──臺灣和中國社會研究的基礎理念》，第二章〈臺灣漢人移民社會的建立及其轉型〉，聯經出版公司印行，一九九〇年三月，臺北。

一層階的紮合所成的單元都有其自主性、圓足性、以及獨立性。而他們之所以紮合在一起，則起於實際利害上的需要所致。這就好像逐層上升的共相一般，每一共相之統結紮合了許多的殊相，都起於彼此能統合爲一具有自主性、圓足性、獨立性的單元，而且一旦成了一個單元，它就具有其本質性的定義。這樣的過程看起來只是理性在作用，其實其中自也包括了權力、欲求、利害等等的作用。用佛教的話來說，凡是執著的，必然也是染污的；由執生染，似乎是不可避免的。佛教立基於一「無執著性」，此與西方之立基於「執著性」，是迥然不同的。廣的來說，中國本土所生的儒、道兩家亦都具有此「無執著性」的特色在❼。

如上所說，我們發現那絕對的一神論，與征戰、權力、語言、命令、執著性、對象化、理性、約制、絕對、專制、共相等觀念是連在一起的。

相反的，如果我們在另一個政治社會共同體中，發現到他們較爲優先的概念是和平、仁愛、情氣、感通、無執著性、互爲主體化、道理、調節、和諧、根源、整體等等，那我們可以斷定與他們相關的不是絕對的一神論，而是一種天地宇宙萬有一切和諧共生的根源動力，或者我們就將此稱之爲「道」，而主張的是一「萬有在道論」

---

❼　筆者於此所論，顯然地是將哲學裡所謂的「共相」之形成與社會權力、人群之組構等相關聯來談，這一方面是受近現代以來知識社會學的啓發，而另方面則是由佛學之「執」與「無執」、「染」與「無染」諸問題所引發而來的思考。爲人群組構、社會權力的型態等之異同，我們實可說中國並無西方古希臘哲學所謂的「共相」觀念。「太極」、「道」等辭與「共相」雖屬同位階之概念，但涵義卻頗爲不同。

（Panentaoism），不是「絕對一神論」（Absolute Monotheism）❶。
更值得注意的是，我們甚且就將此和諧而共生的根源動力徹底的倫
理化了。像這樣的宗教，我們仍然可以歸到「血緣性的縱貫軸」這
基礎性的概念來理解。

　　相對於西方的征戰與防禦，在中國來說，其政治社會共同體乃
因治水、農耕等而建立起來，自然他們的構造方式就與西方原來的
方式不同，因而其共同體之最高的精神象徵就不是絕對唯一的人格
神。在中國傳統裡，最先由血緣性的縱貫軸所開啟的聚村而居，從
事農業的生產，形成了氏族性的農莊村落，他們的宗教，或者說祭
祀對象非常繁多，但大體離不開他們的生活世界所開啟之象徵、符
號❶。他們大體都從日常生活的感應中，發現到生命本身的奧秘，
他們參與此奧秘，而希望能得其奧援。廣的來說，泛靈的信仰仍到
處可見，當然與此泛靈信仰相關的巫術自也就不在話下了。就這個
層次，看起來好像還很原始，但我想要說，原始是原始，但並非原
始就是落後。更何況，他們亦不只是這個較為原始的層次而已，他

---

❶　「萬有在道論」（Panentaoism）一詞乃筆者所擬構者，其義涵在強調「萬
　　有一切」咸在於「道」，如《老子道德經》所謂「道生一，一生二，二生
　　三，三生萬物」即可為證。「絕對一神論」（Absolute Monotheism）所強
　　調者在一超越的、唯一的人格神。就宇宙萬有造化而言，前者多主張「流
　　出說」或「彰顯說」，而後者則強調「創造說」。此又與天人、物我、人
　　己之為「連續」與「斷裂」有密切的關聯，請參見林安梧〈絕地天之通與
　　巴別塔〉一文，如前所述者。
❶　請參見馬克斯·韋伯（M. Weber）著、簡惠美譯《中國的宗教》，第二章、
　　第三章，新橋譯叢，一九八九年一月，臺北。

們還有許多更爲豐富與可貴的向度，值得我們注意❷。

四、兩個對比的理性面向：「連續型的理性」與「斷裂型的理性」

如果我們說原先西方政治社會共同體的建立在於「權力的約制」與「理性的確定」，那我們可以說原先中國傳統政治社會共同體的建立在於「生命的感通」與「情志的相與」。前者，推極而盡必產生一至高的、理性的、絕對權能；而後者，推極而盡則產生一整體的、生命的、情志的根源。前者是外在的，而後者則指向內在，此又與前者之共同體是一「外向型的共同體」，而後者則是一「內聚型的共同體」密切應和。前者之爲一「契約型的共同體」，相應的是一最後的契約或者言說的命令者與創造者，後者之爲一「血緣型的共同體」，相應的是一最後的根源或者生命之氣的發動者與創

---

❷　「泛靈信仰」與相關的「巫祝傳統」一直是中國傳統中極重要的組成，它與後來儒、道、佛教等信仰有著不一不異的關係。甚至我們可以說，泛靈信仰與巫祝傳統形成了中國文化傳統中極爲重要的調節性機制，以及一切宗教、道德實踐極爲良好的生長土壤，而此即筆者所謂的「氣的感通」所構成之傳統。若以韋伯來瞭解便是所謂「宇宙非人格性的規範與和諧凌駕於眾神之上」。見前揭書，頁95。又此仍見於臺灣當今社會之中，請參見李亦園〈和諧與均衡——民間信仰中的宇宙詮釋〉，收入氏著《文化的圖像（下）：宗教與族群的文化觀察》，頁64-94，允晨叢刊三八，一九九二年一月，臺北。呂理政以爲中國文化傳統有多重的宇宙認知，見氏著《天、人、社會——試論中國傳統的宇宙認知模型》，中央研究院民族學研究所印行，一九九〇年三月，臺北。

生者。前者即一般所以爲的God(上帝),而後者即一般所以爲的「天」。

上帝是通過「言說」的方式而創造這個世界的,但是「天」則不然,「天」是經由「非言說」的方式,是經由氣的運化的方式,是以默運造化之機的方式,而創造了天地萬物。《論語》書中,孔老夫子說「天何言哉!四時行焉,百物生焉,天何言哉!」,這與基督宗教的《舊約全書》〈創世紀〉開首所說「上帝說有光就有了光,於是把它分成白晝與黑夜」形成有趣而且強烈的對比❷。

這麼說來,換言之,中國歷史傳統亦自有其理性化的過程,然而此理性化的過程確有其獨特處,它不同於西方的理性化過程。西方的理性化過程是連著征戰、權力、語言、命令、執著性⋯⋯等而說的,而中國的理性化則是在氣的感通的格局下,強調調節性原則,強調互爲主體❷。

理性化是伴隨著政治社會共同體的建立而起的。就人與宗教的關係來說,原始的人們以爲可以通過一宗教的儀式或咒術,進入到忘我神迷的地步,而去觸動冥冥中的不可知,因而產生一對現實人間世的直接干預,顯然地,這樣的狀態是還沒有進到理性化的狀態的。理性化的特點在於人的心智起了一執著性的確定指向,自主的

---

❷ 關於此對比,筆者於〈絕地天之通與巴別塔〉一文中論之頗詳,請參閱前揭此文。

❷ 韋伯以爲「儒教」與「清教」(基督新教)同樣是理性主義者,只是前者強調理性的適應於世界,而後者則理性的支配世界。見韋伯著,前揭書,頁315。筆者以爲韋伯所言雖亦齊整而可理解,但見解未透,且多有基督教中心主義的傾向,故所見之儒、道、佛等難免問題叢生,但因韋伯頗有洞察力,故於世界宗教之理解與詮釋多有「洞見」,但有時仍難免「洞」見。

做出了決定，而擺脫了宗教儀式及諸如咒術等種種神秘的溝通管道。在理性化以後，即使還有宗教儀式，那儀式也果真是被儀式化了，並不是當真般的去耍，而是當成一「禮儀」罷了。或者，我們可以說，所謂的「理性化」就是解咒，就是絕斷了（或絕限了）人原先與冥冥中不可知的神秘管道，而訴諸於人自家生命的力量❷❸。由於政治社會共同體建立起來了，人們開始有其力量，足以確定其自家生命的存在，因而理性誕生了。

理性的誕生是與共同體之能發出一確定指向的權力有著密切的關係，而這當然就與整個政治社會共同體的組構方式、符號象徵有著密切的關係。一個具有教義，而且體制化了的宗教，定是在整個政治社會共同體建立起來，人們已走向了理性化之後的產物。而這最明顯的是告別其原始的巫術信仰，斷絕了（限絕了）一般人上天下地的管道，甚至沒有任何條件的斷絕了來自人生命原鄉咒術般的權能。

在人類文化的發展史上看，起初，人們之與冥冥中不可知的神秘管道之「絕」（斷絕或限絕），在表面上好像是那政治社會共同體的統治者對於此管道的「獨佔」，但骨子裡，卻就在這獨佔的過程中轉化成另一非獨佔的型態。這也就是說由於統治者獨佔了此神秘的管道，而開啓了理性化，再由於此獨佔者喪失了其獨佔地位後，於是原先其推展的理性化便全面的展開了。理性之為理性原是這些

---

❷❸　筆者於此特地點出「絕」之有「絕斷義」與「絕限義」是要說明因為理性化的差異，也就有著兩個不同的「絕」的方式，此請參見〈絕地天之通與巴別塔〉，前揭文。又任何類型的「絕」又要求著另一「再連結」的可能性，其神秘管道雖絕而不絕，只是原先之神秘管道而已。

獨佔者用來軌持整個政治社會共同體而生之物，它是將原先的共同
體從渾淪未分的狀態擘分開來，以「主體的對象化」活動，而將它
分成兩個對立面，由某一對立面去宰控另一對立面，由主體去掌握
對象，因而達到某一確定性，此即是所謂的理性。眞正的宗教，在
人類政治社會共同體中大家所相信的宗教，不是原始的巫術信仰，
而是經由此「絕」之後的「再聯結」。"Religion"，「宗教」這
個字在古希臘時代其本義就是「再聯結」的意思❷。

　　一說到「再聯結」就有不同的型態，而其型態之不同大體是隨
著原先「絕」的型態之不同而來，亦即看是什麼樣的「絕」，就是
什麼樣的「再聯結」。大體說來，若是整個文化走向一神論格局的，
其「絕」的方式便是「斷絕」的「絕」；若是整個文化走向一非一
神論格局的，其「絕」的方式便是「限絕」的「絕」。若是「斷絕
之絕」，則此聯結非人內在之力所能完成，因而須得有一外在之力，
做爲中介者，方有可能聯結。若是「絕限之絕」，則此聯結則多強
調人內在之力可以完成，因此不須有一外在的第三者以爲中介，即
可完成。前者，可以西方的基督宗教爲代表；而後者則可以東方的
儒道佛三教爲代表。前者，最重要之觀念在於「上帝救贖」，而後
者最重要的是在於「自力成就」。但不管怎麼說，一個政治社會共

---

❷　羅竹風、黃心川以爲「宗教」一詞，一說爲拉丁語中的religare，意爲聯結
　　或再聯結，即「人與神的再結」，一說在拉丁語中爲religio，意爲敬神。
　　在漢字語源中，宗從「宀」、「示」，意爲「宇宙神祇所居」。宗也有「尊
　　祀祖先」或祭祀「日月星辰，江河海岱」之意。宗教是奉祀神祇、祖先之
　　教。」見氏著〈宗教〉一文，收入羅竹風等編《中華大百科全書（宗教卷）》，
　　頁1，中華大百科全書出版社印行，一九八八年一月，上海。

同體之由一個個原子式的存在逐層上升而統於一絕對的法則（或權威，或……），此自與一個政治社會共同體的每一分子，在生命的歸依上皆統屬於一至高無上的「上帝」（God），此是同一結構，是在同樣的歷史情境與過程中發生的。一個政治社會共同體之由彼此生命聲息的互動感通交融爲一個整體，並就在此「血緣性的縱貫軸」的構組之下，而尋其生命的根源，在人間則由於權力的軌持而有一至高的象徵，至於宗教層面則以爲有一根源乃從屬於整個政治社會共同體的，就名之爲「天」。天是一共同體之至高象徵，但並非是一超越的絕對者，而是人間的根源嚮往，人與天是關聯成一個不可分的整體。或者，我們可以說，前者採取的是「神人分隔」，而後者則採取「天人不二」。

如上所說可知，天人或神人的關係是和人與人的關係相應的，而這又與人之對待天地事物的關係相應。簡單的說，天人、物我、人己這三個面向是相應的。「天人不二」顯示的是一連續觀，其表現出來的理性，則姑名之曰「連續型的理性」，至於那「神人分隔」所顯示的則是一斷裂觀，其表現出來的理性，則姑名之曰「斷裂型的理性」❷❺。

所謂「連續型的理性」，這裡的「連續」指得是天人、物我、人己這三個面向中任何一個面向，其中兩端的連續。即天人連續，物我連續，人己連續，由連續而形成一連續體，或者說形成一合一

❷❺　杜維明於所著〈試談中國哲學中的三個基調〉中曾清楚的指出「這種可以用奔流不息的長江大河來譬喻的「存有的連續」的本體觀，和以「上帝創造萬物」的信仰把存有界割裂爲神凡二分的形而上學絕然不同。」見《中國哲學史研究》第一期，一九八一年三月，頁20。

體，因而亦有名之曰：「合一的」，亦有名之爲「不二的」，其義並無不同。

理性乃是人們經由長久的歷史摸索，逐漸形成一個社會總體，就此歷史社會總體之構成而有此歷史社會總體下的理性。換言之，理性不是一個懸空的東西，而是一歷史社會總體的現實產物。即如我們所謂的『先驗的理性』亦宜置於歷史社會總體之中來加以審視，才能確立其所謂的先驗究竟是什麼意思。其實所謂的先驗乃是就方法論上而說的，若就存有論的層次，則無所謂的先驗可言。

「連續型的理性」指的是以天人、物我、人己連續爲一體這樣所構成的理性狀態，因爲它是在一所謂的「連續而爲一體」的情況之下而形成的理性，所以它在天人、物我、人己這三個面向的兩端之間，沒有斷裂，也因此，它不必有一個異質的東西做爲兩者的連結。甚至，我們可以說所謂的「天人」、「物我」、「人己」這三大面向的兩端是不能是眞正的兩端，它們的兩端只是方法上的訂定而已，並不是存有上的論定就有這兩端❷。換言之，當我們一再的強調天人合一、物我合一、人己合一，其實在所謂的「合一」之前，已先預取了一「不二」的立場。就理論的構築來說，「不二說」是先於「合一說」的；「不二說」是就理想的本原狀態而說的，合一說則是就現實的實踐與修養之要求而說的；「不二說」乃是就「因位」上說，而「合一說」乃是就「果位」上說。

---

❷ 如此之兩端實可以如王船山所謂的「兩端而一致」，此可參見林安梧著《中國近現代思想觀念史論》第三章〈王船山的歷史詮釋學〉，第四節〈「兩端而一致」對比辯證的思維模式〉，頁84-92，臺灣學生書局印行，一九九五年九月，臺北。

所謂「斷裂型的理性」指的是就「天人」、「物我」、「人己」這三個面向下的兩端不是連續爲一體的，天人裂而爲二，物我裂而爲二，人己裂而爲二。值得注意的是，雖然，它們裂而爲二，但是必然的要有一合而爲一的要求。就此從裂而爲二，到合而爲一，便必須有一個獨立於兩端之外的第三者以爲中介，通過這樣的中介才能將這兩端連結起來。

無疑的，「斷裂型的理性」乃是以這個第三者爲核心的一種理性，它具有統合兩端爲一個總體的作用。起先這個第三者是做爲兩端溝通及連結的一個中介而已，就理論的層次來說，它應只有方法上的意義，而沒有本體上的意義。就好像只是一個轉運站而已，它並沒有自家的貨品。換言之，起先它只是暫時的「假」而已，不是恆常的「眞」。問題就在於，它「弄假成眞」，「以假控眞」。其實，就這「斷裂型的理性」之理性其最大的功能便是摶成一總體的功能，就這摶成便不免有所謂的「異化」與「宰制」的情形❷。當然，前面，我們所提及的「連續型的理性」亦有「異化」與「宰制」的情形，只不過兩者的類型及內涵有天大的差別。

就此「連續型的理性」而言，它預取的是一「萬有在道論」（Panentaoism）的傳統，它所強調的便是一天人、物我、人己三者

---

❷　筆者以爲西方現代化的總體機制，若溯其源頭，當可追溯至此，此問題之處理當可有助於西方後現代之種種問題。韋伯在《基督新教倫理與資本主義精神》一書中已隱然發其端倪，頗值注意。又費爾巴哈（L. Feuerbach, 1804-1872）在《基督宗教本質講演錄》對於上帝的理解亦與此可關聯合參。而尼采之「反基督」更可視爲來自生命内在深沉的呼喚，可以視爲對「弄假成眞」、「以假空眞」的顛覆性省思。

皆通統而為一，萬有一切皆為道之流布，而且萬有一切皆一統於道。若就其文化的基底而言，雖不再停留在原先的巫術信仰的層次，但它並不與之「斷絕」，而是與之「限絕」，就在這限絕的過程中發展出其實踐的理性。這樣的理性可以說即是一「連續型的理性」，或是說為「合一型的理性」。這樣的理性並沒有一個所謂的「理體」做為核心，因而它也沒有來自這理體核心所造成的宰制，同時也就沒有一種理的偏至型的表現，及一徹底對象化而客觀的法。「連續型的理性」乃是一相容而互攝的理性，這理性並不形成一總體的核心狀態，而是一連續的、氣之感通的和合為一的理性狀態。這樣的理性狀態，是情、理、法三者互動而互涵的。❷❸

五、性善說：從「血緣性縱貫軸」到「根源性的縱貫創生」

關聯如上所說，我們試著來考察一下儒學所強調的性善論傳統，我們將發現此中隱含一根源性的縱貫義；而此又與「道的錯置」密切相關。

追溯其源而論之，《詩經》〈大雅〉有云「天生烝民，有物有

---

❷❸ 就此而言，我們可以清楚的分別出儒家所謂的「道德實踐理性」並不同於康德的「實踐理性」。牟宗三先生雖力言康德哲學與儒家哲學之共通性，但彼於此亦有深切的揀別，彼於所譯註之《康德的道德哲學》（臺灣學生書局印行，一九八二年九月），小字註處多有揀別。又其所著《圓善論》（臺灣學生書局印行，一九八五年七月）第六章〈圓教與圓善〉，對此論之甚詳。

則，民之秉彝，好是懿德」，此詩後來爲儒家學者所發揮，強調天
生眾民，有物有則，民之所秉賦於天之常者，即此嘉善之德也。孟
子引此來說明其性善之說，這亦與後來之《中庸》所強調「天命之
謂性，率性之謂道」的傳統相合。這「民之秉彝，好是懿德」指的
是人們皆秉受天常之性，而此天常之性即是好善惡惡之德，是內在
具有知善知惡之能力，並且能好惡之、實踐之。這與我們前面所論
之天人不二、天人合德可合看，亦可與所謂的「連續觀下的理性」
合看，此皆可見彼之所重不在一絕對的創生者身上，而是在每一個
圓滿具足的人身上，亦可說人即於此歷史社會總體而表現之、**參贊**
之，即於此生活世界而表現之、**參贊**之也。這也可以說是在原先「血
緣性的自然連結」所成之縱貫軸上，做一深沉的開拓，而點示出此
中有一更深、更高，但又更爲普遍、更爲平常、更爲簡易的縱貫義，
此縱貫義非直在縱貫所成之網絡中，而是直契於天地乾坤，是「根
源性的縱貫的直契」，是「根源性的縱貫之創生」，而非「網絡性
的縱貫連結」。

　　孔子所說之「禮」相應於這裡所說的「**網絡性的縱貫連結**」，
而彼所說之「仁」相應於這裡所說的「**根源性的縱貫創生**」。「網
絡性的縱貫連結」是時間性、空間性、結構的脈絡連結，而「根源
性的縱貫創生」以其爲根源性的，故非時間性、非空間性，而是於
其當下之時、當下之地，即從生命之根源性湧出，故「素乎富貴、
行乎富貴，素乎貧賤，行乎貧賤」，是「聖之時者也」（語見《孟子》）。
這樣的「根源性的縱貫創生」有別於「網絡性的縱貫連結」，而於
理而言，當先於「網絡性的縱貫連結」，而又作用於此「網絡性的
縱貫連結」之上。若不恰當作用於其上，則此「網絡性的縱貫連結」，

其連結頓成虛文，虛文者，人文之異化也，異化而離其自己，終而僵固其自己，自毀其自己，孔老夫子所見之禮壞樂崩，蓋見及此也，彼云「人而不仁，如禮何？人而不仁，如樂何？」（語見《論語》）慨嘆者此也。

　　若論此「根源性之縱貫創生」緣何而來，則吾人可以就原先「血緣性的縱貫軸」之所含此可能而說，亦可以就「血緣性縱貫軸」之型態所顯之宗教而說，亦可以連著孔老夫子之使命感而說，請以後者為先論之。

　　如《論語》〈子罕〉所載「子畏於匡。曰：『文王既沒，文不在茲乎？天之將喪斯文也，後死者不得與於斯文也；天之未喪斯文也，匡人其如予何？』」。孔老夫子於匡地遭圍困，而彼從內在生命根源發出一強烈的使命感，他將自己的生命往上頂，直契周文王，進而默契於天命，相信此天命所在，必不亡斯文，故匡人亦莫奈吾人何？這樣的表現方式乃是一強度的表現方式，是立體的、縱貫的、當下直契於根源的表現方式，此非一量的、廣度的、平鋪的、分別相的表現方式，此使命感之發是一自覺的發，是一由下而上，由內在而超越的發，非沾個人之情氣之發，乃純是德慧生命之發。彼之所以能做如此之自覺則在於中國傳統「血緣性縱貫軸」本有一敬德之傳統所致也。以是之故，孔老夫子亦云「天生德於予，桓魋其如予何？」《論語》〈述而〉此是「天生德於予」，而非「天降神力於予」，「神力之降」，是情氣的、是任天的，是由上而下的，是純任自然之氣力而生的，「德之生」則是自覺的，是內在的，是由下而上的，是純由德性之敬意所凝聚而成者。這樣之純由德性之敬意所凝聚而成，其必深契於上天而不疑，故雖於現實不得其知，但

仍能「不怨天，不尤人」，此則由於有一德行之入路所在，所謂「下學而上達」是也，故孔子以此說「知我者其天乎！」（以上所引見《論語》〈憲問〉）。蓋學者，覺也，經由文化教養，而進入到深廣的文化生命之中，以探其源，溯其本，而由源泉滾滾之生命根源以自發自現者也。換言之，孔老夫子之能自覺的直探其本源，並非其為一宗教之天才，而得神之啟示，亦非是一道德之天才，拔地而起，而是於文化教養中，深邃陶冶，久涵其中，一旦豁然貫通自有一不可自已之根源性動力，源泉滾滾、沛然莫之能禦也。此亦可見中國文化本亦涵一上下通貫，圓融周浹的歷史文化傳統，此與吾人之生命是連續為一體的，是融洽無間的。

　　茲再以「血緣性縱貫軸」之型態所顯之宗教而說，則亦可見此敬德之傳統，其本甚早，據《尚書》〈呂刑〉，及《國語》〈楚語〉之記載可知彼之「絕地天之通」，此「絕」非「斷絕之絕」，而是「絕限之絕」，蓋「絕地天通，罔有降格」，因而能「德威惟畏，德明惟明」；如此「民神異業，敬而不瀆」，「民是以能有忠信」、「神是以能有明德」。這是封住了原先的自然巫術信仰之傳統，是由原先的「畏懼」一轉而為「敬德」，這樣所構成傳統，即是我們前面所說的「根源性的縱貫創生」的傳統。換言之，「絕限」、「封住」並不是權力的獨佔，而是權力的限制，由此權力的限制而開啟一新的自由確定性之可能，開啟一新的道德理性之可能。此是「天人連續觀」的特性，若為「天人斷裂觀」則與此頗為不同。此則以其為權力的獨佔而轉向人的限定性，進而突顯神的絕對性，由此而開啟一無可奈何之命運感，並由此再轉為命定之道成肉身以救贖此天下之罪惡。這裡所述中國古宗教所具有的敬德傳統，實乃孔老夫

子所紹繼之傳統也。

再者，若論此「根源性之縱貫創生」緣何而來，則其根底最深者當是原先之「血緣性的縱貫軸」，亦即此先所論之「網絡性的縱貫連結」。蓋「網絡性的縱貫連結」最先之所依在於父子親情，在於一「血緣性的自然連結」，依此所開展之網絡是也。這裡本就含一縱貫的意識，而此縱貫之意識是以無分別相、根源性之「氣的感通」做為原型的。這樣的網絡所成之原型，自有其倫常者在，依此倫常風習教化，自有一「根源性之縱貫創生」意識的培養，此正如《論語》〈學而〉所載「子夏曰：『賢賢易色，事父母能竭其力，事君能致其身，與朋友交言而有信；雖曰未學，吾必謂之學矣。』」此義到了宋明理學，更進一步發揮之，益見其平民精神，象山謂「某雖不識一字，亦需堂堂正正做人」，一切只在倫常日用間，只在匹夫匹婦之常理常則間，此中自有一「根源性之縱貫的創生義」在。陽明學所說之「滿街是聖人」，「人人心中有仲尼」亦可於此而有一恰當之解釋。蓋原先之「網絡性的縱貫連結」本自有其嘉德善行存於倫常教化之間，再者此「網絡性的縱貫連結」即與其聚村而居之農業型態完全結合，此農業耕種生之理也，自然薰習，與於其中，正與血緣性的自然連結所成之「網絡性的縱貫連結」，其精神底蘊相合，大地母土即含一不可自已之「根源性的縱貫創生力」在焉！我還記起吾父老農所說耕作之理如何與生命之理相合，又曾讀及《王鳳儀言行錄》，彼以一介農夫，竟能參究大道，此皆可見此根源性的縱貫意識於中國文化之母土是瀰天蓋地的。明乎此，再細論如《大學》所說之「格物、致知」，自亦有其可以豁然貫通處也。

順上所言，我們勢將清楚的看出如此之「良知學」傳統有其嚴

重的自我封限。其實，這樣的封限是相應於中國傳統的帝皇專制之
結構的，或者說中國傳統的帝皇專制的結構是與此「良知學」傳統
相應於一體而形成一個對立面的兩端，既相依倚，又相對質。值得
注意的是，這是一種自我封限，而未形成真切的張力結構。或者，
吾人可以說，即使要言其張力，這只是一意義的張力，而不是結構
性的張力。由於只重意義的張力，而結構性的張力不足，遂造成一
種向內趨而萎縮的狀況。這樣的萎縮是趨於一「咒術」以爲其核心
的，如此一來原先良知學傳統所強調的「實踐的因果邏輯」就與此
咒術聯結在一起，形成一「咒術型的實踐因果邏輯」。在這裡，我
們可以看到咒術、良知、道體、專制等語辭有其系譜性的關聯，頗
值吾人注意。換言之，良知學的傳統應是明白四達，而強調其當下
之眞實感通，並落實於歷史社會總體，而開展出來的；此時極可能
異化成一境界型態的追求，以心性修養替代了道德實踐，走向了內
在閉鎖性的道路。

六、「道的錯置」之解消──「人際性互動軸」的 開啓

　　如上所論，此「根源性的縱貫創生」當爲中國族群之所共有，
聖賢秉其生命之精誠通透其歷史文化而可以有，宗教家依其敬德契
於天地之道而可以有，即如一般匹夫匹婦依原先之脈絡型的縱貫網
絡，居於天地之間亦可以一念而覺之。但值得注意的是，這「根源
性的縱貫創生」之爲根源性的，但仍是縱貫的，如何開啓一人際性
的互動網絡，此問題著實不易解決。這問題的關鍵點在於吾人實已

習於在此一念警惻中，便覺與天地相似，而忽略了自家總在一人際
的關係網絡中，或者說往常之人際網絡，亦只要一念警惻，便覺與
天地相似，在這情形下，一切也就順順當當，就在倫常日用間、孝
悌仁義，何事而不成哉！這問題在於吾人之說自己具有一「根源性
的縱貫創生力」時，總在一意義的、價值的層次上說，而不在權力
的、結構的層次上說，有密切的關係。

　　或者說，中國傳統是經由意義與價值的詮釋來安立其結構的，
來開啓其權力的，結構與權力是由意義與價值導生出來的，結構與
權力並無一獨立性在。但值得我們進一步了解的是，就意義與價值
的層次來說，中國傳統所重之「根源性的縱貫創生」，它之所重在
一敬德的傳統，在一人與人之間存在的道德眞實感，這顯然不是那
些少數貴族所得獨佔，也不是那些宗教或道德的天才所能獨佔，它
可以說充滿了一平民化的氣氛在，就此來說，是極爲可貴的。這也
是爲何中國雖只有「民本」之論，而無「民權」思想，但卻能有「禪
讓」與「天下爲公」的論點。

　　我們之做這樣繁複的敘述是要去說，中國傳統中儒家所強調敬
德與仁義的傳統，是一「根源性的縱貫創生」，就發生因來說，當
然起自於原先「血緣性的自然連結」爲主軸所形成的「血緣性縱貫
軸」，但這並不意味說它即限於此「血緣性的縱貫軸」而已，更不
是說儒家所強調「根源性的縱貫創生」是促使「血緣性縱貫軸」之
所以成立的內在理由。其實，儒家在反思整個普遍王權下的宗法、
封建、井田，以及整個禮文教化時，他從原先的「血緣性縱貫軸」
生發出一新的可能，此即跨過了「血緣性縱貫軸」的特殊性限制，
而以一更爲廣涵而普遍的觀點來理解，此中可能蘊含的人際互動關

係。再者，我們可以直接面臨一極為有趣的問題，此即當人皆可以為堯舜，人人皆有貴於己者，人皆有一根源的善性，人皆有其「根源性的縱貫創生」之動力時，這時候人與人的關係當不能只是依原來「血緣性縱貫軸」那種上下的、隸屬的、縱貫的關係慣性視之，而要更起一新的可能，此即人與人之間左右的、對列的、平鋪的、互動的、感通的關係。此關係可以簡言之，是一「我與您」的關係。

「我與您」（I and Thou）不同於「我與它」（I and it），「我與您」是一主體互動的關係，而「我與它」則是一主體對象兩分的關係❷。「我與您」所強調的是經由人的仁心去潤化萬物，參贊萬物，此參贊潤化並不將其所對之萬物視為對象，而是將彼收歸主體，值得注意的是，這裡所謂的「收歸主體」並不是將之據為己有，而是以主體精神涵化之，上遂之，以通極於道之謂也。換言之，萬物之為萬物，當其向人顯現，時，是以其主體的身分，而不是以其對象的身份，萬物既以主體之身份向人顯現，則必與人之主體互相啟發流注，周浹一體，而此一體之為一體，是通極於道，而成之一體。

若就以上所論「我與您」的關係，顯然地，它並沒有貞定住原先那左右的、對列的、平鋪的關係，在感通與互動的情況下，它即由主體精神之涵化而上遂於道，成為周浹流行之一整體。換言之，這仍在「氣的感通」格局下，而達致一整體觀、無分別相、無執著相的境地。顯然的，這便得經過另一個轉折的發展，經由主體的對象化活動，而去貞定此對象，經由「言說之論定」而去論定此對象，

---

❷　關於此「我與您」、「我與它」的對比分析，其靈感取自 Martin Buber 之說，請參見氏著《I and Thou》，Second Edition，New York，1958。

即此對象之成爲對象，即此主體之爲主體，如此才能使得原先無分別相、無執著相的整體走入一分別相、執著相的境地之間。此即是前所論「我與它」所成之格局。

「我與它」則不同於此「我與您」的關係，「我與它」是二分的，在其對象化過程中，使得我之爲我，它之爲它，各成爲一限定性的存在，依此限定性之存在而安頓其自己，並依此限定性之存在而形成新的連結體，構成一新的社群，即此新的社群而有其獨立自主的存在。亦唯如此，才能眞正穩立一左右的、對列的、平鋪的關係，而不爲原先縱貫的關係所吞沒。

當然，「我與您」的關係可能異化成渾淪一片，看似無分別相、無執著性，其實是攪成一團，裹脅、和稀泥，而失其感通性。此正如同「我與它」的關係，亦可能因「我」之異化爲「它」，而喪失了原先在「我與您」時所含之感通能力，亦喪失了「我與它」原所各自貞定的可能。這時「言說的論定」便成一種執著性的擴張，而使得「我與它」之所對成了一個大虛妄，此即佛教所常言「由執著而生染污」是也。

就中國哲學而言，常一面臨「惡」之問題，則直接要求由「我與您」及「我與它」這兩個範式來論說，以爲「我與它」易因其執著而生染污，由此執著而生出惡來，若欲解決此惡之問題，則當除染污、去執著，方爲拔本塞源之道，以爲當由「我與它」的存在範式，轉而爲「我與您」即可獲得解決也。然而，問題之關鍵在於「破執」與「除染」並非同一範疇之事。破執不必即能除染、除染亦不必破執也。其實，這裡有一盲點，一方面不能正視「我與它」所可能的積極意義，不能正視那執著性、對象化、分別相之積極的意義，

另方面不能正視「我與您」所具有的限制，不能留意此無執著性、非對象化、無分別相所可能帶來之問題。

　　就此「我與它」所成之執著性、對象化、分別相之積極意義而言，是因其限定而可以有新的連結體之出現，因其限定而可以有一新的社群之出現，此即所謂的「公共空間」，或者說是「客觀的第三者」。就此而言，可以說是中國傳統文化之所缺，儒家所說的「仁」雖有此平民化的傾向，但此平民是自然的天民，而不是社群中之公民也。若關連著前面所述之五倫而作之分析，我們實亦可以說「朋友之倫」並沒有真恰當的被正視，而現在我們這裡所論，則不只要恢復「朋友之倫」所重之「道義」，更而要進一步談論「人與人」所構成之「社會」所重之「公義」。

　　「道義」是重在把彼此我的執著性解消掉，所謂「車、馬、衣、輕裘，與朋友共，敝之而無憾」（語見《論語》）之謂也，必化此執著而上及於一無執著之渾然一體、廓然大公。但「公義」則不然，公義是重在彼此之我成為一限定的我，再依此限定之我而成為一新的構造體，如此新的構造體而有其軌約的次序條理，為此新的構造體之每一分子所同意及實踐。

　　總括如上之論，可知我們所重在由「血緣性的縱貫軸」邁向「人際的互動軸」，我們一方面經由文獻及歷史發展的釐清，發現儒家經由孔子所點化之「仁」，孟子所說的「怵惕惻隱之心」，都隱含一人際的互動的真實，並由是而說其為「我與您」這樣的存在範式，但彼仍陷在一體觀、主體與道體通而為一的格局中，因此須得有一新的發展，此新的發展乃是一「主體的對象化」活動的邁進與走出，此即「我與它」這樣的存在範式，注重每一存在的限定，即此限定

而有新的連結，即此連結而有眞正的「公共空間」之建立。若回顧「血緣性的縱貫軸」其所含有「血緣性的自然連結」、「人格性的道德連結」、「宰制性的政治連結」，我們當可以說儒家所提這「人格性的道德連結」雖起自「血緣性的自然連結」，但不爲所限，後雖又爲「宰制性的政治連結」所僵固，但彼實仍與之相抗而相持。

　　依現在情勢看來，此「人格性的道德連結」當可以破專制之殼而出，重新正視存在的處境，審視「血緣性的自然連結」的限制，瓦解「宰制性的政治連結」，開啓一新的「契約性的社會連結」，構造一新的「委託性的政治連結」「人際性互動軸」亦由是而得以貞定，中華民族歷史文化之新局亦由是而生矣！儒學之復興亦由是而興矣！

　　思維方式的轉換是整體的，它絕不只是思維方式的事情而已。要走出一「人際性的互動軸」，去成就一「公民社會」，這絕不只是思想家的事情而已，它根本上是整個歷史社會總體之變遷的事情。不是下層建築決定了上層建築，也不是上層建築決定了下層建築，上層建築與下層建築是相互影響而關聯爲一體的。筆者以爲臺灣已具有這個轉出的可能，但相對而言，中國大陸則仍然深陷在此「道的錯置」的泥淖之中。

　　如前所述，「八九民運」以後，它當有一新的可能，此略去不再贅述。但值得注意的是，這新的可能很難是從其內部可以產生的，當然，他也很難是由外在的力量去改變它。筆者以爲臺灣當扮演此重要的角色，它當提供中國大陸如何的從「道的錯置」中轉出來。筆者如此說並不意味著臺灣已然走出了「道的錯置」，而正是因爲臺灣就在此「道的錯置」瓦解過程中，最爲瞭解此過程的艱辛，而且在文化上臺灣與中國大陸是連續爲一體的，並不是斷裂的。

　　筆者以爲臺灣海峽兩岸的對方，絕不可以仍然停留在「單元獨統」的思維格局之中，而應該走向一「雙元互濟」的思維格局。中國是所有中國人的中國，它不是一個政治實體所宰控的符號，而是所有中國人的生活世界所形成的文化徵符。臺灣於此當有一神聖的使命，他將是帶領整個中國走向一新文化建立的動源。此是文化之事，而不是政權之爭。

第六章 「道德與思想之意圖」 的背景理解

——以「血緣性縱貫軸」爲核心的展開

本章提要

本論文旨在對於「道德與思想之意圖」提出一背景理解，並且以「血緣性的縱貫軸」做為核心而展開其詮釋。

首先，筆者經由日常語言及生活世界總的理解，而點出「血緣性」、「道德性」、「土根性」三者關聯成一不可分的整體，而此正可豁顯其為「血緣性縱貫軸」的結構，此正是「道德與思想之意圖」的生長土壤。

其次，筆者再點出中國傳統政治、宗教與理性的特點是「禮之象徵」、「氣的感通」與「連續型的理性」，此與西方之重「權力之支配」、「言說的論定」與「斷裂型的理性」形成強烈對比。凡此種種，都是「道德

與思想之意圖」的重要背景，做這樣的豁顯，將有助於此問題之釐清。

再者，筆者經由「君」、「父」、「聖」的分析，點出中國文化傳統中「血緣性的縱貫軸」含有一奇特而詭譎的「道之錯置」（misplaced Tao）之現象，而此與「道德與思想之意圖」有密切的關聯。

最後，筆者以為依循「契約性的社會連結」而構造成的社會，以及依循「委託性的政治連結」而構成的政治，將可以破解傳統「血緣性縱貫軸」下之「道的錯置」以及連帶而有的「道德與思想之意圖」，使得政治與社會之道有一個新的發展可能。

關鍵字詞：君、父、聖、契約性社會連結、委託性政治連結、道的錯置、政治、社會

一、問題的緣起

「自由」、「民主」與「法治」這些名詞在臺灣可以說是大家耳熟能詳，但我願意說這仍可能僅止於「耳熟能詳」，截至目前仍未經由「身體力行」成為生命的一部分，也未經由「體制建構」成為政治的一部分，也未經由「社會共識」成為文化的一部分。之所以如此，誠如林毓生先生所言「由於我們過去的歷史、文化的發展軌跡和方向與西方的歷史、文化的發展和方向甚為不同，所以，與西方歷史、文化背景關聯深切的自由、民主與法治的觀念，到今天

對中文世界裏的許多人而言，仍是相當生疏的❶。」

　　林毓生先生極精緻的「對中國自由主義的先驅人物胡適先生與殷海光先生在談論容忍與自由時所呈現的歷史的意義與思想的局限性來說明：『受儒家思想影想的中國人一向認爲道德與思想是政治秩序的基礎。這種看法與西方民主國家以法治爲政治秩序的基礎的看法，是根本不同的。』」林先生指出「胡殷兩先生在中國自由主義發展史上，均有歷史性的貢獻；不過，他們的思想也呈現了歷史性的局限。」❷做爲一個自由主義者，林先生能做如此深刻的闡析是極爲難得的，筆者亦深有同感，他最後強調「發揮社會力量來建立法治，並以臺灣消費者文教基金會近幾年來可喜的發展爲例，說明社會力量可由民間以類似該基金會的組織方式加以凝聚，以便促進法治的建立」（同註❷）這亦是筆者所贊成的。其實，這些年來，臺灣著實是走著「發揮社會力量來建立法治」的路，只是我們的政治一直成爲這社會力量的絆腳石而已。我個人相信一旦化解了這個絆腳石，讓社會力量好好發展，就可以長成民主與法治來。

　　林先生又說「至於爲什麼在中國建立法治，竟是如此艱難呢？這當然是一個極爲繁複的問題，牽涉到政治、經濟、社會、文化與思想各方面的原因。單從思想史的觀點出發，其根本原因涉及到中國沒有「政教分離」的傳統，以及「天人合一」、「盡心、知性、知天」所蘊含「內在超越」的觀念、「從希望建立法治的觀點來看，

---

❶　見林毓生〈兩種關於如何構成政治秩序的觀念——兼論容忍與自由〉，收入氏著《政治秩序與多元社會》，頁4，聯經出版社印行，一九八九年五月，臺北。

❷　請參見，林毓生，前揭書，頁5。

儒家「內在超越」的宇宙觀，卻提供不出很多資源來❸。」這些論點，在其「自由主義」的照明下，也都能言之有故，說之成理。然而，我並不是很贊同的是林先生對儒家的看法，我以爲儒家「內在超越」的宇宙觀（是否稱爲內在超越說，容後再議），在整個民主與法治的發展過程中，在由社會力量來建立法治時，它將足以提供一極爲重要的精神資源來，甚至它極可能開啓一不同於西方原來的民主、自由與法治來。

值得注意的是，我這樣的提法，並不是說可以經由儒家的宇宙觀去開出自由、民主與法治來，而只是說在邁向民主、自由與法治的歷程中，儒家的精神資源是重要的，而且是極爲正面的。當然，這裡所謂的正面，並不是說儒家的精神資源直接的有助於自由、民主與法治，而是說經由釐清、轉化與創造之後，儒家有著這樣發展的可能。我這麼說，其實就留下了一個極爲重要的問題：儒家要如何的再詮釋、再釐清，並如何的選擇性的繼承與轉化與創造？至少，我的意思中，強調的是在中國文化的發展中，民主、自由與法治如何被納進來，成爲一個新的可發展的傳統，並與原先的傳統並行不悖，甚至交融爲一；而且民主、自由與法治等等並不是經由「道德與思想之意圖」而開啓的；相反地，「道德與思想之意圖」是被放在一個嶄新的發展可能下，使得他們以另外的方式參與到整個歷史辯證的發展。

顯然地，不同於林先生的自由主義立場，我的立場是一新傳統主義的立場，但林先生與我有一個共同的地方，我們都承認前輩先

---

❸　見同註❶，前揭書，頁6、7。

生（如自由主義陣營的胡適先生、殷海光先生，當代新儒學陣營的牟宗三先生、唐君毅先生）都一定程度受到老儒家的傳統影響，都難免有其歷史性的限制。就以當代新儒學爲例，牟先生「兩層存有論」的提出，「良知坎陷說」，以及相關的「民主開出論」，都有其勝義所在，但都難免其落入「本質主義」的限制，仍難免其落入「道德與思想意圖」的思維模式。所不同的是，林先生多站在自由主義的立場對中國文化傳統展開其批判，而我則重在回到中國文化傳統，展開其詮釋與釐清，並因之求其轉化、創造與發展。

林先生甚至從〈對於胡適與殷海光論「容忍與自由」的評析〉中，指出胡適所論及之自由，其基本出發點是著重社會中每個人的態度問題，他所說的容忍與歷代儒家所一再強調的恕道並沒有多大不同。主要是「容忍的態度與自由的關係」❹。林先生進而指出「從我個人研究『胡適思想』的觀點來看，其主要原因是由於他未能深切地、批評地省察，影響他至深且鉅的儒家思想的分析範疇（categories of analysis）——亦即儒家思想的思想模式（mode of thinking）的緣故。易言之，他深受儒家思想的分析範疇的影響，以致視其爲當然；因此他未能察覺到，在中國推行自由主義的時候，這些分析範疇所帶來的困擾與阻礙」❺。

每回讀到林先生這樣的見地，一方面佩服他的睿見，但另方面總覺得將這些終極的歸到儒家是不恰當的，因爲之所以會有「道德與思想之意圖」，這是由於整個中國歷史社會總體所致，而不只是

---

❹ 請參見林毓生，前揭書，頁12。
❺ 請參見林毓生，前揭書，頁18。

儒家所致。相反地，儒家是在這樣的歷史社會總體的條件下養成，而不是儒家去促成這樣的歷史社會總體。這樣的歷史社會總體是一個什麼樣的歷史社會總體呢？經由這些年來的研究，我總結的說，這是一「血緣性的縱貫軸」下的結構。易言之，「道德與思想之意圖」是在這樣的結構下長成的，當然，在這「血緣性縱貫軸」的結構下長成的「道德與思想之意圖」一直與儒家有一極密切的關係，他與儒家的諸多義理關聯成一不可分的整體，它又回過頭來影響了整個歷史社會總體。

基於以上諸種種因由，對於所謂的「道德與思想之意圖」，我們勢必要回到整個生活世界及歷史文化總體中來考察，釐清「血緣性縱貫軸」的基本限制，才能真解開此「道德與思想之意圖」的謬誤。

二、「血緣性縱貫軸」：「血緣性」、「道德性」與「土根性」三位一體

多年來，筆者嘗從事於中西文化及其哲學之比較研究，愈發覺得任何宏觀的比較，其實都離不開我們的生活世界，因此往往從我們對日常生活的覺知，就可以在一現象學的描述下，調適而上逐地論及於兩者之差異。即使，在已經現代化的社會裡，仍然可以從日常生活用語裡去發現彼此所存留的文化積澱。做為中國文化傳統核心的「血緣性縱貫軸」結構，依然在我們的生活世界中明白可見。

臺灣現在幾乎已進入到所謂的「已開發國家」之林，社會經濟

的主要生產來源是工業與商業，而不是過去的農業。但無可懷疑的，就我們的社會文化而言，仍然是建立在過去的農業文化，而發展起來的。比如，我們與人交往，一見面最習慣問的是「貴姓」，「那個地方人」，而寒暄問好以前最常用的便是「天氣好啊！」「吃飽了沒有？」這和外國人之問「How are you？」便有很大的不同。他們一問人，便問的是名字，而不是貴姓；他們問的是「Where are you from？」而不是「籍貫」。我們要說這些對比不是偶然的，它們充滿著文化整體的差異，這是在不同的社會型態下所長成的兩個不同的文化型態，兩個不同的言說表達方式，他們經由數千年的歷史烙印在不同的族群與社會之中，直到廿一世紀初的今天，雖然世界幾乎已成為地球村，但此差異仍然清晰判明，分毫不爽。

就前面我們所提的幾句問答，這便涉及於三個極為重要的面向，一個是「天」、一個是「地」、一個是「人」，這「天」、「地」、「人」，在漢文化的古傳統中就將它說成「三才」，《三字經》上說「三才者，天地人」即指此❻。「天氣好啊！」這指的是一自然環境如何的問題，「吃飽了沒有？」這指的是生命的自我保存問題。這可以說漢文化下的族群彼此都極為關心注意生存與生命，外在與內在的種種問題。就這兩句話，還不足以表現出這個族群的特色來，而一問「貴姓」、「籍貫」，這便顯示了它的特色來了。

文化的差異必表現在日常生活語言的差異上，我們若能注意到

---

❻ 除了《三字經》提出「三才者，天地人」的論點外，中國其它經典幾乎隨處可見及人生於天地間，如何參贊天地之化育的論述，這裡透露出人是與天地關聯成一個整體的，是在生命聲息的互動感通下而去長成其自己的。

日常生活語言的獨特性，自能掌握到這文化的特色所在。學問求得是概括的、抽象的論述，但可不要忘了任何概括、抽象的論述定從具體的、實際的生活經驗中來，如何去就日常生活所感知到具體而實際的差異，抽繹成概括的、抽象的論述，這是頗爲重要的**❼**。

問「貴姓」與問「What is your name？」，就不同。後者強調的是一個「個人」，而前者則強調一個「群體」。再者，值得注意的是，這個群體並不是經由「人爲的契約方式」組織起來的，而是依循著「自然的血緣關係」而構造起來的。它小的是一個「家庭」，大的是一地方的「家族」，更大的則是一國家社會的「宗族」，再大則可以是跨過了國界的「宗親」。換言之，漢文化義下的「人」是擺置在「家」裡頭的，這是就一個「血緣性的自然連結」而成的一個整體，就此整體而說的「人」。或者，我們可以清楚的指出，在漢文化下，一說到「個人」就是在「家庭」乃至「家族」中的個人，而不是可以隔離開來而說的單獨的個人**❽**。

再說「籍貫」，明明你是在臺灣出生的，但說的「籍貫」卻不是臺灣，而是以前你的父親的故鄉。甚至，你們已經遷居臺灣數代，乃至超過了十代的，但一說起「祖籍」，卻能清楚的說出是來自於「福建」或「廣東」，或者其他什麼地方。即使現在的臺灣仍然可以看到很多不同的「同鄉聯誼會」的廣告招牌，這雖與政治權力相

---

❼ 明顯的，筆者這裡提出了一從生活世界的感知到理論的締建之歷程與方法，請參見林安梧〈存有、方法與思考——對於「方法論」的基礎性反省〉，見《鵝湖月刊》第十八卷第十期（總號：214），一九九三年四月，臺北。

❽ 如費孝通即從「差序格局」來思考此問題，請參見氏著《鄉土中國》，〈差序格局〉、〈家族〉兩節，上海觀察社出版，一九四八年，上海。

關，但決不只是什麼政治權力因素就能造成，而是由於文化綿延的因素造成的。

其實，這問題更清楚的表現在祭祀的祖先牌位上。祖先排位，通常正中央寫的是「堂上高曾祖顯考（妣）某姓之神位」，而跨正中央的兩邊，則跨寫「某地」（祖籍），在這祖先牌位的旁邊，也就是廳堂的正中央，原置的是「天地君親師」的牌位，臺灣現在則許多是「觀音菩薩」，在觀音菩薩下，則有「土地公」與「土地婆」，旁邊很可能有一副對聯，寫著「佛力永扶家安宅吉，祖宗長祐子孝孫賢」（這是佛教世俗化與中國儒道兩家完全結合的一個例子，若不是這樣，可能有不同的對聯，但意思大體相差不多），這是一個極重要的文化現象，我們可從此來理解這個社會之所以成爲這個社會，其背後深層的構造因素。

一個群體在同一個生活世界日常所使用的基本符號象徵，定然充滿著豐富的意義，去解讀這些符號象徵是做爲理解這個群體文化理解與詮釋最好的方式。最好的解讀方式就是去把它描述出來，讓現象呈現它的本質。這個描述與詮釋是否恰當，就看它整體是否一致通貫。

在我們的生活世界中，記得以前除了過年過節要祭祀祖先，及其他相關的神祇外，每個月的朔、望亦要祭祀，而最平常的是每日早晚要在牌位前焚香。舊式的農業社會，在他們的生活世界裡幾乎無一日不有祭祀的活動。

「祭祀」是經由一儀式，讓你能與祖先神祇生命精神根源相接，而在漢文化的理解中，每個人的生命是與其祖先關連起來的，因此經由祭祀的儀式去與祖先神明相接，其實就等同於去疏通自家的生

命根源。如此一來，我們就能了解那祖先牌位就如同人生命源泉的象徵一般，每一個人經由「血緣性的自然連結」緊密的結合成一個整體。

祭祀祖先，在原始的意義上，是相信祖先可以降下禍福災祥的，因此要祈求祖先降福祥袪禍災的。原先，這樣的儀式是含有咒術意義與效用的，但後來，經由道德理性化的過程，它成了一種用來疏通自家生命內在根源的儀式。它所強調的不再是宗教上巫術的意義與效用，而是道德實踐修為上的意義與效用。換言之，祖先不再是一實質的「靈」能干預你什麼，能降下什麼禍福災祥；相對而言，祖先是一象徵的「德」，祂敦促你反躬自省，回到自家生命深處，尋求自己該當實踐的指標。儒家所謂「慎終追遠，民德歸厚矣！」❾便是這個意思。一般，我們說「祖德流芳」，而不會說「祖神顯赫」，也是這個道理。至於，在一般民間的祭祀廟宇中，我們雖然也會有「福德福由德，正神正是神」的說法，但我們所重的是「神力加被」、「神威顯赫」，而不是「神德加被」、「神德感召」。這也都在在可見，「祭祀祖先」與「祭祀神靈」，前者著重的是「道德的」、「象徵的」層次，而後者則著重的是「咒術的」、「權力的」層次。這是頗值得我們注意的❿。

這麼說來，我們要指出，不只是「血緣性的自然連結」是我們

---

❾ 語見《論語》〈學而〉，第九節，乃曾子之言。

❿ 大體而言，「祖德崇拜」傳統可歸屬儒教，而「神威顯赫」傳統則可歸屬道教，前者重在「道德創化」，而後者則重在「一氣之所化」。請參見林安梧〈論儒家的宗教精神及其成聖之道──不離於生活世界的終極關懷〉，「東方宗教討論會第九屆年會」論文，刊於《東方宗教研究》第五期。

漢文化的特色，再者在這「血緣性的自然連結」裡層乃是一「人格性的道德連結」，它強調的是人與人之間存在的道德眞實感，由此眞實感而構成一不可分的整體。

這「血緣性的自然連結」與「人格性的道德連結」相滲透而成爲一體之兩面，使得那「血緣的」不再停留在「自然的血性」中，而提到了「道德的感通性」這層次，同時也使得「道德的」不再停留在「權力的、理性的規約」之中，而滲入了「自然的血性」之中。「自然的血性」與「道德的感通」關連成一個整體，不可兩分。

「血緣性的自然連結」將個人的生命深遠的植根於過去，並通向未來，而在這內裡則是道德的、人格的連結；如此一來，我們可以知道每一個個人不是一漂萍式的存在，因爲他的生命不只是現世而當下的，而是深入過去，並且邁向未來的，這使得每一個個人的存在基礎變得極爲深厚穩重，當然，所謂的「保守性」亦再所難免了。

把「血緣性」與「道德性」連結在一起，這便使得血緣不只是一種連結的方式而已，而是提到了更爲根本的根性，或者說，它不只是在方法論的層次（methodological level）而已，而更提到了「本體論的層次」（ontological level）。或者，更簡單的說，漢文化的族群構造方式，這「血緣」的方式，不只有「血」性，更重要的是有「土」性，因爲這「土」性，而有其「根」性，也因而有其「德」性。漢文化自古即有「安土重遷」、「祖德綿綿」之說。這「安土重遷」與「祖德綿綿」看起來分而爲二，其實它們是一體的。之所以會有「祖德綿綿」的義理理解，乃因爲「安土重遷」的條件所致。再往前追，之所以「安土重遷」則因爲「小農精耕經濟」所致。這麼一來，我們可以說「血性」、「德性」都建立在「土性」之上的。

費孝通在所著《鄉土中國》裡就說「從基層上看去，中國社會是鄉土性的」❶。這說的很有道理。

以農業爲主的經濟，「土地」當然是他們的命根子，土地是一切「生長」的可能，而且是必然的可能，有了「土地」，才能下種，才能耕種，才能收成，才能活下去。漢人移民塞外，第一件事不是學胡人來個胡服騎射，而是將原來的農耕方式，移植過去，不管天候如何，總要試試，耕地下種。只要能耕地下種，便聚族而居，形成一個新的單元體，連使用的語言亦保留的很完全，不太受外族的影響❷。這樣的一個新的聚落，與他密切相關的是「土地」，再者，則是他們何自而來的「籍貫」、「祖籍」，以及「血緣」的追溯。整個說來，他們是「客寓」於此，最後因爲血緣繁殖，甚至在此落地生根了，但可不要忘了，他們之落地生根是將此「客」作「主」，而不是渾在此「客」中，化掉了「客」，而參與到原先此地的生活世界中，而成爲「主」。換言之，不是以這「土地」爲主，而是以其「血緣」統緒進到這「土地」上做主。「血緣」與「土地」，血緣優先，土地其次。或者我們可以說「血緣土地化，而有了根性；土地血緣化，而有了血性」❸。

---

❶ 見費孝通著《鄉土中國》〈鄉土本色〉一節。

❷ 同上註。

❸ 筆者以爲「血緣土地化，而有了根性；土地血緣化，而有了血性」，這兩句話，一方面可用來表達血緣與土地的關係，另方面則可以說明中國文化傳統中「根性」與「血性」究何意義，而兩者的關係又如何。或者，我們可以說「血緣」乃是一縱貫的原則，是「乾」原則，是「創生」原則；而「土地」則是一橫拓的原則，是「坤」原則，是「畜養」原則。

　　祖先牌位之所以要把「祖籍」登載上去，這正象徵著為血緣尋個土地根性的入路，同時，也象徵那土地經由血緣祭祀之禮，而不再只是土地，而成為一具有道德根性的「母土」。

　　如上所論，我們可以說儒家思想須得置於這樣的脈絡來理解，不可以掛空去看它。儒家所強調的「仁者，人也，人之安宅也」，「仁」是怵惕惻隱，由此怵惕惻隱之仁而發的存在的道德真實感，必然的要求人與整個生活世界關連成一個整體，這說透了只是人的真實的感動，這真實的感動就是人所能安居的宅第❶❹。原來儒家最強調的就是在此具有土根性的血緣社會的熟悉，並由此推而擴充之，進一步的說一道德的理想。簡單的說，儒家所強調的道德並不是來自於法律規約，而是來自於生活世界的熟悉，來自於「氣的感通」。

　　「氣的感通」這樣的熟悉感其原型可能是來自於「家庭」，但只是「家庭」尚不足以言此，而是由於能「聚村而居」、「聚族而居」，使得構成一個「家族社會」，才足以產生。

　　德性的普遍性必然要在一相當大的族群裡才可能發生，否則它就停留在特殊性的層次；更重要的是，它必須要從原先的族群中游離出來，解放出來，超越出來，才可能成為一普世所接受的德性，這樣子它能真正擁有所謂的「普遍性」。這問題就不能只是社會橫

---

❶❹　以上所徵引，見《孟子》〈離婁〉，又孟子說「今人乍見孺子將入於井，皆有怵惕惻隱之心；非所以內交於孺子之父母也，非所以要譽於鄉黨朋友也，非惡其聲而然也。由是觀之，無惻隱之心，非人也；無羞惡之心，非人也；無辭讓之心，非人也；無是非之心，非人也」。《孟子》〈公孫丑上〉。此怵惕惻隱之仁，可以說是從最具體的生活世界中所感知而得的。

面的展延的問題而已，它必得是在一縱面的歷史發展的歷程中有一如何的突破，就以中國文化來說，漢文化中儒家所強調的「天命性道」相貫通，便是這意思底下一極為重要的課題。

在以上所說的「聚族而居」、「聚村而居」，大家自然也就熟悉，大家都是熟人，這也就難有「陌生人」的觀念，如何與「陌生人」相處，自己是「陌生人」又當如何與人相處，這便是很陌生，而不熟悉的了。因而我們可以說：「氣的感通」強調的是「熟悉」下的熟人，推而擴充之，到了極點大家可以都是「熟人」，所謂「四海之內皆兄弟也」；但若不能往外推，只是固守在自家圈子裡，不免就會有「人皆有兄弟，我獨無」的感慨了！❶

我們常聽到「熟人，有話好說」、「熟人好辦事」，但弔詭的是，我們亦常聽到「就因為是熟人，叫我怎麼啟口」、「是熟人，那就難辦了」。就以前者來說，「熟人，有話好說」，那若不是「熟人」，這話可就難說了；「熟人好辦事」，若不是「熟人」，這事可就難辦了。陌生人在這種情境下是要吃虧的。再以後者來說，則因為沒有「陌生人組成了一個公民社會」的想法，因而無法將人從熟人的熟悉感中解脫出來，成為一客觀的主體，因此才會有難以啟齒的遺憾。

如上所述，我們旨在指出血緣性、道德性、土根性這三個概念是如何的緊密結合在一起。我們經由生活世界周遭的實際例示──祖先牌，來加以闡明詮釋這三個概念的關係。並指出這樣的格局是一以「父子」這「血緣性的縱貫軸」關係為主導而成的格局，依此

---

❶　從司馬牛與子夏這段對話中，分明可見。

而生的家庭，我們可以稱之爲「宗法家庭」，繼而經由聚村而居、聚族而居，終而形成一「宗法社會」，而這「宗法社會」是依禮俗而成的，故亦可稱之爲「禮俗社會」。至於若論其德行，則可以說是一內聚型的道德，強調的是生命之氣的感通，是存在的熟悉可靠感❶。

　　對「血緣性、道德性、土根性」做了以上的疏清後，我們可以進一步來看看，一般我們常說的「道義」。「朋友有信」❶這詞是大家所耳熟能詳的，朋友是以道義相交，但何者爲道義，「道義」之義的性質爲何？這倒是一個值得檢討的問題。「道義」就字面上看來，指的是「由義而進乎道」，「義」指的是盡其在我，求其爲善，這指的是經由一內省的功夫，要求自己能符合自己內在的道德根源之善，而盡其本心，並以此推己及人。「義」當然是在自家身

---

❶　關於此請參見林耀華著《金翼——中國家族制度的社會學研究》，三聯書店出版，一九九〇年，香港。林耀華說「這部書包含著我的親身經驗，我的家鄉、我的家族的歷史。它是眞實的，是東方鄉村社會與家族體系的縮影」又說「我本人出於這同一社會，以其參與者的身分，『自觀』地對其進行研究（這裡可以借用當代文化人類學中的術語"emic"，也就是說，既有直接的，從該社會內部進行的觀察，又運用了科學的方法，透過大大小小的事件敍述，從微觀到宏觀，超越一個家族，一個地區的範疇，賦予其社會學上的普遍意義。我希望，這樣做，能夠得出更爲客觀、中肯，更加深刻，更切實際的結論。」（以上所引見著者序）實者，筆者此處所做之闡釋與分析，亦如林耀華之方法，只不過筆者並未將之寫成像《金翼》這樣的小說，而是關聯著整個中國文化傳統，置於宗法社會之中來加以省察，並進一步展開哲學的詮釋與分析。

❶　語出《孟子》〈滕文公（上）〉：「聖人有憂之，使契爲司徒，教以人倫，父子有親，君臣有義，夫婦有別，長幼有序，朋友有信」。

心內求，並不是在外求其符合，亦不是用來要求別人符合於什麼。最初所說的朋友之義，指的是「與朋友交，言而有信」⓮，這指的是彼此的溝通有一確地的標準，有其確定性在，是可以落實而實現的。「信」是通於人，而有所確定，其立跟點則與「忠」，結合為一。所謂「言忠信，行篤敬」，「忠、信」二字常聯言使用，曾子說其三省吾身，前頭兩個亦是將「忠、信」連言，彼云「為人謀而不忠乎？與朋友交而不信乎？傳不習乎？」⓯「忠」指的是「問之於己，盡己之心否？」，「信」指的是「契之於人，信實無欺否？」，「忠」以內其根源，「信」則外交於人。以「忠信」連言，而來說朋友之間的「道義」，此道義當是極為可貴的。但果真就可以這樣來看待朋友之義，做為歷史事實而了解嗎？此則未必，因為「道義」一詞並不即以如上所說的理想類型而展開，再說，就此理想類型其所含概之現實，亦有多種不同的可能。例如：在「道義」一詞前頭可以再加上不同的詞，而形成一更複雜的詞組，則其概念亦就越為明確清晰，茲以最常聽到的「江湖道義」與「社會道義」兩詞進一步加以闡析詮釋。

我們一用到「江湖」這樣的字眼，在腦海裡最常顯現的是梁山泊的好漢，而所謂的「江湖道義」更是用來形容這群好漢彼此「肝膽相交」的情況。《水滸傳》下所描述的梁山泊，是所謂的「江湖」最好的寫照，這些好漢打家劫舍，與富人及官方作對，他們是反體制的，但卻被歌頌為有「道義」的。這時候的「義」顯然的不是官

⓮　語出《論語》〈學而〉：「與朋友交，言而有信」。

⓯　語出《論語》〈學而〉。

方的公義，不是一般所以爲的理性下的公義，反而是要對於以上所
舉這些體制化的義要產生一瓦解的作用。江湖在自然山水間，原來
那天地間就有一天理人情在焉，有一自然之道在焉。朝廷無義，江
湖有義，江湖之義高過了國法，高過了君令，朋友兄弟這時從原來
的宗法社會裡解放出來，進入到一原始的、渾淪的、自然的、眞實
的江湖性情之中，即此性情而江湖，即此江湖而性情，歃血爲盟，
披肝瀝膽，進入到一無分別相中，同於大通，即此便是天理、便是
人情、便是道義。江湖居於大地，肝膽在我身，只此江湖而言道義，
只此肝膽而論朋友之道，這絲毫不論及理性、法律，純只是生命之
氣息的交感互動，便同於大通，與天地萬有同而爲一。

　　這麼說來，江湖道義似是從原來「父子」「血緣性的縱貫軸」
所成的宗法家庭與宗法社會中解放出來了，它對於現實的不合理提
出批判，或者從諸多「以理殺人」的僵化教條中解放出來。但我們
若是深入「江湖」去看此江湖之結構，即可發現彼雖「反宗法」的
「血緣性縱貫軸」之結構，而彼實依於如此之結構方式，甚至彼所
成之結構，其「血緣性縱貫軸」比起原先宗法社會所成之結構下的
「血緣性縱貫軸」，還來得教條化、僵化。江湖幫派的結構方式，
其階位的區化，雖與其戰功有關，但很快的就將這些權力的區劃與
宗法結合在一起，仍然歸到那「父子」的「血緣性縱貫軸」之中。
早在先秦，我們從墨家之反儒家，就其強調兼愛，而反對儒家的仁
愛，看起來似乎要打破原來宗法的格局，要打破「父子」這「血緣
性縱貫軸」的格局，其實，《墨子》書中，即以〈兼愛〉、〈天志〉
等篇爲例，仍是以此「父子」這「血緣性的縱貫軸」做爲其立論基

礎的⓴。墨子之自認爲是仲尼之徒，與《水滸傳》最後所述的梁山泊兄弟還是要被朝廷招安的，若合符節，都要回到「父子」這「血緣性的縱貫軸」的指導之下，因爲他們本來就以這「血緣性的縱貫軸」做爲理論基礎的，會有這樣的結局也就順理成章了。

經由以上的論述，我們大體豁顯了「血緣性的縱貫軸」中「血緣性」、「道德性」與「土根性」三者結合成一緊密關聯的總體，而它是以「調節性原則」爲導向的，它可以說是一「內聚型的道德」，強調的是生命之氣的感通，是存在的熟悉可靠感，尤其它對於「恥」的重視，這在在都隱含了以「道德與思想意圖」爲主的導向。

三、政治、宗教與理性：「禮之象徵」、「氣的感通」與「連續型的理性」

對於生活世界及文化氛圍所顯示的「血緣性縱貫軸」做了一總的理解與詮釋之後，我們進一步的看看由此「血緣性縱貫軸」所成之「宗法國家」所重視的「禮之象徵」，並進一步理解其於「宗教」上所重視的「氣的感通」傳統（此不同於西方之爲一「言說的論定傳統」），其相對應的理性是一「連續型的理性」（此不同於西方之爲一「斷裂型的理性」），而這都與所謂「道德與思想之意圖」這樣的思考方式密

⓴ 即如《墨子》〈兼愛〉之所論，彼曰「聖人以治天下爲事者也，不可不察亂之所自起，當察亂何自起，起不相愛。臣子之不孝君父，所謂亂也。子自愛不愛父，故虧父而自利，弟自愛不愛兄，故虧兄而自利，臣自不愛君，故虧君而自利，此所謂亂也」，這裡仍可見彼之以「君臣、父子、兄弟」三者爲尚，仍不脫「血緣性縱貫軸」之爲主軸。

切相關。

　　中國傳統長久以來的政治觀念，其所重便不是權力的統合，而是禮的象徵的統合。孔老夫子的教言說「道之以政，齊之以刑，民免而無恥；道之以德，齊之以禮，有恥且格」，又說「爲政以德，譬如北辰，居其所而眾星拱之」❷❶。這些話都是大家所耳熟能詳的。「道之以政」的「政」指的是「政令」，這是外在的約制，而「道之以德」的「德」指的是「德行」，這是內發的關懷。「齊之以刑」的「刑」，是負面的矯治，而「齊之以禮」的「禮」字，則是正面的體現。孔老夫子於此指出了兩個全然不同的政治型態，前者強調的是外在的約制，是負面的矯治；而後者強調的是內在的關懷，是正面的體現。外在的約制、負面的矯治，其所重在限制了個人的權力，而統合成一個整體，它較不涉及於個我內在的意向，其所採取的價值觀重在社會之構造上說；內發的關懷、正面的體現，其所重在開發每一個人的價值而此人之內在價值是與整體通而爲一的。孔老夫子所以爲的政治理想當然是後者，所以用了「有恥且格」來與前者的「民免而無恥」相對比。

　　在中國傳統文化中，其所強調的是人與人之間有一種存在的眞實感動，經由此感動而關聯成一個整體，而每一個人有一自發的要求，要求與此整體之根源有一冥契的關聯，若是一個人發覺自己與此根源有所不通暢時，它便有一種羞赧的感覺；要是這發生在與共同體之互動關係上，覺得自己之所行與此共同體有一不相應處，不能和合，此時，這共同體便會產生一奇特而不可自已的氣氛，它使

---

❷❶　語出《論語》〈爲政〉。

得那當事者處在一不相契的窘境，因而生出一種往內在根源去尋索的動力，這樣的總的過程，我們可以叫它為「有恥」，或者說是「恥感」。「恥感」必預取此共同體之生命聲息通而為一，若此生命聲息未能通而為一，則此「恥感」便不能發生，亦不能產生一恰當的矯治作用。在中國傳統中，「知恥」可以說是道德實踐的一個重要起點，人生於共同體中，自被要求要知恥，要有恥，推而擴充之於國家民族亦然，要是一個國家民族於此有虧就叫「國恥」。有些心理學家說中國文化是一「恥感的文化」，與西方文化之為一「罪感的文化」有所不同，這樣的對比並不是沒有道理的。若要順帶一筆的話，我們可以說印度文化乃是一「業感的文化」❷。不過，我們要說中國傳統文化之為恥感的文化當然是與其經濟活動的方式，人的組成，社會的構造，及政治理念的型態一致的。

這麼說來，我們可以說在中國政治文化的傳統來說，「名」，從一般社會身份的「名」，一直到最高階位的「名」，它所著重的是一價值的象徵，而不是事實的命定。再者，我們又習於將此價值的象徵擺在整體的根源之中，而不是置立在一超越的絕對者之上。由於是價值的象徵，只是做為理想的根源，頂多是人生命的歸趨罷了，這裡便沒有一強制性、決定性的作用。不過，雖理上無強制性、決定性的作用，但一政治共同體裡，它卻是用著「裏脅」的方式，

---

❷ 關聯著此三者的異同，「恥感」強調的是「反躬自省」，「罪感」強調的是「上帝救贖」，而「業感」強調的是「解脫輪迴」。又「恥感的文化」之論法，請參見朱岑樓〈從社會、個人與文化的關係論中國人性格的恥感取向〉，收入李亦園、楊國樞編《中國人的性格》，中央研究院民族學研究所，一九七二年，臺北。

而達到一強制的作用。這是宗法國家的特色，是由「氣的感通」傳統而來所必生的特色。在形態上，這樣的宗法國家人口雖眾，但治安人員並不多，因此它並不能說是一強控制的國家，但卻通過氏族血緣的管道，極可能達到了強控制的功能❷。

　　如上所述，我們可以說一「血緣性的縱貫軸」所成的「宗法國家」，明顯的是不同於「利益共同體」所成的「契約國家」。「血緣性的縱貫軸」所成的宗法國家，其著重點在於符號的層次，而這樣的符號放在「血緣性的縱貫軸」所成的社會來審視的話，我們將可發現它不是一「決定性的原則」，而只是一「調節性的原則」，彼是做為一切價值的歸依之所，但並不是事實的決定者。換言之，符號並不是經由權力而產生其效率，而是經由「血緣性的縱貫軸」所展布開來的脈絡，而產生一種力量，在這情況下，權力便無首出的地位，因而其政治共同體的構造，就不是一硬性的理性構造，而是一柔性的情感的構造，是依於「血緣性的縱貫軸」所成的家族社會，經由價值符號象徵所成的一種歸趨，在這種歸趨下所成的一種宗法國家。在這樣的宗法國家下，其溝通的方式自必以「血緣性的縱貫軸」為其主要的方式，從家庭，而家族，而宗族，而至整個天下，孔老夫子說「一日克己復禮，天下歸仁焉！」❷又說「人人親其親，長其長，而天下平」，都是在此「血緣性的縱貫軸」而成的

❷　金觀濤、劉青峰即以「維持脆性的平衡──強控制」論之，請參見金觀濤、劉青峰著《興盛與危機：論中國社會超穩定結構》，頁50-61，（一九九二年增訂版），中文大學出版社印行，香港。筆者於其論點有所取擇，亦有所異同。

❷　相關之全文為「顏淵問仁。子曰：克己復禮為仁。一日克己復禮，天下歸仁焉。為仁由己，而由人乎哉？」（《論語》〈顏淵〉）

「宗法國家」下立言的❽。

　　在西方基督宗教的傳統，上帝是由原先的希伯萊之戰神發展而來，配合著中東地區的集權官僚體制，而逐漸演變成一天上之王的最高神觀念，這位最高的神從空無中將人類與世界創造出來，並且成為一超俗世的倫理支配者，祂要求每一個被造物都要來做祂的工。這裡，我們可以瞭解到這樣的政治社會共同體所重在通過一種權力的約制而建立起來的，而且之所以能恰當的通過權力而約制起來，這必得經由一「主體的對象化」的歷程，此即是「言說的論定」。即如現在所可見到的《舊約全書》〈創世紀〉一開頭便說「上帝說有光，就有了光，於是把它分成白晝和黑夜」。「言說」乃是一主體的對象化活動，而「分」亦是一「主體對象化」活動所衍申出來的主客對立的活動。在這裡，顯然地，我們發現「創造」與「支配」的觀念是連在一起的。若落在宗教倫理的立場，我們亦可發現「愛」與「權能」是合在一起的。「主體的對象化」充極而盡的發展，一方面擺定了這個世界，另方面則置立了一至高無上的上帝，這上帝便成了一切的起點，以及一切的歸依之所，而且它是在這個世界之上的，因為它若不在這個世界之上便不足以顯示其絕對的神聖性、絕對的威權性。再者，這樣的政治社會共同體是由一個個原子式的存在，經由一言說的論定、權力的約制而逐層的絜合在一起，最後

───────────────

❽　孟子曰：「道在邇，而求諸遠；事在易，而求諸難。人人親其親、長其長，而天下平。」（《孟子》〈離婁（上）〉）

則統於一❷❻。在每一層階的紮合所成的單元都有其自主性、圓足性、以及獨立性。而他們之所以紮合在一起，則起於實際利害上的需要所致。這就好像逐層上升的共相一般，每一共相之統結紮合了許多的殊相，都起於彼此能統合爲一具有自主性、圓足性、獨立性的單元，而且一旦成了一個單元，它就具有其本質性的定義。這樣的過程看起來只是理性在作用，其實其中自也包括了權力、欲求、利害等等的作用。用佛教的話來說，凡是執著的，必然也是染污的；由執生染，似乎是不可避免的。佛教立基於一「無執著性」，此與西方之立基於「執著性」，是迥然不同的。廣的來說，中國本土所生的儒、道兩家亦都具有此「無執著性」的特色在❷❼。

　　如上所說，我們發現那絕對的一神論，與征戰、權力、語言、命令、執著性、對象化、理性、約制、絕對、專制、共相等觀念是連在一起的。

---

❷❻　費孝通即謂此爲一「細材型格局」，而有別於中國之爲一「波紋型格局」，見氏著《鄉土中國》〈差序格局〉，頁22-30，上海觀察社出版，一九四八年，上海。又如此之「差序格局」不只行於中國內地，實亦行於漢人之移民社會。請參見陳其南《家族與社會——臺灣和中國社會研究的基礎理念》，第二章〈臺灣漢人移民社會的建立及其轉型〉，聯經出版公司印行，一九九〇年三月，臺北。

❷❼　筆者於此所論，顯然地是將哲學裡所謂的「共相」之形成與社會權力、人群之組構等相關聯來談，這一方面是受近現代以來知識社會學的啓發，而另方面則是由佛學之「執」與「無執」、「染」與「無染」諸問題所引發而來的思考。爲人群組構、社會權力的型態等之異同，我們實可說中國並無西方古希臘哲學所謂的「共相」觀念。「太極」、「道」等辭與「共相」雖屬同位階之概念，但涵義卻頗爲不同。

　　相反的，如果我們在另一個政治社會共同體中，發現到他們較為優先的概念是和平、仁愛、情氣、感通、無執著性、互為主體化、道理、調節、和諧、根源、整體等等，那我們可以斷定與他們相關的不是絕對的一神論，而是一種天地宇宙萬有一切和諧共生的根源動力，或者我們就將此稱之為「道」，而主張的是一「萬有在道論」（Panentaoism），不是「絕對一神論」（Absolute Monotheism）❷⓼。更值得注意的是，我們甚且就將此和諧而共生的根源動力徹底的倫理化了。像這樣的宗教，我們仍然可以歸到「血緣性的縱貫軸」這基礎性的概念來理解。

　　相對於西方的征戰與防禦，在中國來說，其政治社會共同體乃因治水、農耕等而建立起來，自然他們的構造方式就與西方原來的方式不同，因而其共同體之最高的精神象徵就不是絕對唯一的人格神。在中國傳統裡，最先由「血緣性的縱貫軸」所開啓的聚村而居，從事農業的生產，形成了氏族性的農莊村落，他們的宗教，或者說祭祀對象非常繁多，但大體離不開他們的生活世界所開啓之象徵、

---

❷⓼　「萬有在道論」（Panentaoism）一詞乃筆者所擬構者，其義涵在強調「萬有一切」咸在於「道」，如《老子道德經》所謂「道生一，一生二，二生三，三生萬物」即可為證。「絕對一神論」（Absolute Monotheism）所強調者在一超越的、唯一的人格神。就宇宙萬有造化而言，前者多主張「流出說」或「彰顯說」，而後者則強調「創造說」。此又與天人、物我、人己之為「連續」與「斷裂」有密切的關聯，請參見林安梧〈絕地天之通與巴別塔——中西宗教的一個對比切入點之展開〉一文，收入林安梧著《中國宗教與意義治療》第一章，頁1-20，明文書局印行，一九九六年四月，臺北。

符號❷。他們大體都從日常生活的感應中，發現到生命本身的奧秘，他們參與此奧秘，而希望能得其奧援。廣的來說，「泛靈的信仰」仍到處可見，當然與此泛靈信仰相關的巫術自也就不在話下了。就這個層次，看起來好像還很原始，但我想要說，原始是原始，但並非原始就是落後。更何況，他們亦不只是這個較爲原始的層次而已，他們還有許多更爲豐富與可貴的向度，值得我們注意❸。

如果我們說原先西方政治社會共同體的建立在於「權力的約制」與「理性的確定」，那我們可以說原先中國傳統政治社會共同體的建立在於「生命的感通」與「情志的相與」。前者，推極而盡必產生一至高的、理性的、絕對權能；而後者，推極而盡則產生一整體的、生命的、情志的根源。前者是外在的，而後者則指向內在，此又與前者之共同體是一「外向型的共同體」，而後者則是一「內聚型的共同體」密切應和。前者之爲一「契約型的共同體」，相應

---

❷　請參見馬克斯·韋伯著（M. Weber）、簡惠美譯《中國的宗教》，第二章、第三章，新橋譯叢，一九八九年一月，臺北。

❸　「泛靈信仰」與相關的「巫祝傳統」一直是中國傳統中極重要的組成，它與後來儒、道、佛教等信仰有著不一不異的關係。甚至我們可以說，泛靈信仰與巫祝傳統形成了中國文化傳統中極爲重要的調節性機制，以及一切宗教、道德實踐極爲良好的生長土壤，而此即筆者所謂的「氣的感通」所構成之傳統。若以韋伯來瞭解便是所謂「宇宙非人格性的規範與和諧凌駕於眾神之上」。見前揭書，頁95。又此仍見於臺灣當今社會之中，請參見李亦園〈和諧與均衡──民間信仰中的宇宙詮釋〉，收入氏著《文化的圖像（下）：宗教與族群的文化觀察》，頁64-94，允晨叢刊三八，一九九二年一月，臺北。呂理政以爲中國文化傳統有多重的宇宙認知，見氏著《天、人、社會──試論中國傳統的宇宙認知模型》，中央研究院民族學研究所印行，一九九〇年三月，臺北。

的是一最後的契約或者言說的命令者與創造者，後者之爲一「血緣型的共同體」，相應的是一最後的根源或者生命之氣的發動者與創生者。前者即一般所以爲的God（上帝），而後者即一般所以爲的「天」。

上帝是通過「言說」的方式而創造這個世界的，但是「天」則不然，「天」是經由「非言說」的方式，是經由氣的運化的方式，是以默運造化之機的方式，而創造了天地萬物。《論語》書中，孔老夫子說「天何言哉！四時行焉，百物生焉，天何言哉！」，這與基督宗教的《舊約全書》〈創世紀〉開首所說「上帝說有光就有了光，於是把它分成白晝與黑夜」形成有趣而且強烈的對比❸。

再者，須要再補充說明的是，我們之用一對比的方式將兩者做一類型學的區分，這是爲了彰顯兩方的特質，並不是說凡屬於中國的特點，西方就沒有，凡屬於西方的特點，中國就沒有。其實，類型的區分重在怎樣的去區分何者眞具有優先性，至於其它即使有共同處，亦因彼是被導生出來的，而沒有首出的地位❷。比如，如前

---

❸ 關於此對比，筆者於〈絕地天之通與巴別塔〉一文中論之顏詳，請參閱前揭此文。

❷ 所有類型學的對比，其所謂的「類型」乃如韋伯所謂的「理想類型」（Ideal Type），此並不是從經驗中綜和而來，而是經由一心智的先驗構作，而運用於經驗之中，當然在操作的過程，實必經由經驗的理解與體會，而促動吾人心智的先驗構作。請參看林安梧〈方法與理解──對韋伯方法論的認識〉，《鵝湖月刊》第十卷第二期（總號：110），頁38-46，一九八四年八月，臺北。又請參見Max. Weber〈Objectivity in Social Science and Social Policy〉一文，收入《The Methodology of the Social Sciences》一書中，臺灣虹橋書店影印發行，一九八三年七月，臺北。又請參見蔡錦昌著《韋伯社會科學方法論釋義》，頁77-86，唐山出版社印行，一九九四年三月，臺北。又請參見顧忠華〈韋伯的社會科學方法論──價值問題與理念型方法〉，收入氏著《韋伯學說新探》一書，唐山出版社印行，一九九二年三月，臺北。

所說的「征戰、權力、語言、命令、執著性、對象化、理性、約制、絕對、專制、共相」等觀念，在中國文化傳統中仍然是有的，而且亦有其一定的重要性，但它們不是首出的，而是被導生出來的。相反的，在西方文化的傳統中我們一樣可以看到諸如：「和平、仁愛、情氣、感通、無執著性、互為主體化、道理、調節、和諧、根源、整體」等觀念，當然，它們亦不是首出的，而是被導生出來的。

這麼說來，換言之，中國歷史傳統亦自有其理性化的過程，然而此理性化的過程確有其獨特處，它不同於西方的理性化過程。西方的理性化過程是連著征戰、權力、語言、命令、執著性……等而說的，而中國的理性化則是在「氣的感通」的格局下，強調調節性原則，強調互為主體❸。

理性化是伴隨著政治社會共同體的建立而起的。就人與宗教的關係來說，原始的人們以為可以通過一宗教的儀式或咒術，進入到忘我神迷的地步，而去觸動冥冥中的不可知，因而產生一對現實人間世的直接干預，顯然地，這樣的狀態是還沒有進到理性化的狀態的。理性化的特點在於人的心智起了一執著性的確定指向，自主的做出了決定，而擺脫了宗教儀式及諸如咒術等種種神秘的溝通管道。在理性化以後，即使還有宗教儀式，那儀式也果真是被儀式化

---

❸ 韋伯以為「儒教」與「清教」（基督新教）同樣是理性主義者，只是前者強調理性的適應於世界，而後者則理性的支配世界。見韋伯著，前揭書，頁315。筆者以為韋伯所言雖亦齊整而可理解，但見解未透，且多有基督教中心主義的傾向，故所見之儒、道、佛等難免問題叢生，但因韋伯頗有洞察力，故於世界宗教之理解與詮釋多有「洞見」，但有時仍難免「洞」見。

了，並不是當真般的去耍，而是當成一「禮儀」罷了。或者，我們可以說，所謂的「理性化」就是解咒，就是絕斷了（或絕限了）人原先與冥冥中不可知的神秘管道，而訴諸於人自家生命的力量❸❹。由於政治社會共同體建立起來了，人們開始有其力量，足以確定其自家生命的存在，因而理性誕生了。

再者，「道」是不離生活世界的，它所指即是此生活世界之根源性的總體，人即生活於此中，而且每一個人的生命都通極於此，其內在根源有其同一性。若要顯示其至高無上，廣袤無邊則用「天」這個字去稱謂它。就此根源性之整體之流行不已，則吾人說其天命流行，此即所謂的「命」，「命」有命令義，有其流行義，再而引申之則有其流行所成之定形，以其為定形而說其命限義。命令義、流行義、命限義，這三者是通而為一的。落在人之所以為人上說，則說其為「性」，「性」原指的是「生」，通泛平鋪而言，當為「自然義」，而落實於人而言，則特顯其「自覺義」，以其自覺義，則說其為「創生」，落在人間實踐之道德之根據上說其為「本性」。再者，就「道」之開顯於人，落實於人來說，則亦有以「德」字去說它的。此「德」字連著其所開顯之根底的「道」，則合稱「道德」。若將此「德」字連著落實於人間實踐之本「性」而說的，則合稱為「德性」，若強調其必在一實踐之行動中，則稱之為「德行」。經由這些詞彙的簡易疏解，我們可以更進一步指出中國文化傳統中，

---

❸❹　筆者於此特地點出「絕」之有「絕斷義」與「絕限義」是要說明因為理性化的差異，也就有著兩個不同的「絕」的方式，此請參見〈絕地天之通與巴別塔〉，前揭文。又任何類型的「絕」又要求著另一「再連結」的可能性，其神秘管道雖絕而不絕，只不是原先之神秘管道而已。

凡涉及於道德實踐，必然由倫常日用，調適而通極於道，此正可見
「即道德即宗教」的義涵。

　　凡上所論，皆可歸之於「血緣性的縱貫軸」這基本架構來理解，
因為是一「血緣性的縱貫軸」所以是以「氣的感通」為基本的模態，
而不是以「言說的論定」為基本的模態。再者，其政治社會共同體
之構成則是以符號式的統治方式展開，宗教上則成就了一天人不二
（或天人合一）這樣的格局，強調「因道以立教」，「一統而多元」，
在理性上則是一「連續型的理性」，是在一「我與您」（I and Thou）
這樣的存在樣式下而展開的理性。

四、「道的錯置」（misplaced Tao）與「道德與思想意圖」的關聯

　　經由第三節有關「政治」、「宗教」與「理性」諸問題的詮釋
之後，我們願意進一步指出，這裡隱含了一「道的錯置」的問題，
而此「道的錯置」之問題與「道德與思想之意圖」息息相關，須得
進一步釐清。

　　秦漢以降，大統一的大帝國建立起來了，如此「王權的實化」
便不再是因其為「王」而「權」，因其為「王」之象徵而有禮樂教
化之「權」，而是因其有「權」而「王」，因其有實力足以統治，
擁有此「權力」，以此權力而為「王」。王權的實化必然與「孝道」
相牴觸，歷史上儒、法的鬥爭正標誌著「王權」與「孝道」的牴牾。

《韓非子》說「父之孝子，君之暴臣」，言簡意賅，清清楚楚❸❺。然而關於此問題，實有其可再論者。其實，我們未始不能說韓非是清楚的知道一實化的王權所構作成的政治社會共同體，是不能以「血緣性的縱貫軸」做爲其構造原則的。當然，我們亦可以說韓非雖然已對一客觀的「法」之軌約性有了認知，但我們卻仍可發現他這客觀的法是歸之於那絕對皇權上頭的，他以「專制性的縱貫軸」取代了原先整個歷史發展的大走向——「血緣性的縱貫軸」。結果是失敗了，仍回到「血緣性的縱貫軸」爲主導，只不過「專制性的縱貫軸」亦已成型，儒法調和的結果，在理想上是「儒家」領導「法家」，而現實上其實是「儒家」受到「法家」的裏脅；理想上是「聖人爲王」的「聖王」，現實上卻是「勝者爲王」，「凡王必聖」的「王聖」❸❻。在廣大的民間仍以「血緣性的縱貫軸」爲主導，但政治現實上，顯然地是以「專制性的縱貫軸」爲主導。只要不涉政治現實，民間仍然是天高皇帝遠；但一涉及到政治現實，便無所逃於天地之間。在生活的層面是弱控制，只要納稅繳糧，依於倫常教化便可；但在符號與象徵層次則是強控制，只要對於國君的符號與象徵提出

---

❸❺　《韓非子》〈五蠹〉有謂「君之直臣，父之暴子」、「父之孝子，君之背臣」。

❸❻　關於此，請參看余英時〈反智論與中國政治傳統——論儒、道、法三家政治思想的分野與匯流〉、〈「君尊臣卑」下的君權與相權——『反智論與中國政治傳統』餘論〉，收入氏著《歷史與思想》一書，聯經出版公司印行，一九七六年，臺北。又請參見林安梧〈論「道之錯置」——對比於西方文化下中國文化宰制類型的一個分析〉，「國際東西哲學比較研討會」，一九八九年八月，中國文化大學哲學研究所，臺北，刊於《鵝湖月刊》第十八卷第六期（總號：210），一九九二年十二月，臺北。

異議則可能罪誅九族。

原先周代普遍王權時代的符號與象徵經由絕對皇權的強控制一變而使得符號與象徵成為一強而有力的實體之物，它變成一僵固之物，使得原先的血緣性縱貫軸成為徹底的宰制機制，此時的「孝道」轉為只是「孝順」而已。原來「父之孝子，君之暴臣」，而現在則一轉而為「忠臣必出於孝子之門」。假使「忠」與「孝」兩者衝突時，原先強調的是「大親不滅義」（如舜之負父而逃）就得「移孝作忠」，甚至要「大義滅親」，顯然地，到了「絕對皇權」又由原來的「情理邏輯」轉至「權力邏輯」，而且是用權力邏輯統治著情理邏輯，構成一權力的情理邏輯。中國帝皇專制之壞在此權力之情理邏輯所產生之褻瀆惡業，造成民族力的日漸衰頹，封閉而保守，至為可悲！

這些年來，我提出了中國政治文化傳統中隱含了一個嚴重的「道的錯置」（misplaced Tao）的問題，這是值得注意的❸。為了更清

---

❸ 關於「道的錯置」之問題，筆者於一九七六年首發之於〈船山對傳統史觀的批判〉一文，請參見林安梧著《王船山人性史哲學之研究》一書附錄二，頁155，東大圖書公司印行，一九八六年，臺北。後又於東海大學文學院所舉辦之第一屆中國思想史研討會「先秦儒法道思想之交融及其影響」，提出〈道的錯置（一）：先秦儒家政治思想的困結——以孔子及孟子為核心的展開〉一文，該文又經修訂刊於《孔子誕辰二五三九年國際學術研討會論文集》第一冊，一九九二年，北京。又於中國文化大學所舉辦之「東西哲學比較國際學術研討會」，提出〈論「道之錯置——對比於西方文化下中國文化宰制類型的一個分析〉，收於該會議論文集，一九九二年，臺北。關於「道的錯置」一語，實對比於懷德海（A.N.Whitehead）於《科學與現代世界》（Science and Modern World）一書中所提出「具體性的錯置」（Misplaced concreteness）（見該書第三章論及十八世紀處，臺灣虹橋影印版，頁58）而提出者。

楚豁顯這個問題，我們且從「父」「君」「聖」這三個最重要的象
徵，展開吾人之分析。大體來說：

> 「父」這個字眼代表的是：通過「血緣性的自然連結」而結
> 　　　　　　　　　　　　　成的人際網絡之中，那最高階
> 　　　　　　　　　　　　　位的倫理象徵。
>
> 「君」這個字眼代表的是：通過「宰制性的政治連結」而結
> 　　　　　　　　　　　　　成的人際網絡之中，那最高階
> 　　　　　　　　　　　　　位的精神象徵。
>
> 「聖」這個字眼代表的是：通過「人格性的道德連結」而結
> 　　　　　　　　　　　　　成的人際網絡之中，那最高階
> 　　　　　　　　　　　　　位的文化象徵。

值得注意的是，秦漢帝制之後，這三者是以「君」爲中心的，
它可以橫跨到其它兩個面向裡，並且與之結合爲一體，像我們平常
所聽到的「君父」或者「聖君」這兩個詞便是一明顯的例子。「君
父」一詞顯然的是將那「宰制性的政治連結」作爲主導力量而將「血
緣性的自然連結」吸收內化成爲一穩固政權之後所凝鑄而成的，它
意味著原本作爲中國人最基本的自然連結網絡已被政治化了，它已
喪失了獨立性。當然作爲「血緣性的自然連結」之中最重要的倫理
──孝道，這時也被異化成統治者宰制的工具❸。至於「聖君」一

---

❸　從《論語》、《孟子》以及的諸多篇章裡，我們可以發現「孝道」是與當
　　時的軍國政策相反的，做爲法家代表的《韓非子》更是對「孝道」嚴加批
　　評；然而從秦漢之後，「孝道」卻成了最重要的統治工具，漢皇帝之諡號
　　且多加上一「孝」字，而事實上於漢代結集編纂而成的《孝經》更是多有
　　篡竊之言，它已是一帝制式儒學下的產物，對於帝皇專制，多所迴護。

詞從字面上看來似乎是「聖」高過於「君」，是將那「人格性的道德連結」擺在優位，而將那「宰制性的政治連結」作爲從屬，其實不然。因爲骨子裡具有決定性力量的不是道德理想的聖人，而是現實上具有威權的國君；因而使得所謂的「聖君」異化轉變成「君聖」。「聖君」要求的是：讓那有德、有才者始能爲君；「君聖」則異變成只要在現實上當了國君的人都既是有德者、又是有才者。在這種情況之下，人格性的道德連結不但未能成爲主導性的優位地位，而且成了宰制性政治連結的階下囚。

做了這樣的概括分析之後，我們可以籠統的說，中國歷史傳統中，其政治社會共同體是以「宰制性的政治連結」爲核心，以「血緣性的自然連結」爲背景，以「人格性的道德連結」爲工具而形成了一個龐大的總體。「君」成了「聖君」，又成了「君父」，「君」成了中國民族心靈的金字塔頂尖，是一切匯歸之所，是一切創造的源頭，是一切價值的根源，及一切判斷的最後依準。顯然地，正因爲這樣的情況才使得中國文化落入一極嚴重的「道之錯置」的境域之中。

由於「君」不只是政治連結所構成的「君」，而且是「君父」之「君」，它不只是「宰制性的政治連結」的最高精神象徵，更而代表的是「血緣性自然連結」的最高倫理象徵，也因如此，使得「血緣性的自然連結」充滿了宰制的氣息，原本所注重的倫理親情，此時便空洞而一無所有，只剩下一宰制性的迫壓形式。

由於「君」不只是政治連結所構成的「君」，而且是「聖君」之「君」，它不只是「宰制性的政治連結」的最高精神象徵，更而代表的是「人格性道德連結」的最高文化象徵。也因如此，使得人

· 189 ·

格性的道德連結充滿了宰制的氣息，原本所注重的一體之仁道、德真實感的互動感通，此時便異化而成為宰制者的工具，而且道德仁義亦因之而滑轉成所謂「吃人的禮教」。

經由以上的疏釋，我們可以清楚的指出所謂「道的錯置」原指的是這種以「宰制性的政治連結」的「君」為核心，並因而侵擾了「父」與「聖」的情形。在這樣的情況之下，父無一獨立的「父道」，聖無一獨立的「聖道」，它們都只是「君道」底下的附庸，甚至階下囚而已。

再者，以「血緣性縱貫軸」為根本背景的中國社會，它當然是一家長制，是一父權制，此無所疑。但當「宰制性的政治連結」成為一切管控的核心時，更使得中國的文化趨向於以「心性」為核心（或者說是以「道德思想意圖」為核心）。這一方面，因為中國的社會是一「波紋型的結構」，是一「差序格局」所形成的結構；如前所述，中國文化最為強調的是一連續體的觀念，天人、物我、人己，他們都是合而為一的，只要通過一道德的真實感，自然能怵惕惻隱的與之關連成一體，（或是經由一藝術境界的修養，亦可以與之關連成一體），所謂「親親而仁民，仁民而愛物」即此之謂也❸❾。不過「親親而仁民，仁民而愛物」原強調的是將那「血緣性的自然連結」與「人格性的道德連結」合而為一，想經由一種推擴的工夫而達於四海天下，如前所述，這原是與「宰制性的政治連結」相互背反的。

就另一方面來說，中國的歷史從秦漢以來，就陷入一嚴重的宰制

---

❸❾　見《孟子》〈盡心（上）〉。

性困局之中，作為「宰制性政治連結」的最高象徵的「君」成了最高的絕對管控者，它將儒家所強調的「人格性道德連結」及中國傳統社會的「血緣性自然連結」吸收成統治之一體。如此一來，「宰制性的政治連結」、「血緣性的自然連結」、「人格性的道德連結」形成了一個極為奇特而怪異的總體。相互依倚而相互抗持，尤其儒家所強調的「人格性的道德連結」所構成的「道統」與帝王家所強調的「宰制性政治連結」所構成的「政統」形成了一個內在對比的抗衡結構。相應於這內在對比的抗衡結構之一端，另一端亦因之而有所跟進；當「宰制性的政治連結」愈為絕對化，那麼連帶的「人格性的道德連結」也必須更為強調，甚至徹底的絕對化才可能與之相抗相持，那個內在對比的抗衡結構才能保持穩定狀態。在政治上以「君」為核心，在社會上以「父」為總樞，在教化上以「聖」為理想，這樣的歷史文化走向陶鑄了數千年，自然的成為中國人的基本思維模式。「一元化」或「道德思想之意圖」的思維方式於焉構成。

再者，我們可以更進一步的說「道德思想的意圖」雖然與中國文化「天人之際」的強調其一體連續觀有密切的關連；但更為重要的是由於中國長久以來的帝皇專制所造成的「道的錯置」更使之極端化了。

這樣的情形產生一極為奇特的「宰制型的縱貫軸理性」，它一方面仍然守著中國文化那種「連續型理性」的傳統，但由於「宰制性的政治連結」之國君成為獨大的管控者，這便使得原先那種發自生命內部深處的「一體之仁」這樣的道德真實感所開顯的「自律型

之慎獨倫理」異化而成爲一「他律型的順服倫理」**❹**。更值得我們去注意的是這樣的「他律型的順服倫理」，因爲它不是以一超越的位格神作爲最高的管控者，而是以一現實世界的國君皇上爲最高的管控者，所以它並沒有一恆定性，沒有一普遍性。它有的是繫屬於帝皇專制下的奴隸性及暫時的規約性而已。只有當那國君皇上被提到超越界的地位，這時「他律型的順服倫理」才可能具有恆定性及普遍性，而所謂「宰制型的理性」亦才能眞正的建立起來。

然而，國君皇上畢竟不是上帝，他只是一個專制政治上最高階位的存在而已，將國君皇上視之爲一超越的絕對者，這無疑的是一種嚴重的錯置情形，因此所謂「他律型的倫理」並未眞正建立起來，而只是一類似於他律下的「順服倫理」。如上所說，我們知道相應於「他律型的順服倫理」，其理性是一「宰制型的理性」；而相應於「自律型的慎獨倫理」，其理性是一「良知型的理性」。值得注意的是，這裡所謂的理性是就其爲連續觀及一體觀的情況下的理性；這不同於就其爲斷裂觀及二分觀的情況下的理性。連續觀及一體觀的情況下的理性不是一「決定性的理性」，而是一「調節性之理性」，不是一主體的對象化而成的「概念型之理性」而是一互爲主體化而成的「體驗型理性」，不是一外在超越界與經驗世界相對執的理性，而是內在的將那超越的世界內化而交融爲一體所成的理性。

❹ 關於此，請參見林安梧著《中國近現代思想觀念史論》第四章〈以理殺人」與「道德教化」──環繞戴東原對於朱子哲學的批評而展開對於道德教化的一些理解與檢討〉，第三節〈道德超越形式性原理與絕對宰制性原理之關係〉，第四節〈從根源性的慎獨倫理到宰制性的順服倫理〉，頁104-115，臺灣學生書局印行，一九九五年，臺北。

　　事實上，中國文化的一體觀及連續觀之所產下的帝皇專制和西方二分觀及斷裂觀下的君主專制，在表面上儘管有些相似，但骨子裡卻有甚大的不同。中國的皇帝儘管也要強調自己的神聖性，但卻不同於所謂的「君權神授」；皇權一方面是「天授」，但所謂的「天授」又是依準於「人民」的，是依準於道德的。或者我們可以說：那「宰制性的政治連結」這樣的最高管控者，它一方面滲入到「血緣性的自然連結」之中，另方面又滲入到「人格性的道德連結」裡頭，它使得「血緣性的自然連結」之孝悌倫理異化成宰制的工具，使得「人格性的道德連結」之仁義禮智異化成控制的技倆；但另一方面又使得它由於孝悌倫理及仁義禮智的薰習而受到限制。

　　換言之，儘管在中國的帝皇專制體制下應指向一絕對的宰制，但顯然地，因為那「調節性理性」的調節作用，使得它仍然保持到一相當的和諧狀態。再者，在「宰制型理性」的管控下，使得那「體驗型的理性」轉變成一境界型態的嚮往；而且因為「宰制型理性」的特別凸出而使得此境界型態的嚮往隨之而日趨強烈，甚至有病態的傾向。原初儒家所最強調的是通過這體驗型的理性而達到一真切的社會實踐，但由於帝皇專制的宰制及其造成的異化，而使得社會實踐沒得開展，因此它只能滑轉成一往內追求的修養意識，隨著宰制及其異化的程度，它再度滑轉成日常的修飾意識，甚而成為日常的休閒意識；伴隨此，道德實踐既已開拓不出，境界型態的修養，進而異變成精神上的自我蒙欺，阿Q式的精神勝利法於焉構成❹；

---

❹　此「阿Q之精神勝利法」，蓋有取於魯迅《阿Q正傳》的用法，筆者於此是將之置放於整個中國文化傳統中，加以審視，並做一哲學的理論闡釋。

此亦可證明前面所述，由於「道的錯置」使得「道德與思想意圖」的傾向日趨於極端化及空洞化的表現。

五、本章結語：解開「道德與思想意圖」的困結

經由以上的疏釋，我們發現「道的錯置」（misplaced Tao）是一個極爲複雜的文化現象，它與整個歷史社會總體那「血緣性縱貫軸」有密切的關聯，這是兩千年來文化總體的結構表現，所謂的「道德與思想之意圖」亦於焉造成，它不可以用貼標籤的方式說是「儒家」造成，就可以了事的。

明顯地，臺灣海峽兩岸的中國仍然處在這個關卡上，不過總的來說，臺灣有一嶄新的機會，它將成爲邁向世界史的一個嶄新角色㊷。工商業的發達使得臺灣已不再是傳統的大陸型的思維模式，它不再爲「血緣性的自然連結」及連帶而來的土地的固著性所限制。就社會構造方面，它已被歷史的理勢逼向非往一「契約性的社會連結」建立之路走不可的地步。唯有順此大流而趨，才可能瓦解長久以來作爲整個中國人心靈的金字塔頂那個宰制性的政治連結體的最高權力的管控者，才可能建立起一「委託性的政治連結」爲核心的全民政治。

相應於這裡所謂的「契約性社會連結」及「委託性的政治連結」，我們可以再回過頭去檢討前面所述的中國文化的總體性結構。我們

㊷　請參見林安梧著《臺灣、中國——邁向世界史》一書，第一章及第四章，唐山出版社印行，一九九二年，臺北。

勢將發現原先的那三種連結，所謂「『以宰制性的政治連結』爲核心，以『血緣性的自然連結』爲背景，以『人格性的道德連結』爲工具」而形成的「血緣性縱貫軸」這龐大的政治社會總體，如今必然的面臨瓦解及重建的命運。若就這三者而言，我們勢將發現只有「人格性的道德連結」足堪作爲接榫的過渡，而且適巧長久以來它又做爲中國文化之總體表現的心源動力之核心，這是值得我們去關注的。如前所說那樣的中國文化傳統所造就的「道德與思想的意圖」它本就不可以簡單的從另外的立場說它是一種謬誤就能了事的；事實上，它是作爲傳統邁向現代必要的過渡關鍵，在這關鍵上，它提供了我們來自自家文化傳統內部的動源。或者更扼要的說，它提供了一個「定向性原則」。須知，在一個要由傳統邁向現代，要由開發中邁向已開發的國度裡，定向性原則無疑是極爲重要的，定向性原則不能清楚地被把握住，必然會產生整個民族心靈意識的危機。更爲弔詭的是；當這個危機嚴重到一個相當的地步時，那些勇於去爲中國找尋出路的知識分子，卻以爲此定向性原則是不需要，甚至是有害的，須得剷除；如此一來，使得中國陷入一無定向的迷思（迷失）之中。長久以來，有多少的知識分子在此頭出頭沒，聲嘶力竭，卻是浮沉度日。

　　當然光靠一個定向性原則亦不能有所爲，它必得依尋著時代的聲息脈動，方得落實。定向性原則的要求絕不是守舊，也不是所謂的「中體西用」，它是作爲「接榫的過渡」而不是作爲「甚麼甚麼的基礎」，這一點的辨明是極爲重要的，亦唯如此，才能免除所謂

的「道德思想意圖的謬誤」**❹**。

　　如上所述，我們可以更清楚的發現，依循「契約性的社會連結」而構造成的社會，以及依循「委託性的政治連結」而構成的政治，這並不意味說作為中國族群最根本的「血緣性的自然連結」就已不再需要，而是說原先那「血緣性的自然連結」的方式，今日必然要被限制於個我的家庭之內，如此方為合理。至於「宰制性的政治連結」則原屬不合理，它與「委託性的政治連結」適為相反，它必然的要瓦解。

　　值得注意的是，無論瓦解也好，限制也好，足以作為其內在心源的動力者，唯此「人格性的道德連結體」所發之「道德思想的意圖」始足以當之。不過筆者仍得再強調它只是作為「接榫的過渡」，過渡之後，勢必再由一嶄新的社會構造，政治組織及經濟体系等等來型構另外一個心源動力。心源動力並不是百世不遷的，它是「日生日成」的，它是「未成可成，已成可革」的**❹**。

　　總而言之，唯有我們通過一文化結構的總體性之疏清，才能諦知「血緣性縱貫軸」之限制何在，而「道的錯置」究何所以。顯然地，我們不是要去打垮這「血緣性的縱貫軸」，而是要去批判這「血緣性的縱貫軸」，蓋經由批判始能重建也。所謂的重建是落實於家庭之中，而且限制於家庭及家庭的連結之中，至於政治社會共同體

------

❹　請參看林安梧著〈儒家現代化的反思片段──解開所謂「道德思想意圖的謬誤」〉，《國文天地》，五卷四期（總號：52），一九八九年九月，臺北。

❹　關於「日生日成」、「未成可成，已成可革」乃取自於王船山，請參閱林安梧著《王船山人性史哲學之研究》第三章〈人性史哲學的人性概念〉，頁58-65，東大圖書公司印行，一九九一年二版，臺北。

的建立則須由此「血緣性的縱貫軸」中所含之人格性的道德連結開啓一新的格局，而解脫出原先「血緣性自然連結」的陷溺，開啓新的「契約性的社會連結」，從而建立一「委託性的政治連結」。我們以爲對於「道的錯置」及「道德與思想意圖」做了總體的釐清與疏解，將有助於「道」的重新開啓，特別是一政治之道、社會之道的重新開啓。

　　再者，近代以來，西方學者對於所謂「理性」的詮釋與批判，眞是汗牛充棟，不勝枚舉，但令人深覺遺憾的是這些批判儘管有頗深刻者，卻都不能免除西方中心論的世界圖象。正因如此，我們先聖先賢流傳下來的偉大智慧仍鮮爲人知。事實上，以中國爲首的東方文化乃是構造一嶄新世界文化的重要因素之一，因爲相對於西方文化而言，它不是一天人疏隔的「斷裂型」文化系統，它不是一以抽象性的概念性思維去把握外在的事物，它更不會以此概念性的思維直接執著之而以之爲具體之眞實事物，它不執著於言說系統，它不必徬徨於天人之隔，不必以一種無可奈何的禁制方式去祈求上蒼，它也不是早已被決定的，它不是在這種悲劇氣氛底下才無可奈何的轉出一滅絕型及禁制型的理性，它不會如韋伯（Max. Weber）所述的西方資本主義社會，看似已解除了世界的魔魅（Disenchantment），而事實上則陷入更嚴重的牢籠（Iron Cage）裡頭❹❺。

---

❹❺　請參見林安梧〈理性的弔詭──對《基督新教倫理與資本主義精神》一書的理解與感想〉，《鵝湖月刊》第九卷第十期（總號：106），一九八四年四月，頁24-30，臺北。收入林安梧著《契約、自由與歷史性思維》第六章，頁113-128，臺灣幼獅文化事業公司印行，一九九七年一月二刷，臺北。

　　在天人兩橛觀的格局下，似乎不可能眞正地解除魔魅，整個近
代西方理性化所帶來的不正是更大的魔魅嗎？當韋伯譏斥中國文化
沒有如西方近代文化一樣的徹底解除魔魅，因而沒能發展出近代的
資本主義精神，也因此而未達合理性、現代化的地步。這個論法是
否恰當，不無疑問；但它卻明顯的是以西方爲整個世界圖象的核心
來立論的。若我們能不受它所提供之世界圖象的限制，我們當可以
發現韋伯的論調充滿著對世界的悲感，從他的悲感之中，我們若能
加上中國文化的資源，特別是解開了「道的錯置」的中國文化，那
是可以看到新希望的❹。

---

❹　此處大關節處頗多得自於牟先生，而關於中西文化之比較與會通，牟先生
　　之貢獻頗多，請參見牟宗三著《現象與物自身》第四章〈由知體明覺開知
　　性〉，第一節「科學知識之必要：在中國是無而能有，有而能無；在西方
　　是無者不能有，有者不能無」，頗有洞見，頁121-122，臺灣學生書局印行，
　　一九九〇年三月初版四刷，臺北。

第七章 解開「道的錯置」
——兼及於「良知的自我坎陷」的一些思考

本章提要

　　本論文旨在對於多年來所提「道的錯置」做一銷解，首先筆者指出「良知學」與「父權壓迫」與「專制威權」的異化關聯。再者，筆者進而闡明「良知的自我坎陷」之理論，並未清楚區分「理論的次序」、「發生的次序」與「學習的次序」之異同。其次，筆者更而點明從「心性修養」到「社會實踐」之問題，強調須得由「主體性」，更而及於「生活世界」一概念。筆者更而指出牟先生之開出論乃是一儒學智識化的前展，此是一咒術型的轉出。之後，我們由一精神命理史的深度理解，指出由「孔子到阿Q」是一嚴重的異化。

筆者以為當留意一「存有發生學」的方法來思考問題，儒學不停留在本體的唯心論，更而有其方法的唯物論向度之開啟。最後，筆者強調須得解開「本質主義」的思維方式，讓儒學來參與、調整現代化，並且也讓現代化來調整、參與儒學。

關鍵字詞：道的錯置、良知、自我坎陷、異化、本質主義。

一、問題的引出

這些年來，每論到中國儒家的道德哲學與政治哲學時，總會將諸如「良知」、「專制」、「咒術」與「瓦解」這些詞連在一塊兒，我總覺得就詮釋的角度說，儘管在理論上他們並不一定有所謂的必然性的關聯，但他們總難免那「選擇性的親近」❶。我以為這裡便隱含著「內聖」與「外王」的糾結，須得進一步去疏理。當代新儒學雖明示「舊內聖」的確開不出「新外王」，並且提出一頗富爭議的「良知的自我坎陷」以闡明「開出」民主、科學的可能。

這樣的論點於我雖頗有啟發，但我總覺這並未真切去正視「良

---

❶ 關於此，請參見蔡錦昌著《韋伯社會科學方法論釋義》，頁83-86，唐山出版社印行，一九九四年，臺北。又請參見顧忠華著《韋伯學說新探》第三篇、第一章〈韋伯的社會科學方法論——價值問題與理念型方法〉，頁187-212，唐山出版社印行，一九九二年三月，臺北。又請參見林安梧著《契約、自由與歷史性思維》第五章〈方法與理解：對韋伯方法論的理解與反省〉，頁91-111，幼獅文化事業公司印行，一九九六年一月，臺北。

知」所隱含的「專制性」與「咒術性」，只是樂觀而主體主義的高提「良知」，並經由理論構造的方式，以一辯證的轉折而顯示由良知開出民主與科學有其「實踐的必然性」。這些論點引發了林毓生先生的討論，李明輝先生更以護教的方式反駁了林先生，我以為他們的問題並不是很對準的，但於我俱有啟發❷。這些年來，我於此問題寫了多篇文章來討論，經由「道的錯置」（misplaced Tao）這樣的論斷，指出良知所伴隨隱含專制性一面；更而指出此「專制」骨子裡又是一「咒術的傳統」，這咒術的傳統又涵藏於一「血緣性縱貫軸」之中，須得疏理清楚。至於牟先生所舉的「良知的自我坎陷」之提法，我則判之為一「咒術型的轉出」❸。這只是長久以來專制傳統之瓦解的一個轉折點而已，並不是就足以轉出。值得注意的是，牟先生的提法仍待進一步楷定，甚至瓦解與重建，才能有一新的發展可能。

❷　請參見林毓生〈新儒家在中國推展民主與科學的理論困境〉，文刊於一九八八年九月七、八日《中國時報》〈人間副刊〉。又林先生於〈五四時代的激烈反傳統思想與中國自由主義的前途〉一文，亦多有所論，見氏著《思想與人物》，聯經出版公司印行，一九八三年，臺北。又請參見李明輝著《儒學與現代意識》，文津出版社印行，一九九一年，臺北。又蔡仁厚先生於此有一文，可視為依牟先生立場，而作的總回答，見氏著〈所謂「開出說」與「坎陷說」──有關「民主、科學」出現的內因與外緣〉收入蔡仁厚著《中國哲學的反省與新生》一書，頁47-66，正中書局印行，一九九四年十一月，臺北。

❸　關於「咒術型的轉出」一語，請參見林安梧著《臺灣、中國──邁向世界史》第三章〈從咒術型的因果邏輯到解咒型的因果邏輯：中國文化核心困境之轉化與創造〉，頁106-108，唐山出版社印行，一九九二年八月，臺北。

二、「良知學」與「父權壓迫」與「專制威權」的 異化關聯

　　經由多年來的研究與考察，我最困惑的一件事是為何最談「良知學」的朋友，生命中總難免除「專制」的性格色調。這引發了我對中國儒家傳統展開幽微探索的興趣。這些年來，我經由「血緣性縱貫軸」的通盤理解，對於儒學及其傳統社會做了哲學的詮釋❹。我以為「良知學」與中國傳統的「專制」有其密切的關聯，須得疏理清楚。這樣的提法，常常引起一些（不是全部）當代新儒學朋友的質疑，當然另一批當代新儒學的朋友，則贊同我的看法。其實，以《鵝湖》為主要陣營的當代新儒學朋友，老早就成兩個不同的脈絡發展；但道義之交，水火不相斥，而相資也。因而，我在一九九五年底的「第四屆當代新儒學國際會議」上提出〈牟宗三先生之後：護教的新儒學與批判的新儒學〉的論題，這其實是一個極為自然的發展。

　　經由康德學去詮釋儒學，對於牟先生及當代新儒學學者而言，是一個劃時代的大事，但卻也是一個限制；我因為深入熊先生的體用哲學系統，回歸大易傳統，認為「氣」才是中國哲學傳統中最重要的核心概念，因而對於康德學式的儒學有些批評。我以為「儒家的良知學」與康德的道德哲學最大不同的是：兩者的歷史發生背景迥然不同，其所含帶的語義及構作成的系統亦多有異同。「儒家良

---

❹　關於此，請參見林安梧著《儒學與中國傳統社會之哲學省察》，幼獅文化
　　事業公司印行，一九九六年，臺北。

知學」與「血緣性的縱貫軸」所成之宗法社會密切關聯；而「康德道德哲學」與「西方近現代的社會契約論」傳統密切相關。

　　若根據一「存有的發生學」方法來理解❺，即使在理論系統的構造上，核心性的概念有些類似，但若留意其整個存在的背景基礎，則吾人可以斷定儒家的良知學與康德道德哲學雖亦有其可會通處，但卻不能不正視此存在的基底，不能不正視此理解的視域。大體來說，康德的道德哲學是與盧梭（J.J.Rousseau）的《社會契約論》（The Social Contract）密切相關，甚至可以說盧梭所強調的「普遍意志」（General Will）一轉而為康德道德哲學所強調的「無上命令」（Categorical Imperatives）❻。試想：這樣的「無上命令」及其相關的「道德法則」、「道德情感」等與中國儒學所強調的「良知」「天理」「本心」，雖然相類，但卻迥不相侔。這不相同，不單只是理論構作出來體系的異同而已，而須得留意其骨子的異同。

　　關聯著前面所說的「本體發生學」的方法論，我們就得先對比的去正視中國儒學與「血緣性的縱貫軸」所成之宗法社會密切關聯。大體說來，儒學所強調的是「孝悌」、「仁義」，是由血緣親情的

---

❺　所謂「存有的發生學方法」（Ontogenetic method）乃是一種肯定形器的首出性，並從而就此形器而溯源說道之存在這樣的方法。這方法大體是受到義大利哲學家維科（G. Vico）與中國明清之際思想家王夫之的影響。請參見林安梧著《王船山人性史哲學之研究》，頁49，東大圖書公司印行，一九八七年，臺北。

❻　關於康德與盧梭的關係，卡西勒（E.Cassirer）論之甚詳，請參見氏著《盧梭、康德與歌德》，孟祥森中譯，龍田出版社印行，一九七八年，臺北。又請參見林安梧著《契約、自由與歷史性思維》，第二章〈論盧梭哲學中的「自由」概念〉，頁40，幼獅文化事業公司印行，一九九六年，臺北。

「孝悌」，再進一步轉而強調「仁義」。孝悌是就「血緣性的自然連結」說，仁義則提至一「人格性的道德連結」說。就原先的儒學政治理想是由此孝悌、仁義以成就一內聖外王之理想，所謂「人人親其親，長其長，而天下平」，是所謂「孝乎唯孝，友于兄弟，施于有政，是亦爲政，奚其爲爲政」，是所謂「修身、齊家、治國、平天下」❼。這是由具體的實存之感動，以一「波紋型的結構」，以其「差序格局」，如其「等差之愛」的擴大出去，而成就其所能成就的。一般即將此稱之爲「德化政治」，亦可以說是「內聖外王」之治❽。《論語》云「爲政以德，譬如北辰，居其所而眾星拱之」，即是由此內聖外王，而說成的一道德教化爲主的符號式統治，此不同於權力式的統治❾。

　　儒家並未正視權力根源之正當性問題，或者說，即如他正視了，但亦未有效的處理。就中國歷史社會之發展，總的來說，並未有如彼所說的「人人親其親、長其長，而天下平」，或者是「一日克己復禮，天下歸仁焉！」的境地❿。

　　相反地，除了「血緣性的自然連結」與「人格性的道德連結」外，中國自秦漢以降，即受制於一更嚴重的「宰制性的政治連結」。

---

❼　以上引言分別見於《四書》的《大學》、《論語》等書。

❽　關於此，請參見費孝通著《鄉土中國》，〈差序格局〉以下多節，頁 21-41，三聯書店印行，一九八五年，北京。

❾　關於此，請參見林安梧著《儒學與中國傳統社會之哲學省察》第五章，第十節〈符號式的統治與實力式的統治〉，頁77，幼獅文化事業公司印行，一九九六年，臺北。

❿　引言分見於《大學》與《論語》。

「宰制性的政治連結」其最高階位是「君」，此是一切管控的核心；「血緣性的自然連結」，其最高階位是「父」，此成爲一宗法社會，是此宰制性連結的土壤；「人格性的道德連結」，其最高階位是「聖」，此即是一道德理想人格，竟被「宰制性的政治連結」所異化，而成爲其教化的工具。「君」成了「君父」、「聖君」，「君父」是錯置了「宰制性的政治連結」與「血緣性的自然連結」，「聖君」則是錯置了「人格性的道德連結」與「宰制性的政治連結」；此即我所謂的「道的錯置」（misplaced Tao）❶。在「道的錯置」下，原先「孝道」所強調的「血緣親情」被異化了，伴隨而生的是「父權壓迫」；原先「道統」所強調的「仁政王道」被異化了，伴隨而生的是「專政威權」。

　　民國以來許多反傳統型的知識分子以爲摧毀「孝道」，就可以摧毀「父權壓迫」；以爲摧毀「道統」，就可以摧毀「專制威權」，這根本犯了範疇錯置的謬誤。這可以視之爲是在如前所述的「道的

❶　關於「道的錯置」一論題，請參見林安梧〈道的錯置㈠：先秦儒家政治思想的困結——以《論語》及《孟子》爲核心的展開〉、〈論「道之錯置」——對比於西方文化下中國文化宰制類型的一個分析〉兩篇文章，前者發表於一九八九年六月在臺中東海大學所舉辦之「第一屆中國思想史研討會：先秦儒法道思想之交融及其影響」，後又修訂講於一九八九年十月於北京舉辦的「孔子誕辰2539年國際學術研討會」；此文刊於《鵝湖月刊》十五卷第二期（總號：170），頁1-14，一九八九年八月。又收於《第一屆中國思想史研討會論文集》，頁101-122，東海大學，一九八九年十二月，臺中。後者，首次發表於一九八九年八月於臺北由中國文化大學所舉辦的「國際東西哲學比較研討會」，刊於《鵝湖月刊》第十八卷第六期，一九九二年十二月，臺北。又請參見林安梧〈三論「道的錯置」〉，發表於《鵝湖月刊》第廿三卷第九期（總號：210），一九九八年三月，臺北。

錯置」下的思考。要是徹底的反傳統，將孝道、道統毀了，帶來的不是「父權壓迫」及「專制威權」的解消，反而是益形嚴重的「父權壓迫」與「專制威權」。所幸，中國文化的底子深厚，傳統的力量仍然作用著，眞所謂「坤德未毀，斯土安身」❷。

其實，「孝道」不但不與「父權壓迫」相類，而且應視之爲其對立面；「道統」不但不與「專制威權」相類，亦應視之爲其對立面。即若，不是其對立面，它至少是一調節性的力量，它能使得父權壓迫與專制威權受到牽制，而程度上多少轉爲柔化。

如上所述，良知學與父權壓迫、專制威權並沒有直接的關聯，而是在「道的錯置」下所造成的異化關聯。我們所強調「良知」與中國傳統的「專制」有其密切的關聯，須得疏理清楚，重點即在於對此「道的錯置」之現象展開釐清❸。當然，我們亦得經由這樣的釐清，進一步解開此「道的錯置」糾結。

三、「理論的次序」、「發生的次序」與「學習的次序」之異同

當代新儒學（以牟先生爲代表）對於中國專制政權的哲學診斷，及其提出的藥方，大體是對的，但卻有些盲點，須得分理清楚。

---

❷　筆者於一九九〇年首次至大陸訪問，於昆明與大陸諸友人論及中國之現狀與未來時，即賦一聯以爲誌，聯曰：「乾道難知，惟誠立命；坤德未毀，斯土安身」。

❸　以上之論點請參見❼前揭書，〈第八章論「道的錯置」——論血緣性縱貫軸之基本限制〉，頁131-156。

　　依牟先生言，中國歷來只有「治道」，而無「政道」，如何轉出「政道」是一重要問題；又似乎自宋明以後，中國儒學著重在「內聖」的心性之學，如何轉出「外王」亦是一重要問題❶。

　　牟先生經由宏觀的東西對比，認爲中國文化著重於理性的「運用表現」與「內容表現」，如何轉出近代西方理性的「架構表現」與「外延表現」，是極爲重要的任務。牟先生更進言之，論及如何的由「隸屬之局」，轉而開出「對列之局」。後來，他這些論點總結於其存有學與知識論的體系建構中，而論所謂的「良知的自我坎陷以開出知性主體」❶。

　　平實論之，牟先生強調由「理性的內容表現」（即理性的運用表現）之轉而爲一「理性的外延表現」（即理性的架構表現），此即是由「仁者德治」所開出的「物各付物」之精神與「就個體而順成」之原則，是「理性之內容的表現」，而通過階級對立以爭人權、權利、自由、平等，並進而論國家之主權，政府權力之分配與限制等，則是「理性之外延的表現」❶。這在大方向上是正確的。

---

❶　牟先生自承在一九四九年之後，遭逢鉅變，發憤寫成了《道德的理想主義》、《政道與治道》、《歷史哲學》三書，而這三書的中心觀念，即在於「本中國內聖之學解決外王問題」。請參見牟宗三著《歷史哲學》〈增訂版自序〉，臺北學生書局印行，一九八八年。該序寫於一九六二年，原書出版於一九五五年。

❶　關於「良知的自我坎陷」之論點，請參見牟宗三著《現象與物自身》第四章〈由知體明覺開知性〉，頁121-180，學生書局印行，一九九〇年三月初版四刷，臺北。

❶　關於此請參見牟宗三著《政道與治道》第三章〈理性之運用表現與架構表現〉、第八章〈理性之內容的表現與外延的表現〉，廣文書局印行，一九六一年二月，臺北。

　　值得注意的是：牟先生之詮釋全收攝於「理性」而論之，這是一種哲學的、後返的詮釋，它的特點在於能正視中國文化與西方文化宏觀對比之異同。尤其可貴者，他在展開此詮釋時，充分的體會到理性的架構表現、外延表現所可能導生的弊病，因而極力的強調道德理性之不可廢，強調須將理性的外延表現、理性的架構表現，調適而上遂於道德理性之中。

　　牟先生之論極為精審，但此中有一極有趣之問題，須得解開。牟先生所構成的是一「詮釋」的系統，是往上追溯，而通極於道德理性的方式。這是一種「理論的次序」，而與西方政治傳統之轉出之為一「發生的次序」並不相同。特別是牟先生將此歸到「良知的自我坎陷」一話頭上去說時，極易引起一從心靈意識（心念）轉換的方式來理解❼。

　　大致說來，牟先生並未清澈的指出「發生的次序」並不同於「理論的次序」，但他卻也隱約的透露了此中的不同。只是牟先生以哲學家的姿態，太強調理性本身作用的展開罷了。

　　就「民主」、「科學」，乃至其他人類之活動而論之，其於歷史之發生而言，原先由無而有，如此創造之發生，此為一；再者，既已有之，再以學習而體現之，此為二；又者，省察此如何可能，此為三。一是「發生的次序」，二是「學習的次序」，三是「理論的次序，三者不可淆混為一也。華人社會之走向現代化，施行民主，

---

❼　關於此引發的討論，請參見陳忠信〈新儒家民主開出論的檢討——認識論層次的批判〉，楊儒賓〈人性、歷史契機與社會實踐——從有限的人性論看牟宗三的社會哲學〉，皆有深入的見地，文見《臺灣社會研究季刊》第一卷第四期，一九八八年冬季號，臺北。

開啓科學，此是一「學習之次序」，非原先「發生之次序」，亦不是以「理論之次序」所能做成的。當代中國學者論及於此，多未能分別清楚，殊可歎也。牟先生亦因時代的限制，於此並未清楚分別。

顯然地，牟先生並不是用一「存有發生學的方法」（Ontogenetic Method）來考察問題，或者我們可以說他用的是「存有解釋學的方法」（Onto-Hermeneutical Method）來思考問題，因此對於像「良知」的理解上，較脫離了歷史的、社會的總體因素，而直入其本質，並以此本質做爲一切生長的起點。

再者，牟先生即將此「道德理性」、「良知」，落實於人的實存主體上，強調即此主體便是造化的精靈，顯然地，他徹底的強調人實踐主體的能動性。我以爲牟先生這樣的「外王開出論」，即是一種理論的、詮釋的開出，是關聯著人的主體能動性而開出，這乃是一「主體的轉化之創造」。這「主體的轉化之創造」不同於林毓生先生所強調的「創造的轉化」❶❽。

四、從「心性修養」到「社會實踐」之問題

在《政道與治道》書中的牟先生其走向社會的實踐之意識尚強，

---

❶❽　「主體的轉化」與「創造的轉化」並不相同，後者所重在吾人當立基於現在，而對於傳統的資源有所開發，並配合現代，而達到一種創造，並以此創造來轉化中國之傳統。「主體之轉化」則認爲經由主體自覺的轉化，而且主體本身就有這種自覺及轉化的可能；再經由自覺的轉化而達到一種創造，這樣的創造，其根源是主體，他本爲主體所涵。請參見林安梧著《當代新儒家哲學史論》，頁39，明文書局印行，一九九六年，臺北。

但在《現象與物自身》書中的牟先生強調的是一道德的修養與心靈意識機制的轉換。「良知的自我坎陷」、「一心開二門」的論點，於焉構成，牟先生大體相信以此理論次序的安排，即能「開出」民主與科學等外王事業。

牟先生之所以逐步的走向自己所設定的路子，這一方面是由於他所採用的是一康德學的哲學方法，重視的是一向後返的尋求理據，這是一種超越的分解方法。最後，他上溯至一絕對的本源——良知（道德主體，無限智心，智體明覺），再由此絕對的本源經由一辯證的理論之開展，而論述一具有實踐的必然性的民主、科學之開出❶。

牟先生這種回溯逆返的哲學方法，一方面回到了「良知本體」，另方面則再經由其「心學」的其本義理，再將「良知本體」等同於「宇宙道體」。如此一來，就將存有的根源與心性的本源通同起來，再由此下迴向的辯證的開出。牟先生這樣的論述，幾乎成了當代新儒學最重要的矩範，謹守此矩範者多矣！並且形成了一自成脈絡的統系，筆者即將此稱之爲「護教的新儒學」。

大體說來，「主體性」在當代新儒學裡是一極爲重要的核心概念，就思想史的背景來說，此與中國民族面臨一存在的迷思、

---

❶ 關於康德哲學之方法，請參見黃振華先生著《康德哲學論文集》第四篇第一章，頁89-142，作者自印，一九七六年，臺北。關於「辯證之開顯」之問題，友人蔣年豐先生於此論之深切，見氏著〈戰後臺灣經驗與唐君毅、牟宗三思想中的黑格爾〉一文，收入賴澤涵、黃俊傑主編《光復後臺灣地區發展經驗》一書，頁37-100，特別是頁77-80，有清楚之闡釋，中央研究院中山人文社會科學研究所印行，一九九一年十月，臺北南港。

意義的迷思，而亟思克服有密切的關係❷。值得留意的是，此主體性之重視，雖帶有啓蒙之意義，但所不同於西方「啓蒙運動」（Enlightenment）思想家者，在於當代新儒家彼所言之主體性不限在「理智之主體性」，而重在「道德之主體性」。再者，此「道德之主體性」又不僅限於「心—物」、「人—己」此平鋪之層面，更而上及於「天—人」之層面，仍堅守原先「天道性命」相貫通之路。❷车先生更取康德學以爲思路之奧援，抉擇批判，調適而上遂之，肯認人具有「智的直覺」（Intellectual Intuition ）之可能。至此，车先生已徹底完成其「道德的形而上學」之建構。筆者以爲车先生完成的是一「形而上的保存」，接下去要展開的則是「實踐的開啓」❷，這是在车宗三先生之後必得要有的「後新儒學」，或者說是「批判的新儒學」。

　　「後新儒學」（或者「批判的新儒學」）不同於原先的當代新儒學之以「主體性」爲核心的思考，而特別強調「生活世界」（Life world）

---

❷　請參見張灝〈新儒家與當代中國思想的危機〉，收入周陽山主編《近代中國思想人物論——保守主義》一書，頁375，時報出版公司，一九七○年，臺北。

❷　车先生與勞思光先生同深受康德學影響，唯车先生仍堅守天道性命相貫通之路，而勞先生則極力釐清天道論與心性論的區別，其智識化之傾向有更進於车先生者。

❷　關於此，請參見林安梧〈實踐的異化與克服之可能——悼念车宗三先生兼及於當代新儒學之發展〉（原刊於《鵝湖月刊》第十九卷第十一期（總號：239），一九九五年五月）及〈無盡的哀思：悼念车宗三先生兼論「形而上的保存與實踐的開啓」〉（原刊於《中國文哲研究通訊》第五卷第二期「紀念车宗三先生專輯」，一九九五年六月），後收入林安梧著《當代新儒家哲學史論》，頁205-226，臺灣明文書局印行，一九九六年，臺北。

一概念。「生活世界」指的是由人之做爲一「活生生的實存而有」，
進入到世界之中，而視此世界乃是一活生生的世界，此或接近於唐
君毅先生所謂的「意味世界」，亦接近於熊十力所開啓「活生生實
存而有的體用哲學」義下的實存世界❷。實則，「批判的新儒學」
所強調的「生活世界」一概念，唐先生固已有之，此不必論矣。而
此原亦涵藏於牟先生哲學之中，因彼所強調之主體性是「道德主體
性」，此道德主體性亦非如康德義下之「道德主體性」，而是一存
在的道德眞實感下的「道德主體性」，此自亦不可離於生活世界之
實感；只是牟先生在論述上仍不免重「主體性」，而忽略了「生活
世界」這樣的概念。再者，關聯著「生活世界」這個概念，「批判
的新儒學」強調「歷史社會總體」的全面理解與詮釋，並以爲唯有
如此，才可能對於人有一深化之理解與詮釋；如此才能開啓一面向
歷史社會總體之道德實踐，而免於以「心性之修養」替代「社會實
踐」。

五、儒學智識化與「咒術型的轉出」

當然，拿說「以心性之修養」替代「社會實踐」這樣的論點

---

❷　有關於唐君毅先生所提「意味世界」，請參見彼所著〈意味之世界導言〉
　　一文，刊於一九四四年《哲學評論》，現收入《唐君毅全集》卷十八《哲
　　學論集》，頁93-118，臺灣學生書局印行，一九九〇年，臺北。又有關於
　　熊十力先生體用哲學，請參見林安梧著《存有、意識與實踐：熊十力體用
　　哲學之詮釋與重建》第二章〈邁向體用哲學之建立〉，頁25-55，東大圖書
　　公司，一九九三年五月，臺北。

去說當代新儒學並不公平，但牟先生最著名的「良知的自我坎陷」理論，則強調一種曲折的轉出，但這仍不免落入一「咒術型的轉出」❷。我以爲當代新儒學論及「良知學時」，總忽略了與之相關的「專制」與「咒術」等因素，往往將中國傳統以來所強調的「實踐的因果邏輯」作爲一「智識化」方式的理解，而忽略了將它擺在整個廣大的生活世界與歷史社會總體中來瞭解。當代新儒學護教一系常以一「智識化」的方式來瞭解中國傳統以來的「實踐的因果邏輯」，並從此轉出一「知性的因果邏輯」。

在某一意義下來說，將中國傳統以來所強調的「實踐的因果邏輯」作爲一「智識化」方式的理解，這亦具有一定的驅魔或解咒的能力。但這樣子的作法卻可能產生一智識化的凝固作用，因而導致對於生活世界的漠視。換言之，以智識化的方式來理解實踐的因果邏輯，將可以使得原來含藏於其中的咒術型的因果邏輯禁錮不出。但如此一來，它可能帶來的代價便是忽視了廣大的生活世界，而且也無法眞切的瓦解那咒術型的因果邏輯，甚至那咒術型的因果邏輯又轉換成另一類型而蟄伏其中，造成另一種咒術型的智識性格，這是值得吾人注意的。

或者，我們即可說當代新儒家是以這種智識化的方式取得了解咒的可能，但如前所說，這只是一種智識化的凝固作用，對於咒術頂多產生了某層次的禁錮作用，卻無法產生徹底解構的作用。不過，當代新儒家這一步的轉出，儘管他仍含帶著咒術性格，但絕不是以前任何傳統主義者所能望其項背的。在歷史的進程中，是不能跨過

---

❷　同註❸，前揭書。本節以下所述多本乎此以爲論也。

這個環節而不顧的。

我以爲「咒術型的轉出」是邁向「解咒」，發展的過程中必要的一步，但它不是已然完足的，它也不是有決定性作用的，它只有催化作用；這催化作用將帶領著大家往前去追索更爲重要的問題。

從「良知的自我坎陷」以開出知性主體，由內聖以開外王，這是總提的說，他從原先中國儒學傳統的工夫論中解放出來，眞正的去面對如何開出科學與民主的問題，這是以往的儒學所沒有設想到，更沒有去從事的。當然，當代新儒學於此來說充滿著智識化的性格，他不再停留於以前的內修的工夫論之中，他已轉向外王一面，而且這樣的外王，不再是以前的外王，而是民主、科學的新外王。當然，如前所說，這樣的轉出仍然未能眞正有力的對於咒術型的因果邏輯產生解構的作用，而只是一「咒術型的轉出」。

咒術型的轉出，一方面是要從原先的咒術型的因果邏輯中解放出來，另方面則又含藏著咒術的性格，只不過這個咒術的性格轉化成另一方式罷了。或者，我們可以說這仍然圍限於所謂的「道德思想的意圖」，但筆者想要說的，這是在一長久的解咒歷程中所必經的環結。「道德思想的意圖」雖足以作爲催化劑，但並不果眞就能如此了事的；「道德思想的意圖」在長遠的歷程中，配合著整個社會、經濟的變遷起著一個重要的作用，而且這種作用是催化的作用，不容忽視㉕。

㉕ 林毓生先生認爲「受儒家思想影想的中國人一向認爲道德與思想是政治秩序的基礎。這種看法與西方民主國家以法治爲政治秩序的基礎的看法，是根本不同的。」見林毓生〈兩種關於如何構成政治秩序的觀念——兼論容忍與自由〉，收入氏著《政治秩序與多元社會》，頁5，聯經出版社印行，一九八九年五月，臺北。

六、嚴重的異化：從「道德實踐」到「阿Q精神」

　　或者，我們可以這樣說：儒學所說的道德本心、怵惕惻隱，全然須得置放於生活世界來處理，但當代新儒學所強調的「良知學」（牟先生用「智的直覺」一語稱之）卻接近於將超越的神聖性以本質化的方式內化於人性之中來處理，並以爲此人性之本質即具此超越的神聖性，這便是將人做了一抽象而孤離的處理，它使得人性與具體的生活世界無關，即或有關，亦只是空洞而抽象的關聯而已❷❻。

　　人之做爲一個「道德的存在」（moral being），這「道德的存在」並不是一超越於人間世的存在，道德就其根據處，或有所謂的「先驗」，但就其發生處，必在生活世界中。因此去正視在生活世界中的「道德的存在」，去重視人的升降浮沉，眞切的了解「人雖有限而可無限」之實義，才能人如其爲人，天地如其天地。這便是要正視人的「有限」性，再由此「有限」進而去探索無限，並不是一下子將自己上升到「無限」，再問如何地「由無限以開有限」。

　　這也就是說，一方面我們承繼「天道性命相貫通」的傳統，而另方面我們則要避免只由天道往下說，或者「由自由無限心」往外說，而是要正視人之做爲一有限的存在，其有限性所隱涵之無限性，面對人爲惡及墮落之可能，更而往上一提而見及人性之善及自由之

❷❻　請參見林安梧〈牟宗三先生之後：咒術、專制、良知與解咒──對「當代新儒學」的批判與前瞻〉，《鵝湖月刊》第廿三卷第四期（總號：268），頁2-12，一九九七年十月，臺北。本節以下所述多本乎此以爲論也。

可能。這便不再會出現如何「一心開二門」的問題，而是人具體的在生活世界之中，處在有限／無限、惡／善、墮落／自由之中，如何抉擇與提昇之問題❷。

若只是抽象的略論人的本質，而說其為神聖的、圓滿的、絕對善的，並以此來對比當下的、實際的世界，極易引出一消極的歷史退化觀的後果；要不然亦可能「產生一空泛的神聖圓滿目標的阿Q式理解」。

大體說來，往昔的儒學實免不了「厚古薄今」之病，他們習於「抽象的論略人的本質，而說其為神聖的、圓滿的、絕對善的」，並將此寄託在遠古的世代，將之理想美化；然後再以此來對比當下的、實際的世界，這往往就引出一消極的「歷史退化觀」的後果。當然「歷史退化觀」是表象，骨子裡，則是藉此「以古諷今」，達到批判的效果。

值得注意的是，這種「以古諷今」、「厚古薄今」的批判方式，往往會導向於「道德中心主義式」的批判，往往會對於歷史採取一種「觀相式的理解」，而無法真切面對存在的物質性，對生活世界與歷史社會總體切實的理解。當代新儒學除徐復觀先生而外，其他諸先生於歷史社會之總體理解，實不能免除此「道德中心主義」的傾向，其於歷史之理解亦多採取的是一觀相的理解，而不是一切實

---

❷ 關於「一心開二門」的問題，請參見牟先生著《中國哲學十九講》，第十三、十四兩講，頁265-311，臺灣學生書局印行，一九八三年，臺北。又關於如何正視人性的有限，楊儒賓教授言之深矣切矣，請參見氏著〈人性、歷史契機與社會實踐：從有限的人性論看牟宗三的社會哲學〉，《臺灣社會研究季刊》第一卷第四期，頁139-180，一九八八年冬季號，臺北。

的、物質性的理解，因之彼等所開啓之批判往往只是環繞著人性論而開啓而已。

　　在原先的帝皇專制與宗法封建社會中，人處在「血緣性的縱貫軸」的脈絡下，因之其實踐的入路，自可以經由此脈絡而展開。這也就是說，人們可以其「人格性的道德連結」，經由「血緣性的自然連結」，在「宰制性的政治連結」的管控下，既與此管控之力量妥協，又依恃此管控力量，而展開其實踐。

　　值得注意的是，當此「宰制性的政治連結」之管控力量一再增強，而迫壓到「血緣性的自然連結」及「人格性的道德連結」時，此被迫壓的兩者將產生轉型與變化。血緣親情，原本是「情眞而可感」，迫壓太甚，轉而「情僞而可畏」；道德仁義，原本是「親親仁民」，迫壓太甚，轉而「以理殺人」。再者，在這同時的另一對立面，則是「產生一空泛的神聖圓滿目標的阿Q式理解」。

　　這裡所謂「產生一空泛的神聖圓滿目標的阿Q式理解」，其展開的系譜是這樣的，當「道德實踐」無法暢通於歷史社會總體及生活世界時，它將轉而只強調「心性修養」，繼而當「心性修養」無法眞切貞定於倫常日用之時，它將轉而強調「心靈境界之追求」，繼而當「心靈境界之追求」對自家的生命沒得安頓之時，它勢將茫茫然不知何歸，面對挫折，只好以「精神之勝利法」爲之。阿Q啊！此時你卻成了一無家可歸的人❷。

---

❷　關於此，請參見林安梧〈孔子與阿Q：一個精神病理史的理解與詮釋〉，《鵝湖月刊》第廿二卷第十期（總號：262），頁56-57，一九九七年四月，臺北。

七、從「本體的唯心論」到「方法的唯物論」

面對人的實際生活世界，面對歷史社會總體，面對一具有物質性的世界，是人之面對自己最重要的起點；這不是本質式的、抽象的把握，而是物質性的、主體對象化的，實存的、主體的把握。

這是一個新的「修身」觀念，因爲「身」是置放於天地人群之間的，且「身」與「心」是不二的；進而推擴之，「識」與「境」是不二的；因此，「修身」並不是由「正心」來，「正心」並不是由「誠意」來，「誠意」並不是由「致知」來，「致知」並不是由「格物」來。相對的，正因「身心不二」、「境識不二」，我們便不再只「從內往外推」，只從「道德與思想之意圖」來做成這個世界，而是能切實的注意到人之爲人的經驗實存性。

能切實的注意到人的經驗實存性，便會強調須得「面對人的實際生活世界，面對歷史社會總體，面對一具有物質性的世界」而這正是人之面對自己最重要的起點。強調人的經驗實存性，這「經驗」是境識一體、心物不二的，是在一實存的情境中所顯現的經驗，它不可理解爲一離於心靈之外的存在。

如上所言，這當然不能將之視爲一外在之物，這不能以本質式的、抽象的方式把握之，它應該是物質性的、主體對象化的，實存的、主體的把握。言其「物質性的、主體對象化的」，這是要避免其爲空泛而觀相式的理解，而且這空泛而觀相式的理解又極易與所謂的本質式的、抽象的理解掛搭在一起，使得它外化。先論之以物質性、主體對象化之把握，再繼之以實存的、主體的把握，這是要

說一切轉向客觀面的理解，最後終將須迴返到生命的本源，才能如其本源而啓動那根源性的實踐動力。

所謂「物質性的、主體對象化的，實存的、主體的把握」，這必然要開啓一「後新儒學的哲學人類學式」的嶄新理解。要眞理解生產力、生產關係、生產工具、生產者之間的互動關係，找尋實踐的切入點。

這裡筆者顯然地要標識出儒學由「心性論」轉向到「哲學人類學」的必要性，因爲道德實踐動力的開啓，並不是如以往之「心性論」者，以形上的理由之追溯，而推出一先驗的令式就可以了事的。相對而言，當我們著重於其歷史發生原因的考察，我們勢將因之而開啓一「哲學人類學式」的理解。

哲學人類學式的理解，簡單的是要說傳統儒學所強調的「人格性的道德連結」是在如何的「血緣性的自然連結」、「宰制性的政治連結」下所形成的，而現在又當如何的轉化調適，開啓一以「契約性的社會連結」、「委託性的政治連結」爲背景的「人格性的道德連結」。諸如這樣的理解與詮釋都得置放於一切實的、物質性的理解之下的理解。

或者說，我們不再以「良知的呈現」做爲最後的斷語，來闡明道德實踐的可能，而是回到寬廣的生活世界與豐富的歷史社會總體之下，來評述「性善論」（或者說「善向論」）的「論」何以出現。這「論」的出現必須回溯到人的生產力、生產關係、生產工具、生產者之間的互動關係來理解。這一方面是將「心性論」導向「社會語言學」及「哲學人類學」來處理，而另方面則要導到更爲徹底的帶物質性的、主體對象化的把握方式來重新處理。這也就是說，我

們勢將在原先儒學之做為一道德理想主義的立場，轉而我們必須再注意到其做為一物質主義的立場來加以考察。從「心性論」轉向「哲學人類學」，亦可以理解為由「本體的唯心論」轉向於「方法上的唯物論」，要由「道德的省察」轉為「社會的批判」❷⁹。

八、脫開「本質主義」的思維方式

當代新儒學很重要的是完成了儒學智識化與理論化的工作，當然伴隨著其理論化與智識化，當代新儒學背後則是「主體主義」的，是「道德中心主義」的，而在方法上則是「形式主義」的，是「本質主義」的。正因如此，良知成了一最高而不容置疑的頂點，是一切放射的核心，是整個中國儒學中存在的存在，本質的本質，一切都由此轉出，這麼一來，就難免會被誣為「良知的傲慢❸⁰」。儘管，在牟先生的「兩層存有論」的劃分中，對此做了必要的釐清，但終不免為人所少知、難知，因而被誤解，這是可以理解的。

正因為這種「本質主義」（essentialism）的思維方式，當代新儒學總的以為中國文化傳統之本質為道德的，而西方文化則為知識的；因而如何的由道德的涵攝或開出知識的，這頓然成了非常重要的問題。然而，我們若真切的體察到我們對比的去論略中西哲學如

---

❷⁹ 關於此，請參見林安梧〈「儒家型馬克思主義」的一個可能：革命的實踐、社會的批判與道德的省察〉，《鵝湖月刊》第廿一卷第八期（總號：248），一九九六年二月，臺北。

❸⁰ 此說見於余英時〈錢穆與新儒家〉一文，在氏著《猶記風吹水上鱗——錢穆與現代中國學術》一書，臺北三民書局印行，一九九一年，臺北。

何如何，所運用及的對比概念範疇，其當為一「理念類型」（Ideal type），其為「理念類型」並不是一真實的、本質的存在，而是一烏托邦式的存在，此存在只是做為理解與詮釋而展開的。換言之，如果我們的方法論所採取的是一較接近於「唯名論」（nominalism）的立場，我們就不會將理解及詮釋所構成之理論系統，當成實際的存在來處理❸。如此一來，也就不必去設想如何的以道德去涵攝，去開出知識，當然也就不必有所謂的「良知的自我坎陷以開出知性主體，以開出民主與科學」。

　　或者我們可以說「良知的自我坎陷以開出知性主體」這是為了安排科學與民主的曲折轉化，是由道德本體論的「一體性原則」，轉出認識論的「對偶性原則」，在儒學的理論上這一步的轉出是極為重要的。但我們要進一步指出：像這樣的方式仍只是一理論的疏清，是一原則上的通透而已，它並不屬於實際發生上的辦法，也不是學習上須經過的歷程。換言之，像「良知的自我坎陷以開出知性主體」是為了安排科學與民主的曲折轉化，這乃是後設的，回到理論根源的疏理，並不是現實實踐的理論指導。既然如此，我們就可以更進一步的指出，並不是由儒學去走出民主與科學來，而是在民主化與科學化的過程中，儒學如何扮演一個調節者、參與者的角色，在理論的、特別是後設的思考的層次，它如何扮演一理解、詮釋，進而瓦解與重建的角色。

---

❸　關於「本質主義」與「唯名論」之區分，多得力於卡爾·波柏（Karl Popper）在《The Poverty of Historicism》一書中的啟發，又請參見林安梧〈論歷史主義與歷史定論主義──波柏爾《歷史定論主義的貧困》的理解與反省〉，收入林安梧著《契約、自由與歷史性思維》一書第九章，頁167-182。

果如上述，我們就不適合再以「良知的自我坎陷以開出知性主體」或者「主體的轉化創造」這樣的立論爲已足，更且我們要清楚知道的是這樣的提法是站在主體主義、形式主義、康德式批判哲學的立場而說的，這是在啓蒙的樂觀氣氛下所綻放出來的哲學，這與我們當前整個世界的處境已然不可同日而語。我們不宜再以一「本質主義式」的思維方式，將一切傳統文化歸結到心性主體上來立言，我們應面對廣大的生活世界，及豐富的歷史社會總體，對於所謂的民主與科學亦當有一實際的參與，而不能只停留在一後設的理論上的疏清，當然更不能不自覺的又流露出以前老儒學所具有的「奇理斯瑪」性格來，將那後設的、理論上的疏清轉成一超乎一切的現實指導原則。這就難脫原先傳統儒學所隱含的專制性格與咒術性格，這是值得我們注意的。

「現代化」幾乎成了全世界所共同追求的目標，它從原先所具有的上帝選民性格，進而廣布於全世界，而有著一新的普世性格。廣的來說，現今的世界要不生在現代化之中，就是在邁向現代化之中，而且很明顯的，在所有邁向現代化歷程中的國家、民族、社會或群體，莫不處在學習與適應之中。他們無須從無到有的去創造出所謂的現代化，而是從有到有的去學習與適應現代化。當然，更重要的，他們要去開發自己生命中的資源，將它置於這個邁向現代化的過程中，參與之、調適而上遂之，對於現代化有一眞切的反省，進而可能展開一新的創造。這樣的創造就不再只是怎樣由傳統開出現代化的問題，而是如何讓傳統在現代化之中扮演一積極性參與者、調適者的角色。我個人以爲就在這樣的參與、調適的過程中，儒學就不會只封限在它原先自己的領域，更不會誤認爲（或被誤認爲）

是一絕對的、超越的指導原則，它必然的要有一恰當的調節與重建的。總結成一句口號，我們可以說「讓儒學來參與、調整現代化；讓現代化來調整、參與儒學」。

第八章 「心性修養」與「社會公義」之錯置與解消

本章提要

　　本章旨在對於中國傳統儒學之以「心性修養」替代「社會實踐」所造成之謬誤，做一深度的解析，必其將此錯置瓦解，而讓人能回到生命自身，開啟生命的自由之道。

　　首先，我們指出「心性修養」的「心」指的是人的主體能動性，是就其活動義而說的；「性」指的是人的內在本性，是就其存有義而說的；「修」指的是持續性地做一回復其本源的活動；「養」指的是由此本源而生長的活動。「社會公義」則指的是就一政治社會總體而說的「公義」。「社會」（society）一般用來指的是經由「公民」以「契約」而締結成的總體；「公義」指的是依其「普遍意志」為基礎而建立之行為規準背後之形式性原則。

　　「心性修養」與「社會公義」對舉的說，前者指
向「內聖」，而後者指向「外王」。筆者想經由此來彰
明此兩者的關係，顯示其弔詭相，並明白標出此兩者
並非如昔所以為的「內聖」而「外王」，並且「內聖」
是基礎，而且是「外王」成立的先決條件。

關鍵字詞：心性修養、社會、正義、內聖、外王、普遍意志、
契約、個體性、實踐

一、論題總綱

1、「心性修養」指的是一般文化傳統所說的「心性」之「修養」。

　　「心」指的是人的主體能動性，是就其活動義而說的。

　　「性」指的是人的內在本性，是就其存有義而說的。

　　「修」指的是持續性地做一回復其本源的活動。

　　「養」指的是由此本源而生長的活動。

2、「社會公義」指的是就一政治社會總體而說的「公義」。

　　「社會」（society）一般用來指的是經由「公民」以「契約」而
締結成的總體。

　　「公義」指的是依其「普遍意志」為基礎而建立之行為規準背
後之形式性原則。

3、「心性修養」與「社會公義」對舉的說，前者指向「內聖」，
而後者指向「外王」。筆者想經由此來彰明此兩者的關係，顯

示其弔詭相，並明白標出此兩者並非如昔所以爲的「內聖」而「外王」，並且「內聖」是基礎，而且是「外王」成立的先決條件。

二、「存有的連續觀」下的「心性天道貫通為一」

4、　「心」指的是人的主體能動性，是就其活動義而說的。
　　　「性」指的是人的內在本性，是就其存有義而說的。

4.1、　「心」之活動義與「性」之存有義是連續爲一個整體的，都來自於「天」。

4.11、此說或者聯結於中國之古宗教傳統，亦可與中國之宗法社會關聯。

4.12、大體言之，如此之「天」絕不同於西方基督宗教之人格神。

4.2、　「天」是就其普遍義說，若就其總體義、根源義說則言之爲「道」。

4.21、「道」是一切總體之根源，它開顯其自己，生生不息、往復無盡。

4.22、「道」之所生爲「德」，「德」是就內具義、本性義說。「志於道、據於德」或「道生之、德蓄之」，皆可以通而言之。「道德」一語，當以如此之古義言之，方見其本也。

4.23、如此言之，道生德蓄、志道據德，如此說言之「道德」，是「承於道」，而「著於德」之「道德」。此即同於承「天」而言其「天命之謂性」也。

4.3、　如此言之，「天命之謂性」其初實不異於「生之謂性」之傳

統。只是後來之詮釋者，就此「性」之義由兩個不同向度展開詮釋，一是「自覺義」、一偏「自然義」，故爾不同。溯其源，可因而通之也。

4.31、「心性」連言，多半指的不是「以心治性」，若是則屬荀子一路。相較而言，將此「心性」合一的說，而「即心言性」，此是孟子一路。

4.32、「以心治性」背後所關聯的是「天生人成」，因之而有「化性起偽」之說。

4.33、「即心言性」背後所關聯的是「心性天通而為一」，因之而有「存養擴充」之論。

4.34、「天生人成」、「以心治性」、「化性起偽」此是一「思慮抉擇」、「知通統類」之路，可以稱為一「倫理學的主智論」。其天人關係是「分別的」。

4.35、「心性天通而為一」，「盡心知性」、「存心養性」此是一「存養擴充」、「知言養氣」之路，可以稱為一「倫理學的主德論」，其天人關係是「合一的」。

4.4、 如上所言，我們可以發現一般所說的「心性修養」是預取於一「心性天通而為一」的路子上來處理。背後是一「天人合一」或「天人不二」的思維。

4.41、「天人合一」、「天人不二」、「心性天通而為一」，這是「連續型的理性觀」，而不是一「斷裂型的理性觀」。

4.42、這樣的理性觀是將原先的咒術性思維銷融於其主客交融的總體之中，而不是走出一主客對立之路。

4.43、這樣的思維是強調回到總體的根源之思考，而不是提到一至

高絕對之共相以爲原則。

4.5、 這麼一來,當我們說「心性」時,除了說人的主體能動性,說人內在的本性,最後是要通到一總體的根源之「道」的。

三、「心性修養」著重「彼此的相與」而忽略「他在的公共領域」

5、 「修」指的是持續性地做一回復其本源的活動。「養」指的是由此本源而生長的活動。

5.1、 若將「修養」連著「喜怒哀樂未發謂之中,發而中節謂之和,致中和,天地位焉,萬物育焉!」來說,更爲明白。

5.11、此「中和」之理論與其相關之工夫,宋明儒言之甚多,皆可說明儒學所說之內聖是通到天地宙宇之本源的。

5.12、此亦可見這裡所說的「修養」重點在於「情感意志」,這與「公義」並無直接之關聯。

5.13、值得注意的是,這裡是在一「天人合一」或是「天人連續觀」下而開啓的思維。這是人以其自身經由血緣性縱貫軸的脈絡而通極於道的思考,或者是經由一美學式的欣趣而直接證入宙宇之本源,並不須經由一政治社會共同體之中介。

5.2、 如此說之「修養」,是一上溯於道的修養,這樣的修養關心的是「主體」與「道體」兩者如何通而爲一的身心活動。

5.21、「主體」與「道體」兩者如何通而爲一,這問題牽涉到不同的形上理論及不同的實踐功夫論,但大體皆隱含兩者通而爲一之論以爲理據。

5.22、如此之論其衍申的修養工夫論往往忽視了事物的客體性或對象性，即如對客體對象有所理解，亦多屬「觀相」的理解，而非一「執實」的理解。

5.23、總的說來，這樣的修養工夫論之所重在「氣的感通」，是因氣之感通而上遂於道也。此與「言說的論定」之由「共相之昇進」而達乎一絕對之共相的思考是迥然不同的。

5.3、 與「氣的感通」相關的歷史社會結構是一「血緣性的縱貫軸」所成的宗法國家，是在一符號式的統治下的德化政治；而與「言說的論定」相關的是一地緣性的橫拓面所成的政治國家，是在一實力的支配下所成的法權政治。

5.31、就認識論層次言之，「氣的感通」之所重在「主客交融」為一不可分的整體。

5.32、「言說的論定」之所重則在一「主體的對象化活動」，進而使得那對象成為一「他在」的對象。

5.4、 如前所說之「道德」、「心性」，可知最後之依據在於內在的根源性，而非一超越的法則性，因之其客觀性亦不顯。

5.41、如此而說的「心性修養」自然亦重內在的根源，而忽略了客觀性之法則。

5.42、或者，我們可以說「心性修養」之所重是「彼此之相與」，或亦可說「主客之感通」，此並未必要涉及一「他在」之「公共領域」。

四、從血緣社會的「天民、人民」到契約社會的「公民」

6、 「社會公義」指的是就一政治社會總體而說的「公義」。「社會」（society）一般用來指的是經由「公民」以「契約」而締結成的總體。

6.1、 這樣的總體經由「公民」以「契約」締結而成，故可稱之為「公民社會」或「契約社會」。

6.12、此與中國傳統的「血緣性縱貫軸」所成之總體有別，它是一有別於「我與你」之外的「他在」。

6.13、這樣的「他在」所依循的不是「血緣親情」，而是「社會契約」。

6.2、 「公民」並不是內在具著「大公無私」本質之民，而是進入「公眾領域」之民。

6.21、「公民」並不同於「天民」，亦不同於「人民」。「天民」是「自然人」，「人民」是「大眾人」，而「公民」是「公約人」。

6.22、中國傳統雖屬專制，但「皇民」之觀念不強，而「天民」之觀念甚強；截至目前，其「公民」之觀念仍頗為薄弱。

6.23、這與中國之重「血緣親情」、「孝悌仁義」之傳統密切相關，此即一「差序格局」，一「波紋型的格局」。

6.3、 值得注意的是：「血緣親情」、「孝悌仁義」並不只平面展開而已，它更調適而上遂於道，通於宇宙創生之根源。

6.31、這與中國傳統的巫祝信仰有密切的關係，是由此而轉向一「天人連續觀」的「氣化宇宙論」哲學。

6.32、儒家的「道德創生論」亦在此「氣化宇宙論」之基底下作成，都可以歸結到一「連續型的理性」這樣的大傳統中。

6.33、「道德創生論」原與「社會實踐論」是合而為一的，但在「宰制性的政治連結」這樣的帝皇高壓底下，「道德創生論」往「境界修養論」邁進，而逐漸忽略了「社會實踐論」。

6.34、「境界修養」下委而成一「鄉愿」，或者是如魯迅筆下的「阿Q」。這都是傳統修養論的變調與扭曲、異化。

6.4、 強調「大公無私」，此「公」與「私」是一倫理性的指涉，且顯然地見不出一容納「私」之領域。

6.41、有趣的是，這「大公無私」的思考，原先是落實在一「血緣性縱貫軸」的思維下來思考的，是由「親親而仁民」、「仁民而愛物」推擴出去的。

6.42、這樣推擴出去，應是「由私及公」，或者「雨及公田，遂及我私」，但弔詭的卻反面的轉為一「大公無私」。

6.43、實者，這「大公無私」之論，要不是統治者所教導之意識型態，就是太強調由主體而上遂於道體，由人之本心而上遂於道心所成的意識型態。極可能，兩者交結為一不可分的總體。

6.5、 在帝皇專制下強調「大公無私」，又強調「天理良知」，並將兩者通而為一，最後做成的「性善論」，此與原先的血緣親情義下的「性善論」已有所不同。

6.51、「血緣親情」下的「性善論」是經由一「差序格局」、「波紋型之格局」，漸層開來的倫理實踐態度，其性善是一具體

之感通性。

6.52、「帝皇專制」下的「性善論」則漸離開了此具體之感通性，
而上遂到一「宰制性的政治連結」所成的總體，並且規定此
總體之本源。

6.53、弔詭的是「大公無私」在歷史上的倒反就是「大私無公」，
甚而以此大私爲大公，「公眾領域」因此更難獨立成一「他
在」。

6.6、　「公民」是進入「公眾領域」之民，這樣的「民」不是「道
德人」，而是一「公約人」，是由一般具有個體性的個人做
基礎而做成的。

6.61、如是言之，先做爲一個「個人」，然後經由「公約」，才做
爲一個「公民」；但若從另一面來說，如此之個人當在公約
所成之公民社會下，而成一個人。

6.62、這樣的「個人」進入到「公眾領域」才發生其「公民性」，
才成爲一公民。

6.63、或者說，在公共領域下方得成就一「普遍意志」，即此「普
遍意志」才有所謂的「公義」。

五、從「公私不分」的「大公無私」到「公私分明」的「大公容私」

7、　　「公義」指的是依其「普遍意志」爲基礎而建立之行爲規準
背後之形式性原則。

7.1、　換言之，「公義」並不是「大公無私」之義，而是「有公有

私」之義。

7.11、這樣的「公」與「私」並不是截然相互背反的，它有其連續性。

7.12、這樣的「公」是建立在「私」之上的，「私」不是「自環也」的「私」，而是一獨立之單位的「私」，是做為「公」的基礎的「私」。

7.13、值得注意的是：「公」與「私」的連續性，並不建立在「性命天道相貫通」這樣的連續性，而是建立在經由「契約」所構造成的連續性。

7.14、這「連續性」不是內在「氣的感通」義下的連續性，而是外在「言說的論定」義下的連續性。不是「內在親緣的連續性」，而是「外在契約的連續性」。

7.2、 相對於這樣所成的政治社會共同體，其背後的根源性依據乃來自於「普遍意志」。

7.21、「普遍意志」是「契約」的根源，而「契約」則是「普遍意志」實現的途徑。

7.22、「普遍意志」並不同於「天理」，因為「普遍意志」之所對是「公民」，而「天理」之所對則為「天民」。「天民」與「公民」並不相同。

7.23、康德（I.Kant）更由此「普遍意志」轉而言「無上命令」（Categorical Imperative），這正如同儒家之由「天理」轉而言「良知」。

7.24、康德學與其「社會契約論」的傳統密切相關，儒學與其「血緣性縱貫軸」所成之總體密切相關。儒學與康德學頗為不同。

7.3、 換言之，「公義」並不是經由內在的修養來作成，而是經由

一「言說的公共論域」而達致。

7.31、「社會契約」是經由言說的「公共論域」而產生的，是經由彼此的交談而出現的。

7.32、這樣所成的倫理，徹底的講不能停留在「獨白的倫理」，而必須走向一「交談的倫理」。

7.33、儒家是一「交融的倫理」並不是一「交談的倫理」，當然也不是一「獨白的倫理」。

7.4、「交融的倫理」以「血緣親情」為主，而「交談的倫理」則是以「公民互動」為主。

7.41、前者是以「家庭」為本位的，而後者則是以「個人」為本位的；由個人而走向一「契約的社會」，前者則是一「宗法社會」。

7.42、將康德學理解成只是「獨白的倫理」並不恰當，因為「獨白的倫理」可能只是康德學形式主義的一個面向，它是可以走向「交談的倫理」這面向的。因為彼此都屬於「社會契約論」的傳統，這一步前展是容易的，順適的。

7.43、康德學之被誤認為只是「獨白的倫理」與其超越的哲學方法密切相關，這方法的誤用將使得康德學走向形式主義。

7.5、儒家原是一「交融的倫理」，後來有轉向「慎獨的倫理」，又有轉向「順服的倫理」，這是儒學異化的表現。

7.51、「交融」指的是「主客交融」，擴而言之，這指的是一「天人、物我、人己通而為一」的交融狀態。

7.52、一切收攝於「獨體良知」，便產生了所謂的「慎獨的倫理」，這是主體實體化了的狀況。這樣的「慎獨倫理」極接近於「獨

白的倫理」，但仍有所異同。

7.53、在「宰制性的政治連結」下，「慎獨的倫理」極易異化成一「順服的倫理」，更爲有趣的是「順服的倫理」與「慎獨的倫理」極易連成一不可分的整體。

7.54、這種狀況使得儒學與專制連在一起，這並不是儒學之本貌，而是「道的錯置」（misplaced Tao）。

7.6、 換言之，「交融的倫理」、「慎獨的倫理」、「順服的倫理」這一組詞與「心性修養」有其「選擇性的親近關係」；「交談的倫理」、「獨白的倫理」這一組詞與「社會公義」有其選擇性的親近關係。

7.61、以這兩組詞來說，溯其源頭，「交融的倫理」與「交談的倫理」雖有所異，但其融通性較大；所謂的轉化當從此言。

7.62、若忽略此，而直以中國傳統帝皇專制下之「順服倫理」而與近代西方民主社會所強調之「交談倫理」相較，則必生反傳統主義之思想。蓋「激俗而故反之」也。

7.63、解開「道的錯置」是必要的，此當從「順服倫理」往上溯於「慎獨倫理」，再溯於「交融倫理」，再由此「交融倫理」轉接「交談倫理」，方爲可能。

六、邁向「新外王」與「新內聖」的可能

8、 如上所分述，可知「心性修養」與「社會公義」乃是一對舉的說，前者指向「內聖」，而後者指向「外王」。筆者想經由此來彰明此兩者的關係，顯示其弔詭相，並明白標出此兩

者並非如昔所以爲的「內聖」而「外王」，並且「內聖」是基礎，而且是「外王」成立的先決條件。

8.1、　若將「內聖」定位在「交融的倫理」，如此說之由「內聖」而走向「外王」，此是極爲自然順適的。

8.11、帝皇專制後將「內聖」定位在「愼獨的倫理」，如此說之由「內聖」而走向「外王」，此是「家天下」之外王，非「公天下」之外王。

8.12、「愼獨的倫理」之高度強調使得人們失去了彼此互動交談的機會，甚至走向「無世界論」及「獨我論」的傾向。

8.13、如此之闡明，乃是就意識型態之層面而說者，並非儒學之「愼獨倫理」果眞即必然隱含此「無世界論」及「獨我論」之傾向。須知：儒學之做爲意識型態來探討是重要的，不可忽略。

8.2、　由「交融的倫理」走向「交談的倫理」，此極順適，這不必經由「良知的自我坎陷」這樣的理論層序。

8.21、因爲「交融的倫理」不必做一理論的回溯，並經由修持的工夫，而極成一「愼獨的倫理」，再由此「愼獨的倫理」往下開出。

8.22、「良知的自我坎陷」之說，即是循著宋明儒之由「交融的倫理」走向「愼獨的倫理」，再由此溯及根源的「愼獨倫理」冀求一開出的可能。

8.23、當代新儒學之「良知的自我坎陷」說，此是接著宋明儒講，是接著愼獨的倫理講，而不是回溯到先秦儒學的「交融的倫理」講。

8.24、這是先極成一「主體主義」再冀求「主體的轉化」以開出「知

性主體」，並以此涵攝民主，這樣的轉出是一「主體主義」式的思考。

8.3、　「交融的倫理」之轉而爲「交談的倫理」，這是一個學習與調適的過程，並不是一本質上的轉換。

8.31、伴隨著生產方式、生產工具的演變以及人組織構造的變化，必然地會從「血緣性縱貫軸」走向「人際性的互動軸」。

8.32、這樣的必然是一歷史的必然，是一辯證的必然，它背後的原動力是原始儒學所強調的此心之不容已那種「仁」的當下感通。

8.33、然而，這種「仁」的當下感通，並不再以「一體觀」直通於天地一體，而是以每一個個體做爲單元，依其「契約性的規約原理」，構成一總體，如其總體而溝通。

8.34、「溝通」不同於「感通」，「溝通」經由「言說」，而「感通」則以非言說的「氣」爲主導。

8.4、　由傳統走向現代，由內聖走向外王，這不只是舊內聖、舊外王，也不是舊內聖走向新外王，而是新內聖、新外王。

8.41、這是一個「學習」的過程，此與一「理論的追溯」不同，與由此理論的追溯進而轉爲理論的開出亦不同；再者，此與「發生的次序」亦不相同。

8.42、今人有「外在超越說」、「內在超越說」對比以爲論，此亦可有所見，但以爲「外在超越說」與現代之民主自由有必然關係則謬矣！

8.43、甚至有以爲西方基督宗教傳統之「幽闇意識」與民主自由有必然關係，此說大謬不然也。奧古斯汀、霍布斯之支持專制

即可見其反例。

8.44、凡此黏牙嚼舌之論，皆因方法論上犯了「文化本質主義」（cultural essentialism）之謬誤所致。（余於他處曾論及，於此暫略）

七、本章結語：「社會公義」是「心性修養」的基本條件

9、　以現代而論，「心性修養」不必為「社會公義」的先決條件，反而是「社會公義」可能成為「心性修養」的基礎；而且這樣的基礎將使得心性修養更為平坦自然，人人可致，是在一新的倫常日用間顯現。

孔子紀元二五四九年六月十一日於清華園象山居
（西元一九九八年、夏曆戊寅年）

第九章　當前臺灣研究的錯置與釐清：以張深切為例

——「臺灣性」與「中國性」及其相關問題之闡析——

本章提要

　　本論文旨在經由《張深切全集》的閱讀、理解，集中的點出其中的一個焦點：「臺灣性」與「中國性」。

　　筆者經由張氏著作的脈絡爬梳，指出「臺灣性」與「中國性」並不是矛盾的敵體，而是一「臺灣、中國連續體」。再者，筆者亦因之而隨文釐清了當前的臺灣研究多喜站在「臺灣、中國斷裂體」的理解角度上，這是不應理的，但卻值得深入疏理。三者，筆者指出張氏於中國文化及世界文化之融和貫通問題上，他亦有著獨到的見地，值得重視。

　　最後，筆者以為臺灣海峽兩岸的問題可以藉由張

深切的「臺灣性」與「中國性」的啟發，站在「文化
中國」的立場，以「臺灣、中國連續體」的思考面向
開啟一新的未來。

關鍵字詞：臺灣性、中國性、連續體、日本、多元而一統

一、問題的緣起

《張深切全集》出版了，這是一個重要的宣示，它告訴我們臺
灣在以前是有思想家、有文化人、有社會運動者的，他就這樣活生
生的呈現在我們面前。

更重要的是，這些文化人都深切的有著民族意識，從臺灣意識
到中國民族意識，是連續而不容斷裂的。可歎的是，政治的鬥爭、
壓迫，使得「臺灣意識」與「中國民族意識」成了兩個敵對的意識；
而這始作甬者的正是蔣氏威權領臺所致。蔣氏極力的壓制臺灣，徹
底的毀損了臺灣原所具有的中國文化意識，而代之以彼所宣傳的黨
國主義下的中國文化意識。

正因為這樣的做法，使得臺灣本土與中國文化絕裂了，一般知
識分子以為臺灣是臺灣，而中國則是中國，不只政治上如此，連文
化上也該如此。不過伴隨著《張深切全集》的出土與出版，我們要
說：讓我們回到這些珍貴的史料中，正視做為一個「臺灣人」的身
分，原是不礙於我們做為一個「中國人」的；而且正因為我們做為
一個「中國人」，所以我們是堂堂正正的「臺灣人」。張深切以及
日據時代大部分的臺灣知識分子都是這樣的依據於自己是一個「中

國人」，因此而清楚的知道自己是「臺灣人」，而不是「日本人」；也因此強烈的感受到臺灣應該獨立，獨立於日本之外，進而有機會回歸到中國。

張深切是有「臺灣獨立意識」的，張深切是有「大中國意識」的，臺灣獨立是獨立於日本之外，獨立於日本之外，進而進入大中國，參與大中國，改造大中國。「大中國意識」與「臺灣獨立意識」在張深切及大部分的鄉賢中，並不是矛盾的，不是斷裂的，它是一致的、是連續爲一體的。

在臺灣、大陸兩岸仍然處在一種不必要緊張的緊張中，不必要對抗的對抗中，所謂的「統獨論爭」說穿了應是一虛幻的遊戲而已。不過，值得留意的是這遊戲似乎有被擴大化的傾向，甚至滲入到日據時代的臺灣歷史、文化、思想的詮釋，這是不恰當的。它可能使得臺海兩岸的對抗緊張加劇，也可能對於日後臺灣起著不好的影響，它可能使得我們在自家生命的認同上自我混淆，終落得莫知所措。其實，臺灣人就是臺灣人，而這樣的臺灣人正是中國人，「臺灣獨立意識」何必自外於「大中國意識」呢！從日據時代的本土思想家、文化人、社會運動家身上，我們是可以尋到由「臺灣獨立意識」到大中國意識的連續性，這樣的思考或者可以重新貢獻於當前的兩岸問題上。

臺灣自一九四五年光復以來，特別是自一九四九年國民黨由大陸撤退來臺，國民黨當然不是一個外來政權，但這不是外來政權的政權卻充滿著「外來性」，他有意的壓制了臺灣意識，連帶地也將臺灣本土中所含的中國文化意識都壓抑了，甚至是鏟除了。他用他所帶來的黨國的、主義的威權體制下的中國意識取代了一切。這也

就是說，在國民黨所強調的中國文化意識是外加於臺灣島民之上的，而與原來島民所具有的中國文化意識分隔開來，也就連帶地將島民的本土意識分隔開來。就此來講，國民黨間接地使得臺灣遠離了中國文化，而以為被壓抑的那些層面是臺灣文化，而且做為對立面就得有意的區別出臺灣文化與中國文化的差異，進而去塑造所謂的「臺灣民族」。或者，我們可以說國民黨在文化政策上的外來性作為使得中國文化外來化，相對於此外來化的中國文化，臺灣本土性的文化則有別於中國文化，而成為尋求臺灣獨立者的重要資源。「臺灣文化意識」與「中國文化意識」原是「分殊」與「理一」的關係，是連續成一個整體的；現在因為種種因素，而成了斷裂，這是不合理的。在這不合理的狀況下，本應回復到一恰當的分位上，現在又很難回復，在不回復下，又硬性的說臺灣與中國原是一體的，文化也是一致的，這一樣是不合理的。筆者以為，這樣子的重重糾結，真難釐清；不過，若能回到臺灣的歷史來處理，回到史實自身，擺落糾葛，就能讓政治的還給政治，文化的主體性自然就能昂然自立了！

　　或者，我們可以進一步順著張深切他們所強調的臺灣獨立是獨立於日本政權之外，並不是要遠離中國；臺灣當前所喊的獨立可以理解為是不滿意帶有外來性的國民黨之壓迫，以及不願意就這樣為中國大陸所征服；而不是要自外於中國事務，要自外於當炎黃子孫。相反的，應該理解為在做為一個炎黃子孫下要求自家的社會共同體之獨立，進而回歸祖國，促使其社會共同體邁向更為合理、自由、平等的發展。一樣的，回過頭來，我們可以說當前臺海兩岸所喊的統一可以理解為是不滿意美、日列強所可能的覬覦，不讓臺灣再度

成為亞細亞的孤兒，成為國際的浪遊者；而不是要讓中國大陸兼併臺灣，讓臺灣委屈的生活於另一個威權之下，成為被征服者，而是要讓臺灣回到做為一個炎黃子孫的立場為全中國設想。如果，統獨兩造如我上所言，這豈是矛盾而斷裂者，它根本上是通而為一的。可惜的是，臺海兩岸多囿於所見，知識分子亦多黏牙嚼舌之語，變成了無謂的意氣之爭，最後只成了諸多政治權力的工具而已！深切的看看張深切，我們或許該息心止慮的回到自家生命本身，認同的問題是可以迎刃而解的。

認同的問題應由「文化認同」開始，進而以此「文化認同」來分理「政治認同」，不宜由紊亂於「政治認同」中，任意揀擇其一，再回過頭來要求「文化認同」就範！

二、日據時代臺灣人的中國性

語言不只是工具，語言更是身分的表徵，張深切在《我與我的思想》中縷述了他民族意識的萌芽乃起於語言問題。他因為反抗當時日本人所做的規定「禁止學生在校內說臺灣話」，他生動地描述說：

> ……不知受了什麼衝動，忽然放下笤子說：「喂喂，你們聽著！我們為什麼不能說臺灣話呢？鳥兒有鳥兒的話，猴孫有猴孫的話，他們都能說自己的話，為什麼我們偏不能說自己的話？我們為了說自己的話，就要受這種處罰，這

太豈有此理了……我不幹了！你們怎麼樣？」……這樣，
我們開始同盟罷掃，然而卻又不敢回家，只在教室裡叫嚷
著，說些閒話❶。

就因為這樣張深切被開除了，這年他十四歲，他心靈中的民族
意識逐漸興起！後來，他父親接受了林獻堂（一說林猶龍）的建議送
他到東京留學，經過了「思想的反動」再而「反動的反動」，終於
確立了張深切的民族意識，在心裡「發生了一種和日本人不能兩立
的念頭」。又「讀了中國歷史以後，才知道中國的偉大和認識了臺
灣人就是中國人，覺得好像望見了自己的祖先，或進入了忠臣廟看
壁畫，我的思想急激地轉變，把愛日本改變為恨日本，進而又發展
到仇日，終於演致和他們開始行動的鬥爭。」❷這時的張深切正十
五歲，他逐漸由臺灣原先可能的政治民主化運動，轉而強調民族運
動，他自承說：「民國十年，由人拿《臺灣議會期成同盟會請願書》
要我蓋章，當時我就說：『哼！這回我不幹了，我要臺灣獨立，或
要歸復祖國，還請什麼議會？太沒出息了！』」（同上，頁 77）一九
二三年東京震災，次年往中國上海發展，大約在一九二六年他已形
成了這樣的思想：「國家民族高於一切」、「國家民族為主，主義
思想為從」、「主義思想應規定於國家民族，不應規定國家民族」，
他「擺脫了以前的思想，發誓願做一個孤獨的野人，去和真實為國
家民族盡力的人共同奮鬥」（同上，頁 79）。我們可以說，自此之後

---

❶　見《張深切全集》卷三，《我與我的思想》，頁65，文經出版社有限公司
　　出版，一九九八年，臺北。
❷　同上，頁71-76。

張深切就是一確立的民族主義者了。

　　張深切真是一個民族主義者，這是無庸置疑的！然而，當前的臺灣研究往往將臺灣性大大的強調，因而忽略了此「臺灣性」原是不背於「中國性」的。再者，令人難過的是，明明日據時代的許多臺灣文化人、知識分子、思想家就是以中國文化來強調其臺灣意識，並以此反對日本、對抗日本，骨子裡他們是華夏的一員，他們從來就不會認同於日本的，他們根本無所謂「認同的危機」，他們有的乃是「現實存在的困境」。做為一個歷史研究者，秉春秋史筆，褒貶善惡、分別是非，這是得小心的，特別是歷史之為歷史，並不是原音重現，而是經由蒐集、揀擇，再經由想像來重建的❸，因此，何者為重？何者為輕？更不可不留意。像說一九一七年的張深切（時年十三歲）「可以說相當受到日本民族意識的浸透」，這便不恰當❹。因為其實早在當年他就因為講臺語的問題，而強烈的覺醒到他是臺灣人，是中國人，他之到日本，而學做日本人，他自承是一種「思想的反動」，這不適合說他為日本的民族意識所浸透，頂多說他就在這「思想的反動下，將自己推到另一個對立面，但骨子裡，他的民族意識是強烈的，因此一九一九年，他就清楚的確立其做為民族主義者」。

---

❸　關於歷史事實如何重建的問題，筆者主要是取擇於柯林吾（R.G.Collingwood）的看法，請參見氏著《歷史的理念》（Idea of History）一書。又請參看拙著〈論柯林烏的「歷史的想像」〉，收入氏著《契約、自由與歷史性思維》，頁151-166，幼獅圖書公司印行，一九九六年三月，臺北。

❹　這是黃英哲對於張深切的研究總論，見同註❶，頁30。

又明明張深切說「我讀了祖國的歷史，好像見著了未曾見面的親生父母，血液為之沸騰，漠然的民族意識，變為鮮明的民族思想。我把全部的讀本做一氣讀完，並且反復再讀，百讀不厭。」、「初踏著祖國的大地，覺得異常溫暖，滿腔的熱血沸騰了。」❺硬是說「張深切由於受到當時中國留學生熱潮之影響，以及他本身在日本的學業並不順利，因而認為回歸祖國才是最佳途徑」❻，這「由於」未免用得太弱、太勉強了！張深切是骨子裡的民族主義者，並不是隨順著潮流才做為一個民族主義者。

當然，像張深切這樣的一個民族主義者，所謂的民族終其極的是中國民族，至於臺灣民族，則是在邁向回歸於中國民族時，經過的歷程而已，並不是將臺灣民族與中國民族成了斷裂的兩端。換言之，當時臺灣民族的解放運動其實也就是中國民族的解放運動，像張月澄在民國十五年五月所發表的〈臺灣痛史——一個臺灣人敬告中國同胞書〉說：

> 親愛的同胞，臺灣四百萬同胞正受著日本的壓迫，臺灣四百萬同胞所受的壓迫，等於中國人全體的受壓迫。我們必須努力反抗日本帝國主義者，覺悟以紅紅的熱血洗雪……這亦即是中國民族的解放的革命運動。……在這革命未成功之前，我們不貪生不怕死，順應革命精神，確信「壓迫愈大，反抗亦愈大」的原理，我們決為自由平等奮鬥到底。我們的運動能夠早一日發展，中國民族解放的希望，也能夠早一日提高

---

❺ 見《張深切全集》卷一，《里程碑——黑色的太陽》，頁166、242。

❻ 轉引自《里程碑（上）》，頁320。

起來❼。

　　當然，所謂的臺灣民族解放運動是解放於日本統治之外，並不是解放於中國民族之外，相反地是要參與中國民族，而且促使中國民族之解放。當時的臺灣人雖然在日本的統治之下，但志氣卻高得很，他們並不限於求自身的解放而已，更而要以臺灣的解放來促使中國解放，真是偉哉！臺灣人！張深切早年的三大活動：一九二七年在廣州成立的「臺灣革命青年團」，一九三四年在臺中成立的「臺灣文藝聯盟」，一九三九年在北京創辦的《中國文藝》，充分的顯示他對抗日本帝國主義的一致性，並且標幟著臺灣民族與中國民族的連續性與一貫性。當然，現今的論述常將臺灣與中國對舉而分離，這迥異於日據時代大部分的知識分子，這歷史的截斷點，在於民國三十六年「二二八事件」；再加上中共政權的迫壓，使得臺灣知識分子在情感上難以同意臺灣民族與中國民族的連續性與一貫性。

　　正因如此，臺灣意識與中國意識的裂痕必然日深，再加上原先蔣氏政權的壓抑臺灣之種種作法，「臺灣」也就對「中國」產生必然的反彈，知識分子受限於此，亦多為如此。但筆者要說，若將這樣的情感又投射到日據時代的臺灣知識分子，硬是說他們「困頓於母國與祖國之間」，這並不適當（註❼）。因為像張深切在文化認同上是清清楚楚的，由臺灣而到中國，是連續而一貫的，我們暫且就名之曰「臺灣、中國連續體」。另外說「一九三七年後，中日戰爭全面爆發後，當時的臺灣人可說是處於兩難的困境。在這場戰爭中，作為日本帝國臣民的漢民族——臺灣人到底應為那一方效勞呢？日

---

❼　見陳芳明〈《里程碑》解說〉，見前揭書，卷二，頁758-760。

本帝國會不會因這場戰爭而仇視臺灣人呢？」❽這裡，我們應清楚的指出如果有所謂兩難的困境，那是現實的困境，至於意識上則毫無困境，因為臺灣人清清楚楚的是自己的祖國正與日本帝國主義鬥爭，臺灣民族的解放可能因之而近了！那時候做為殖民地的臺灣，形式上，日本是母國，但有良心的臺灣人沒有人會果真承認日本是臺灣的母國的。

即使張深切到當時日本所佔據的北京主編《中國文藝》都是有其深心大願的，他說：「我們不能叫手無寸鐵的老百姓抵抗日寇的堅甲利兵，我們自己不能拿筆桿防禦日本的侵略，我們唯一的辦法，只有設法使人民減輕痛苦，或鼓舞人民不要灰心。」❾張深切就在《中國文藝》創刊號的〈編輯後記〉這樣寫著：「吾人不怕國家的變革，只怕民心死，民心苟不死，不愁國家的命脈會至於斷絕，民族會至於滅亡？」「偉大的人物是在其能蹶然起於失敗或危難的當中，而偉大的民族是在其能復興國家於危急存亡之秋的，此時何時，此難何堪！這正是吾人應奮鬥努力興邦定國的時候。」「國可破、黨可滅、惡可除，文化不可滅亡也。我們可以一日無國家，不可以日無文化，因為文化是國家的命脈」❿張深切在《里程碑》中將這段稱之為「鬥龍」，那真是傳神。他「看見淪陷後的北平，誨淫誨盜的書刊盛行，由日人和漢奸野合所迸生的新民主義，強姦民意，

---

❽　這是黃英哲的見解，見氏著〈《我與我的思想》解說〉，見前揭書，卷三，頁293。

❾　見前揭書，卷二，頁661。

❿　見《張深切全集》卷十一，《北京日記、書信、雜錄》，頁 216-217。又收於前揭書，卷二，頁661。

強迫民眾服膺，其禍害有甚於洪水猛獸，正苦沒有一個什麼刊物洩氣，這時給我來了一個機會，當然認爲受之有愧，卻之可惜，但我不能隨便接受。……老實說：《中文》並沒有什麼特別好的作品，只是內容沒有媚日，單這點，便可以吸引讀者的歡迎，可見當時的知識階級已經陷於何等寂寞的狀態。」⓫在日人所控制下的北京，張深切能宣示這樣的《中國文藝》方向，那可眞是千古鐸音，難得之至。至於張深切在《中國文藝》二卷三期所寫〈戰爭與和平〉一文中道：「據過去與現在的情勢觀之，戰無甚益，和無甚損，我們何必執拗抗戰到底呢？……我們從今須知和平才是建國的唯一方略，尤其是我們文化人，須本我們的天職來爲東亞與世界的和平繼續奮鬥努力的。」⓬這顯然地是虛與委蛇的與日本軍方周旋，他明顯地是爲了中國民族的解放而寫的，這豈能說是「這好像是站在日本人立場而言的話」、「明顯的站在日本人的立場發言」⓭。雖然現今的詮釋者如黃英哲也說張深切「也許是爲了應付《中國文藝》背後的日本老闆才故意作此發言，但也顯露作者內心的無奈與矛盾。」（同上註）但筆者願意說，這不是「也許」而已，而是「努力的」與日本軍方周旋，才有這樣的論法。因爲看《中國文藝》的發刊詞，及之後張深切被迫解除主編職務，就可以做出恰當的判斷。否則，會被認爲當時的張深切立場是游離的！其實，做爲一個民族主義者，張深切是不游離的，他有的只是在中國文化意識底下，如

⓫　見前揭書，卷二，頁662。

⓬　見前揭書，卷十一，頁252、253。

⓭　這是由黃英哲做出的判斷，前者見氏著〈張深切的政治與文學〉一文，後者見〈《我與我的思想》解說〉，分別見前揭書，卷三，頁43、294。

何讓自己「七尺從天乞活埋」而已❶。這觀點確立了,我們就可以
瞭解當時在日本佔領區一樣拿著「大東亞共榮圈」與日本周旋的是
那些知識分子,而那些則是甘作漢奸,春秋之斷,不可不察也!張
深切於國家民族之深心大願,洵不可誣也!張深切在《中國文藝》
二卷三期的〈廢言廢語〉欄說:

> 或曰:邦有道,貧且賤焉,恥也!邦無道,富且貴焉,恥
> 也!或對曰:汝讀錯矣!邦有道,貧且賤,焉恥耶?邦無
> 道,富且貴,焉恥耶?或又問曰:天下有道則見,天下無
> 道則隱,何如?曰:未若無道見,有道隱者也。曰:何也。
> 曰:有道見,鄙也。無道隱,怯也。無道見,勇也。有道
> 隱,仁也❶。

只就這「廢言廢語」的「廢」字就有無限感觸、無限寓義,而
將「邦有道,貧且賤焉,恥也!邦無道,富且貴焉,恥也」,重新
斷句為「「邦有道,貧且賤,焉恥耶?邦無道,富且貴,焉恥耶?」
更可看出其用心如何,他宣示的是「無道見,勇也。有道隱,仁也」
的思想。我們真要用贊歎孔子的語句說「夫天將以夫子為木鐸」❶。

附帶一提的是,張深切這樣的斷句是被允許的,因為「也」亦
可做為反詰的語氣詞,它相當於「耶」,從張深切改斷句的能事,
可知張氏之國學造詣頗深!他所展開的書寫是「漢文書寫」,並無

---

❶　王夫之語。

❶　見前揭書,卷十一,頁254。

❶　語見《論語》。

所謂的「臺語書寫」，臺語書寫在日據時代多存於俗民文學、口傳說本之中，當時臺籍精英要不是日文書寫，要不就是漢文書寫，極少臺語書寫❼。「臺語書寫」是二二八事件，做爲國民黨威權體制的另一個對立面而開啓的消極性存在，最近這些年來，隨著獨立意識才較興盛，但仍只少數。張深切堅定的說：「希望我國人對自己的語文不要失去信心，必須要認識中國語文是全世界最理想、最容易學習的語文，使這陷於晦澀難解的不是我們自己的語言或文字，而是我們自己的學者和教育家，我們須記住──中國文字是我們要表達思想、感情、意志的工具，如何才能運用這工具？如何才能使這工具容易學習、容易熟練？這就是我們所要研究的重點」❽。

再者，洪炎秋就說「假使他骨頭軟一點，以他對日本和日本人的認識，以他那運用日文和中文的能力，在敵僞時代，是不難做大官、發大財的，而他沒有！光復以後，他如果肯於枉屈所信，遷就現實，也不難求得一官半職，而他沒有！所以我這副對聯，對於深切兄的爲人，是一點也不誇張，是可以表現一個老朋友對他的精確的評價」，洪氏輓張深切的對聯是這樣寫的：

　　生來就帶反骨，老跟惡勢力爭鬥；死去長留正氣，永供好朋友懷思❾。

---

❼　廖仁義以爲張深切的作品流露極爲明顯的「臺語書寫」，見氏著〈臺語觀點的「中國哲學研究」──《孔子哲學評論》與張深切的哲學思想〉，見《張深切全集》卷五，頁541。

❽　見《張深切全集》卷六，頁90。

❾　見《張深切全集》卷十一，頁416。

善哉！斯言！其實問題不在於「臺語書寫」，也不在於「臺灣意識」，而是在於蔣氏專權，這非外來政權卻充滿著外來性，而張深切帶了反骨，又有正氣，不願妥協所致。

三、主體能動性的強調

張深切之帶有反骨、又有正氣，這植基於他對於意識的主體能動性的見解，正因為如此，他並不是站立在某一個政治黨派、某一個地域權勢的觀點來看事情，他是站立在「道理」上來看事情的。儘管，他也受到一定的唯物論思想之影響，但他卻強調「道理」絕對高於「階級意識」之上的。他說：

> 馬克思的唯物史觀，我覺得過於牽強附會，而缺乏實際性。我不能承認沒有階級意識而能發生階級觀念，沒有階級觀念而能起階級鬥爭。我寧願肯定——人類為道理鬥爭，因是而不能和平——無論是由個人或黨派都各執其成見，顧慮其利害關係，各捏造道理去和對敵拼命；這由第三者觀看時，反道理的都是支配階級與壓迫階級（因為被壓迫階級除由錯覺發生以外，絕對不敢下意識反抗壓迫階級與支配階級）[20]。

階級意識是社會科學對於社會所做的分析闡釋，而在實踐的過程中，階級鬥爭亦可能隨著勢頭的變化，而形成「新階級」壓迫另一個階級。顯然可見的是，階級的分析必須植基於更深切的道理之

---

[20] 見《張深切全集》卷三，頁84。

上，才能得其正。張深切所說的「道理」本來平常，他之所重就在於人的主體能動性上，是立基於人而開啓對於人的生活世界所展開的理解、詮釋與實踐、批判。像他在一篇論及於耶穌基督的文章裡，就明白的說「假使耶穌是人不是神，我以爲他當能比所謂神還要更偉大」❷❶。這在在可看出他是如何的強調人的主體能動性了。

　　人的主體能動性就好像《易經》的「乾元」一樣，「乾元開顯」還得經由「坤元翕成」。這「坤元翕成」即是人所生長的實存環境，廣的說即是歷史社會總體、文化傳統及生活世界，張深切清楚的站立在做爲一個臺灣人、做爲一個中國人，這樣的「臺灣、中國連續體」上，即如在日據的北京，他仍然展開他在「刺刀」下的議論。他愷切的說：

> ……處在敵人的槍刺刀下，能寫些什麼，大概可想而知；然而筆者能不願意放棄筆墨，自解武裝；因爲放棄了筆墨，便無一物可以打擊敵人，所以明知在敵前舞文弄墨，等於老鼠戲貓公，好弄險，甚則會招致殺身之禍，但義不容辭，只得避重就輕，幹下去。果然，到了民國三十四年四月，筆者就被日寇一四二〇部隊抓去，險些兒槍決了。當時，筆者費盡心思，極欲告訴我淪陷同胞的是：我們雖然戰敗，切不可駭怕，勝負絕不能決定國族的興亡，戰爭好像暴風雨，是短暫的，一過去就會恢復常態，只要我們能保持偉大民族精神和傳統文化，自有復興的機會❷❷。

---

❷❶　見《張深切全集》卷三，頁85。
❷❷　見《張深切全集》卷三，頁158。

　　張深切強調「我們不但要有文化，同時必須要有自己的文化，唯有自己的文化，中國纔能獨立，中國人才能做眞正的中國國民。」「我們再不思進取勇往邁進，我們恐中國的滅亡，不在於政治，而在於文化的低劣。正如樹人所說「所謂鋼刀來割是覺得痛的，倘是轉刀子（文化）那可眞是割頭不覺死，一定要完」。「中國有許多學者都異口同聲說『中國的文化自宋朝以前的保留在日本，自宋朝以後的留存在中國』，這種見解如果可以肯定的話，那末可以說中國沒有完全繼承了中國固有的傳統文化。況且近代又被清朝隔開一代，另建設了一種奴隸文化，因此連宋朝、明朝的文化也沒有完全繼上；中國的固有文化好像變成異國的文化了。中國人不能繼承中國的固有文化，確是一件很可恥可悲的事」❷❸。

　　張深切對於自家文化的強調充分的顯示他是一位文化主體論者，這樣的文化主體論又與其意識的主體能動性之強調結合在一起。他區分了「意識」與「感覺」，他說：

> 或許有人疑惑意識和感覺是一樣的知覺，其實不然，意識是以內心爲主而帶有知識和理性的能動性能。反之，感覺即以外體爲主，感受外界的刺激，由神經而傳達於內心的知覺；所以意識是明瞭的知覺，而且異常複雜，其動向是由靜態而進出於動態；感覺即係單純而不明瞭的感能，其動向是從動態而進入於靜態的。❷❹

---

❷❸　見《張深切全集》卷三，頁164-165。
❷❹　見《張深切全集》卷三，頁166。

　　張深切深切的感覺到中國文化有其矯正與改革的必要，他以爲「現在我們沒有像堯舜以前那樣的理想政治，沒有像周、秦、漢那樣堂皇的文化，又沒有像宋朝那樣的學術思想與藝術，更沒有像歐美那樣的科學；舊的比不上舊時代，新的跟不上新時代，中國的現代文化不止是落伍，簡直是陷於錯亂的狀態」，急得要去做的事項是「第一、我們要把所有的傳統文化都編輯起來，用科學的方法給它分類、淘汰、整理與發揚光大。第二、我們要虛心坦懷輸入全世界的文化，給它研究、淘汰、攝取、消化、應用，並且要緊密地連接在我們的傳統文化。」這兩個辦法依張深切看來，「第一項是要復興固有的文化，使固有的舊文化復活而給它灌注現代生命」。「第二項是要振興新文化，使新文化能夠變成中國自己的主體文化」。張深切不同意「中體西用」，但他也不全盤西化，他強調中國文化的主體性，唯有在這主體下才能吸收其固有的精神與思想，如此才能建設新時代的文化。他說：

> 有人主張「用外國物質文明以爲利，用中國思想精神以爲用」，或「中學爲體，西學爲用」，說是要用中國的思想精神，去利用外國文明。這種觀念好像言之成理，其實卻未必盡是妥善的辦法。因爲新軍事、新政治、新教育、新科學、新文學等等，都自有其新精神、新思想，未必都能適合我們固有的思想與精神；所以不能一成不變，誤認物質和我們的固有精神似柄鑿不相合，而必欲抱殘守缺，堅持固有的思想。我以爲中國過去輸入外國文化而不能舉出應有的成果的原因，大半是由於不徹底所致的。我的意思，不是說要放棄中

國的主體性，而去隸屬於他人；當然還是要以中國的精神思想爲主體，而吸收其固有的精神與思想，這樣才能建設新時代的文化❷ 。

張深切並不一味的求新，他以爲眞正的新必須源於舊，必須「返本開新」，他說：

我們不可誤會復古運動就是一種反對新文化的開倒車運動；所謂復古，是爲保持傳統而欲承繼其命脈的指向，好像孔、孟、老、莊諸子百家的復古，中世紀西歐的文藝復興，漢的復周，唐的復漢，日本明治維新的王政復古等，他們都是爲欲維新而復古，絕不是因欲復古而復古的❷ 。

他一再的強調「中國的現代或將來要產生的新文化，切不可沒有傳統文化的根底，否則中國文化也會像無根的花，一開就要枯萎的。」「又對物質文化（即俗稱物質文明）的觀念，我們也必須改革過去的錯誤，纔能認識其本質。過去，我們往往以爲物質文明是一種沒有精神、沒有思想的機械學，這是非常錯誤的。……我們得知道，物質文化和精神文化是好像形影，絕對不能分離的，原來物質文化就是精神文化的象徵，沒有物質文化便沒有精神文化，反過來說也是一樣的道理。我希望諸位更深刻地認識這個原因，中國的精神文化纔能發展，物質文化纔能進步」❷ 。

---

❷ 見《張深切全集》卷三，頁166。
❷ 見《張深切全集》卷三，頁168。
❷ 見《張深切全集》卷三，頁169。

　　如上所引述，顯然地，張深切這些論點遠遠跳過了「中體西用」、「全盤西化」的爭議；所可惜的是，張深切這些論點卻因政治的因素，被壓抑沉埋，無得參與到臺灣光復以後的言說論述之場。這種情形並非獨見於張深切，其實「二二八事件」後的臺灣知識分子多半處在這個極為嚴重的困境之下，而臺灣的言論水平陡然而降，直到八十年代才得復甦到光復前的水平。在這裡，筆者想附帶一提的是，由於國民黨的黨政軍特專制統治，使得臺灣知識水平降落，使得原先處於臺灣的中國文化意識無得發展，在壓抑下逐漸凝成一反對國民黨黨國所主宰下的「中國文化意識」，另成了一反「中國的臺灣意識」。

四、本章結語：從「雙元互濟」到「一統多元」

　　如上諸節所述，我們可以發現張深切著作中的「臺灣意識」與「中國意識」並不是斷裂的兩端，而是一「臺灣、中國連續體」。他所強調的臺灣獨立亦是在此意義下的獨立，這樣的獨立是獨立於日本之外的獨立，並不是獨立於中國之外的獨立。

　　再者，我們發現許多研究者對張深切的臺灣意識的理解上有了偏差，而這樣的偏差是極容易理解的。因為，當前臺灣充滿了泛政治的氣氛，將自己站立在「臺灣、中國斷裂體」的立場上來思考。由於這樣的立場，於是格外強調臺灣與中國的分離，甚而忽略了近代史上臺灣與日本的敵對關係，反而回過頭去模糊它，甚至帶有親日的傾向。這是不應理的，是值得檢討的。

　　其實，從張深切的諸多著作中，我們清楚的可以發現他想的「臺

灣、中國連續體」是就「文化」的層次說的，這遠跳過了政治的層次。這樣的「文化中國」的強調，即使放到現今當前臺灣海峽兩岸的情形來處理，仍然是有所助益的。筆者以為：

一、海峽兩岸的「中國」，彼此一直未能提到一「理」的層次，予以貞定，而只是在「勢」的層次，達到某種張力的平衡點而已。恰當的釐清「中國」一詞的涵義，或可免除當前種種相互雜沓的問題，對於當前的亂源當可有一定的清理作用。

二、對「中國」一詞的釐清，必須歸結於「文化傳統」，這得由長期以來帝皇專制的「單元而統一」格局轉而為一民主開放的「多元而一統」格局。

三、「經濟中國」只是一「關係性的功能串結」，它不能以其自身而為一穩定的存在，在此關係性的功能串結之背後必有其實體。

四、「政治中國」是一「擬實體性的對比分別」這樣的狀況乃是一事實存在的狀況，它並未提到「理」的層次而貞定之，而只是一張力均衡下權稱的實存狀況，它不是恆久的、理上的實存狀況。這問題亟待解決。

五、我們必得在此「擬實體的對比分別」上再做一追尋，去尋求其「本體性的真實存在」，如此才能解決可能由於張力失衡而造成的動亂與不安。這樣的一「本體性的真實存在」即我所謂的「文化中國」這個層次的真實存在。

六、「雙元而互濟」的模式既已形成，則臺海兩岸便統於此「本體性的真實存在」下，而為一對比而互濟的兩元，中國將

因之而走向「陰陽合德」、「乾坤並建」之局。由此，「雙元互濟」之「文化中國」與「政治中國」，進而可以邁向一「多元而一統」的中國。

如上所述，筆者意在指出「經濟中國」是一「關係性的功能串結」，而「政治中國」是一「擬實體性的對比分別」，至於「文化中國」是一「本體性的真實存在」。以哲學的理論層次視之，「經濟中國」是屬於「感性層」，而「政治中國」則屬於「概念層」，而「文化中國」才為「理念層」。「感性層」不能以其自身定立其自己，而必須依倚於「概念層」；以臺海兩岸當前的情況視之，此「概念層」仍處於彼此張力均衡下的、權稱下的存在而已，仍不足以貞定其自己。若要有一理上的恆定的話，筆者以為須得上溯至「理念層」，而此「理念層」乃即所謂的「本體性的真實存在」這樣的「文化中國」❷❸。

值得我們注意的是，「文化中國」不能只是一個理念而已，它亟待落實，亦唯其落實，此「本體性的真實存在」，才不致掛空。換言之，此「本體性的真實存在」，須得成為一生活化的日常之物，如此才能造就一文化土壤，有此文化土壤，始能成為未來新中國重建的根基。筆者以為此「本體性的真實存在」既能澆灌於吾人的生活世界之中，便能轉化當前「政治中國」所處的「擬實體性的對比分別」，而成就為一「雙元而互濟」的方式❷❾。如此一來，當前臺

---

❷❸　請參見林安梧〈從「單元而統一」到「多元而一統」──以「文化中國」〉一概念為核心的理解與詮釋，收入陳其南、周英雄主編《文化中國：理念與實踐》一書，頁51-69，允晨叢刊55，一九九四年八月，臺灣。

❷❾　關於「陰陽合德」、「乾坤並建」的格局之建立，請參見林安梧〈從單元

海兩岸的「統、獨」問題亦可由是而得化解。如此「雙元而互濟」的模式既已形成，則臺海兩岸便統於此「本體性的眞實存在」下，而爲一對比而互濟的兩元，中國將因之而走向「陰陽合德」、「乾坤並建」之局。由此，「雙元互濟」之「文化中國」與「政治中國」，進而可以邁向一「多元而一統」的中國❸。此「多元而一統」的中國是「經濟中國」、亦是「政治中國」，而此當然皆在「文化中國」之綰結下，才成其爲「中國」也。

「臺灣」與「中國」不是兩個敵體，也不是單元的獨統所能範圍的，它應是一「雙元的互濟」而結成的整體。相對於西方文化之爲一「言說的論定」傳統，這樣的整體代表的是一「氣的感通」傳統。從宗教、自然、人文、社會乃至其他種種，這意味著一個新的世界的開啓點，他將有別於西方文化傳統，而成爲目前後現代世界的調整動源點。進入廿一世紀，臺灣與中國所形成「雙元互濟」的整體將邁入嶄新的世界史旅程。尤其臺灣更是一個最重要的動源點，我們必須「貞下起元」，「一元復始」，終而能「三陽開泰」，再造一「雙元互濟」所形成的整體大格局❸。

最後，筆者仍然要強調：張深切的「臺灣性」與「中國性」是

獨統」到「雙元互濟」〉一文，見《鵝湖月刊》第十四卷第十一期（總號：167），一九八九年五月，臺北。

❸ 關於一「多元而一統」的中國，林正杰之「中華邦聯」之構想頗可參考，請見林正杰《中華春秋策》，收入氏著《肥皂箱上》，頁231-238，一九九二年四月，臺北。

❸ 關於「文化中國」之如何造成，筆者亦曾有論略，請參見林安梧《臺灣、中國──邁向世界史》一書，第一章，又此段請見該書序言。唐山出版社印行，一九九二年八月，臺北。

在「臺灣、中國連續體」下的「臺灣性」與「中國性」；而「臺灣、中國連續體」是臺灣數百年以來的定位點，這是一歷史的事實。

（戊寅年三月十日於清華園）

第十章 論「生命的原鄉」及其回歸開啓之道
——〈歸去來辭〉的哲學理解

本章提要

　　本文旨在針對陶淵明的《歸去來辭》做一哲學的詮釋與重寫。作者首先指出歸返生命原鄉乃是一切人類心靈工作者的終極要求。再者，借用「生命之船」的比喻，一方面顯示動盪之現實，另方面則隱含一理想的生命原鄉之歸向。「生命原鄉」是在真存實感的交往過程中而開啟的，這裡有一往復循環的歷程。所謂「真實之交往」得面臨存在的界限而有一真切的渴求。最後，作者指出面對此現實之有限，做深切之發問，終而回到生命的本真，尋得生命的確定性，如此即是一自由的生命。

關鍵字詞：生命原鄉、交往、自由、本真、真存實感

一、〈歸去來辭〉本文及問題的緣起

　　歸去來兮！田園將蕪胡不歸？既自以心為形役，奚惆悵而獨悲？悟已注之不諫，知來者之可追；實迷途其未遠，覺今是而昨非。

　　舟搖搖以輕颺，風飄飄而吹衣。問征夫以前路，恨晨光之熹微。乃瞻衡宇，載欣載奔。童僕歡迎，稚子候門。三逕就荒，松菊猶存。攜幼入室，有酒盈樽。引壺觴以自酌，眄庭柯以怡顏；倚南窗以寄傲，審容膝之易安。園日涉以成趣，門雖設而常關。策扶老以流憩，時矯首而遐觀。雲無心以出岫，鳥倦飛而知還。景翳翳以將入，撫孤松而盤桓。

　　歸去來兮！請息交以絕游。世與我而相遺，復駕言兮焉求？悅親戚之情話，樂琴書以消憂。鄰人告余以春及，將有事於西疇。或命巾車，或棹孤舟，既窈窕以尋壑，亦崎嶇而經丘。木欣欣以向榮，泉涓涓而始流。羨萬物之得時，感吾生之行休。

　　已矣乎！寓形宇內復幾時，曷不委心任去留，胡為遑遑欲何之？富貴非吾願，帝鄉不可期。懷良晨以孤注，或植杖而耘耔。登東皋以舒嘯，臨清流而賦詩。聊乘化以歸盡，樂夫天命復奚疑？

　　從事中國思想的研究已經廿餘年了，這些年來一直嘗試想將中國哲學的研究視野放大到廣義的中國文化研究之中，因此文學社會學、文學哲學是我的努力方向之一。之所以會做這樣的嘗試，一方面我原先是學中文的，後來才改習哲學，另方面，我一直以為不管中文或哲學，最後所關聯的都是人，離開了人那來的「人文」？離

開了「人」那來的「哲學」。甚至，我以爲一切人文與哲學的活動都是爲了救治人的異化與疏離而開啓的治療。

自中學讀及陶淵明〈歸去來辭〉以來，即體會到「此中有深義焉！」。後來，我又讀到他寫的〈五柳先生傳〉，更覺得開頭的「先生不知何許人也，亦不詳其姓字」與魯迅的《阿Q正傳》的開頭「阿Q不知是什麼地方人，也不知道他姓什麼、名字是什麼？」此中都充滿著自我迷失及意義危機的困惑，但所不同的是陶淵明筆下的五柳先生回到鄉土田園，歸返到歷史的原鄉，自謂無懷氏、葛天氏之民，因之生命獲得治療與甦醒。相對地，魯迅筆下的阿Q已無鄉土田園可歸，已無歷史的原鄉可回，因之走向了斷頭臺的絕路。

做爲陶淵明的業餘研究者，我總的歸結他所關懷的原是人生命的異化如何克服及生命原鄉如何回歸之可能。他一生之所行所事便是這樣的實存體現。膾炙人口的〈歸去來辭〉可以說是這種文學哲學所實存體現的結晶，值得用哲學式的寫作方式，將之詮釋、重構。

二、歸返生命原鄉的呼喚

歸去來兮！田園將蕪胡不歸？既自以心爲形役，奚惆悵而獨悲？悟已往之不諫，知來者之可追；實迷途其未遠，覺今是而昨非。

1、　歸返生命的原鄉，這樣的呼喚是一切人類心靈工作者所要契及的。

1.1、　歸返不只是回到生命的原點，而是開啓生命的活絡之場。換言之，「原鄉」並不是落在形而上的鄉愁說，而是落實於整

個生命的展開與實現。

1.2、 「歸返」起於對生命異化的驚懼感，這樣的驚懼引發一生命田園的重新耕耘之嚮往。

1.3、 這樣的驚懼使得我們發現到心靈主體的對象化活動，成為一反控吾人自身的弔詭之局。

1.4、 人之傷悲，實起於此異化的驚懼之感；即此傷悲便隱一悲情，由此悲情而得見向上一幾。

1.5、 此悲情之向上一幾即是所謂的「悟」，「悟」如其字之本義，即是回到吾人自家之本心。

1.6、 既回自家之本心，已往則已往矣！而來者為可追。「來者」非一將迎之來，故可追亦非將迎之可追。亦唯如此，始能破此迷執也。

1.7、 「迷」是順念而趨，「執」是有所作意。「迷」是順著心靈之對象化活動，而形成一不可自已的趨勢，「執」是在這樣的對象化活動的歷程中，黏著在此對象化的對象上頭，因之，拉住了那心靈，使得心靈成為一異化的他在。

1.8、 相對應於「迷」者為「覺」，相對應於「執」者為「解」。「覺」是一逆返而歸於其心的活動，「解」則是一主體的對象化之撤離的活動。此覺、此解，咸在當下，並不是刻意凝成一個言說，而徐圖其覺解也。

1.9、 「今」，當下，是人性由異化而歸返其生命自身的契機，這不是論理的、不是觀解的，而是存在的、是情境的、具體的。

三、世俗的生命之船在頭出頭沒之中

舟搖搖以輕颺，風飄飄而吹衣。問征夫以前路，恨晨光之熹微。

2、　生命之船不能無止息的在浪海中頭出頭沒，而要有一可停泊歸依之所；而這必起於對「生命原鄉」的嚮往，生命之船當航向此生命之原鄉，否則生命之船即不成為一生命之船。

2.1、　無「生命原鄉」之嚮往則輕舟之搖亦將成動盪，有「生命原鄉」之嚮往，則迴返之機既露，則雖動盪亦只是輕舟之搖，何所罣礙？如此說來，亦可以是乘風而行，亦可以是為風所阻，端看生命之帆操在何處也。

2.2、　「生命原鄉」契機既起，遂有此「問」，如此一問，而以前之路竟是異化之途，悚然驚懼，生命的異化所挾帶而出的竟是漆黑一團。不免恨悔，即此恨悔，生命終在漆黑一團中開啟了新的可能。「可能」即漸邁向自由。

2.3、　由這個「可能」，故得見堂堂之宇，得見坦坦之門，生命由是而歡躍。「可能」帶來了「希望」，「希望」邁向了「自由」。

2.4、　「自由」是回到「生命的原鄉」。「生命的原鄉」不是形上的荒原，而是生機洋溢的存在交往。這裡有的是純真樸實的生命之酣暢，童僕歡迎，稚子候門。

2.5、　生命存在的交往途徑雖已荒蕪，但生命之本根仍然存在，既然存在，其交往之可能當下即可展開。

2.6、 生命當下實存的交往，使人回到自身隨即擁有生命提攜的勇氣，有此提攜，生命當下便是豐盈的。

2.7、 生命之甘泉由是而開啓，自己開之、引之、酌之，因此，生命生出一分閒情，這分閒情使得自家生命能有一分悠游自得之樂。

2.8、 原屬「迷執」，故不可依倚；「覺、解」既至，則當下自由。此自由是生命束縛之解開，此是形而上之解開。如此解開，當下平易而安然。

2.9、 「迷執」在身，往而不返，如此把捉雖多，亦是貧困。當下「覺解」，居處雖小，以其平易，是以能得「安居」。安居何處，只是「生命與生命的眞實存在交往」而已。

四、「眞存實感」的「交往」使得「迷執覺解」

　　乃瞻衡宇，載欣載奔。童僕歡迎，稚子候門。三徑就荒，松菊猶存。攜幼入室，有酒盈樽。引壺觴以自酌，眄庭柯以怡顏；倚南窗以寄傲，審容膝之易安。園日涉以成趣，門雖設而常關。策扶老以流憩，時矯首而遐觀。雲無心以出岫，鳥倦飛而知還。景翳翳以將入，撫孤松而盤桓。

3、 「生命的原鄉」是在「眞存實感的交往」過程中而開啓的，此開啓乃是一歸返自身的開啓，是往而復之、復而啓之的開啓。

3.1、 「眞存實感的交往」是念茲在茲，這是生命眞切的品嚐，是美的欣趣，是愛的啓動點。

3.2、　對於時代的共業則須要擺置一邊，無庸牽扯，惹動業障。不要以庸俗之門徑爲門徑，擺置是須要的，是生命的防線。

3.3、　「交往」是生命的伴侶，是生命的支拄，由於有此伴侶、支拄，則隨緣而化，無所罣礙。因之，生命具有觀照的能力。觀照的能力乃是使得生命歸返自身的功夫，這是一種「無」的功夫。

3.4、　這樣的一個「無」字，可以是「如」（如如無礙），可以是「解」（解放自由），是對於心靈執著性的瓦解，如此而歸於如如無礙，無分別相，如此便不再飄泊，只是歸鄉。

3.5、　人生命的最大弔詭在於人是有限的，雖有「覺、解」，但必將面臨存在的界限，此是莫可奈何的悲情。雖其爲莫可奈何，但畢竟是一覺解的悲情，故可以盤桓留連，但非不忍不捨。

3.6、　「迷、執」所生貪戀，此不同於「覺、解」之生悲情。貪戀是外向的、對象化的，而悲情則是內向的、歸返生命自身主體的。

五、「懺悔」將引向無限性的創造之源

歸去來兮！請息交以絕游。世與我而相遺，復駕言兮焉求？悅親戚之情話，樂琴書以消憂。鄰人告余以春及，將有事於西疇。或命巾車，或棹孤舟，既窈窕以尋壑，亦崎嶇而經丘。木欣欣以向榮，泉涓涓而始流。羨萬物之得時，感吾生之行休。

4、　面臨存在的界限，無可自己的湧現—有限的悲情，此悲情是

　　具體的、存在的、眞實的、無可逃脫的。

4.1、　面對有限，才能面對眞實，如此便要戳破虛假，唯有戳破虛假的應酬，才能回歸「眞實的交往」。

4.2、　面對眞實，而使得我們自家的生命有一對於虛假的遺棄之感，遺棄是一消極的、否定性的辯證開啓。

4.3、　生命經由這樣的消極的、否定性的辯證開啓，讓我們歸返到生活周遭，而此所言生活周遭乃是一以「親情倫理」爲主導的世界。

4.4、　「親情倫理」是主情的、不是主理的，情的眞實性根源於愛，此不似理之夾纏於私，混蒙於力，這可以說即是孔老夫子所謂的「游於藝」的世界。

4.5、　撤銷一切關係性的活動，而歸返於生命自體的本體性的活動。生命要求的不是理論的框架，而是具體的落實，唯有如此，我們才能體會何者是眞實的創造。

4.6、　擺脫了工具性的欲求，回到生命自身，才使我們的生命有了一個嶄新的開啓，這嶄新的開啓可以說是一「美學的開啓」，是生命之悠遊涵泳。

4.7、　美學之開啓是生命的創造之源自如其如的開啓其自己。這必得擺脫執著性、功利性之思考，進到一無執著性、非功利性的關心中始能開啓。

4.8、　面對天地萬物，而包籠於天地萬物之間，此包籠使得吾人自家的生命果眞面對了創造性自己，因而頓生一更爲深刻的悔悟之感，此即是眞懺悔。

4.9、　此眞懺悔不同於往昔之悔恨，悔恨是對於現實之有限性而開

啓的；至於眞懺悔則是進到一無限性的創造之源而開啓的。
前者仍有分別相，而思有以免除此分別相，後者則既除分別
相，而進至一無分別相，以其無分別相而面對其根源而開啓
也。

六、本章結語：「即有限而無限」與「即無限而有限」

　　已矣乎！寓形宇內復幾時，曷不委心任去留！胡爲遑遑欲何
之？富貴非吾願，帝鄉不可期。懷良晨以孤往，或植杖而耘耔。登
東皋以舒嘯，臨清流而賦詩。聊乘化以歸盡，樂夫天命復奚疑？

5、　　一切發問之完結乃是回到一有限的世間，而去體會此有限之
　　　世間即具有無限之可能，可以名之曰「即有限而無限」、亦
　　　可名之曰「即無限而有限」也。

5.1、「已」是總結式的開啓與完成，「矣」是行動的句點，而「乎」
　　　則是感嘆與發問。「感嘆」與「發問」起於有限與無限的對
　　　比而來。

5.2、「已矣乎」是說宙宇洪荒、亙古以往，只是個自然如如之開
　　　啓其自己，人以其有限之生命生活於世間，因之世間是一有
　　　限之世間，總有行動之句點，總會有來自生命有限之感嘆與
　　　發問。

5.3、迷執既去、悟解如之，但求順性而已。以是之故，去而不去，
　　　留而未留，此中便沒有慌張相，沒有追逐相，沒有沾滯相，
　　　任其自然而已。

5.4、 人間的富貴只是一迷執的產物，本不可求，亦非一悟解者之
　　　所願。再者，人間是人間，白雲帝鄉，亦不能想望。超越與
　　　人世形成的對比，仍是執著性的對比，進至無分別相，則此
　　　對比非但無張力，而可以形成一渾融的可能。

5.5、 此渾融之可能即是具體化、生活化、眞實化之展現。就此具
　　　體化、生活化、眞實化之展現而言，本非其它，而只是造化
　　　流行而已，能識此造化流行，乘之而盡，雖是盡，但亦是無
　　　盡也。

5.6、 盡而無盡，此是天命，既已如之，則生命確然無疑。生命的
　　　確定性是建立在這樣的整全與有限的對比上，由此對比而歸
　　　於渾融，這樣的生命才歸返到生命的原鄉，這樣的生命才是
　　　一自由的生命。

〔附錄甲〕爲臺灣政壇現狀改陶淵明〈歸去來辭〉

案：最近臺灣政治市場，此起彼落，熱鬧異常，然一言以蔽之，不
外「利」之追逐與「力」之較勁而已。觀乎此，頗有感觸，想及陶
淵明之不爲五斗米折腰，而賦〈歸去來辭〉以見其志，愈覺其不可
多得也。夜半再讀斯篇，感之甚深，因戲改其文，以爲諷諫焉！

　　　歸去來兮！田園已蕪胡不歸？既自以心爲形役，奚惆悵而獨悲？
悟已往之不諫，知來者之不可追；實迷途其已遠，覺今昨俱已非。
　　　舟搖搖以劇颺，風飄飄而摟腰。問今上以前路，恨太皇之熹微。
乃瞻宙宇，載悲載戚。楚伯相迎，許子候門。三徑就荒，松菊不存。
攜幼入室，有酒盈樽。引壺觴求共酌，眄庭柯阻衰顏；倚南窗以寄

望，審容膝之難安。園日涉難成趣，門雖設而不關。策扶老以流憩，時矯首而遐觀。雲有心以出岫，鳥願飛而折還。景翳翳以將入，撫黨國而盤桓。

歸去來兮！請厚交以廣游。世與我何相遺，復駕言兮更求？悲老父之眞話，參禪七難消憂。鄰人告余以多至，將有事於黨國。或命巾車，或棹孤舟，既窈窕難尋壑，祇崎嶇而經丘。木欣欣以向榮，泉涓涓而始流。羨萬物之得時，感吾生令行休。

噫戲乎！寓形宇內尙多時，胡可委心任去留！如此遑遑竟何之？富貴固所願，眼神不可期。懷良才雖欲往，竟植杖而耘耔。登東皋難舒嘯，臨濁流而欲哭。苟乘化以歸盡，問夫天命最可疑。

〔附錄乙〕爲臺灣政壇現狀改陶淵明〈歸去來辭〉與原〈歸去來辭〉文字對照

〔原文〕歸去來兮！田園將蕪胡不歸？既自以心爲形役，奚惆悵而獨悲？悟已往之不諫，知來者之可追；實迷途其未遠，覺今是而昨非。

〔改文〕歸去來兮！田園已蕪胡不歸？既自以心爲形役，奚惆悵而獨悲？悟已往之不諫，知來者之不可追；實迷途其已遠，覺今昨俱已非。

〔原文〕舟搖搖以輕颺，風飄飄而吹衣。問征夫以前路，恨晨光之熹微。乃瞻衡宇，載欣載奔。童僕歡迎，稚子候門。三徑就荒，

松菊猶存。攜幼入室，有酒盈樽。引壺觴以自酌，眄庭柯以怡顏；倚南窗以寄傲，審容膝之易安。園日涉以成趣，門雖設而常關。策扶老以流憩，時矯首而遐觀。雲無心以出岫，鳥倦飛而知還。景翳翳以將入，撫孤松而盤桓。

〔改文〕舟搖搖以劇颻，風飄飄而摟腰。問今上以前路，恨太皇之熹微。乃瞻宇宇，載悲載戚。楚伯相迎，許子候門。三徑就荒，松菊不存。攜幼入室，有酒盈樽。引壺觴求共酌，眄庭柯阻衰顏；倚南窗以寄望，審容膝之難安。園日涉難成趣，門雖設而不關。策扶老以流憩，時矯首而遐觀。雲有心以出岫，鳥願飛而折還。景翳翳以將入，撫黨國而盤桓。

〔原文〕歸去來兮！請息交以絕游。世與我而相遺，復駕言兮焉求？悅親戚之情話，樂琴書以消憂。鄰人告余以春及，將有事於西疇。或命巾車，或棹孤舟，既窈窕以尋壑，亦崎嶇而經丘。木欣欣以向榮，泉涓涓而始流。羨萬物之得時，感吾生之行休。

〔改文〕歸去來兮！請厚交以廣游。世與我何相遺，復駕言兮更求？悲老父之真話，參禪七難消憂。鄰人告余以冬至，將有事於黨國。或命巾車，或棹孤舟，既窈窕難尋壑，祇崎嶇而經丘。木欣欣以向榮，泉涓涓而始流。羨萬物之得時，感吾生之行休。

〔原文〕已矣乎！寓形宇內復幾時，曷不委心任去留！胡為遑遑欲何之？富貴非吾願，帝鄉不可期。懷良晨以孤往，或植杖而耘

籽；登東皋以舒嘯，臨清流而賦詩。聊乘化以歸盡，樂夫天命復奚疑？

　　〔改文〕噫戲乎！寓形宇內尚多時，胡可委心任去留！如此遑遑竟何之？富貴固所願，眼神不可期。懷良才雖欲往，竟植杖而耘籽。登東皋難舒嘯，臨濁流而欲哭。苟乘化以歸盡，問夫天命最可疑。

第十一章　實踐的異化及其復歸之可能

——環繞臺灣當前處境對新儒家實踐問題的理解與檢討

本章提要

　　本章旨在經由臺灣當前處境的總體理解，檢討在雙重主奴意識下所造成的實踐異化；並對這異化狀態下的批判意識進一步的釐清與再批判，尤其集中在新儒家哲學所涵之實踐問題展開檢討。

　　首先，經由文化哲學的深層理解，指出臺灣地區仍然深陷雙重的主奴意識之中，缺乏文化主體性。再者，回溯中國宋明理學之傳統，做深層的宗教社會學式的反思，何以「程朱學」會落入「以理殺人」，何以「陸王學」會「情識而肆，虛玄而蕩」，對新儒學之實踐的異化展開哲學的詮釋。之後，對當代新儒家哲學

的特色展開了一番敘述，並以熊十力與牟宗三為例示，
對其哲學落實於人間所可能導致的異化做了深層詮
釋。最後，則預示著由牟宗三「兩層存有論」、熊十力
的「體用哲學」，而上溯於王船山「乾坤並建」的可能
發展。

關鍵字詞：程朱、陸王、儒學、以理殺人、情識而肆、牟
宗三、熊十力、王夫之

一、問題的提出

當代新儒家之問題核心點，可說就在所謂的「實踐」一詞上頭，
但這裡所謂之「實踐」並非一般所謂的「社會實踐」，亦非一般所
謂的「日常實踐」。當然儒家所謂的實踐實亦不離社會實踐或日常
實踐，但並不即是社會實踐或日常實踐。換言之，我們並不能通過
一般所謂的「日常實踐」或「社會實踐」來規定儒家的實踐義，因
儒家的實踐義，實有過於此者，而這正是本文所想要處理的論題所
在。

做了以上這樣的表述之後，或許大家心裏第一個問題是，當代
新儒家這些年來，在知識界常被指為缺乏實踐力，筆者如何能夠說
「當代新儒家之問題核心點，即在所謂的『實踐』一詞上頭」呢？
筆者會不會只是自說自話呢？其實，筆者想連帶一提的是，當前臺
灣知識界所謂的「實踐力」一詞，不但眾說紛紜，而且已成了一個
意識型態極重的字眼（臺灣當前的文化界及知識界充滿了意識型態的困局，

（頗難突破），它常常被用來作爲排斥異己的棍子。而這樣的文化生態是值得檢討的。我們所應從事的除了就新儒家的理論去檢討以外，我們更應做的是去檢討何以一個素來標榜「實踐」的儒家，而現今竟被指爲缺乏實踐力，現今知識界所熱衷的「實踐」又是什麼樣意思下的實踐，這些繁難的問題都是我們所要處理的。

顯然的，「實踐」並不是由「理論」或「知識」所導生出來的，尤其作爲中國文化主流的儒家一向是以所謂的「實踐」作爲其哲學的首出地位的。正因這樣的理由，我們更須從一實際的角度來處理這個問題。換言之，筆者在處理這個論題時，所採取的方法論角度即是以「實踐」（或實際）爲優先的，筆者相信任何關係到人的理論一定不能脫去人的實際因素，因此，在檢討關係到人的理論時，必須以人廣大的生活世界，及複雜的歷史社會總體爲背景去思考，這樣才不會閉門造車，自說自話。

本文想通過一宏觀的方式，先就臺灣當前的處境，指出其所隱含的「雙重主奴意識」，做出哲學的解析，並進一步豁顯當代新儒家所必須面對的問題。這樣的作法爲的是要去清理出臺灣當前的認識論的情境基礎或背景，筆者以爲這一步工夫是極爲必要的。筆者以爲類似這樣的工作，一方面是一詮釋與理解，但另一方面，則又是一文化的治療或者說是一意義的治療，其實，理解、詮釋及治療本就關連爲一的。我們一旦清理出了所謂的「雙重的主奴意識」，便可更進一步檢討在這「雙重主奴意識」之下的批判是一個什麼樣的批判，其實，我們可以極清楚的發現，臺灣當前的批判意識激進者多，而基切者少。做爲儒家繼承者的當代新儒家對於這樣的問題似乎關切不深，這是令人遺憾的。筆者以爲這與其學問的淵源有密

切的關係。因此，筆者擬對當代新儒家的思想淵源——宋明理學，做出哲學的解析，指出程朱學如何會落到「以理殺人」的地步，而「陸王學」又如何會落到虛玄而蕩，情識而肆的地步。筆者的處理方式不同於前賢者，在於筆者將之擺置在歷史社會總體的情境之下來思考這個問題，筆者以爲宋明儒學非僅爲一修身之學而已，它更宜作爲一社會哲學來加以考察。做了以上這些清理之後，筆者擬進一步的以當代新儒家的熊十力及牟宗三兩位先生做爲一個例示，指出其哲學所強調的「實踐義」涵究有何特色，又有何進於宋明儒學的地方，其限制又何在。當然，筆者的處理方法仍然是深具歷史哲學及社會哲學意義的。在處理的過程中，筆者想藉此指出，熊、牟二先生有何異同，進而指向一新的儒學之可能。

二、雙重主奴意識、實踐的異化——臺灣當前文化的困境

在談及「實踐力」的問題時，當代新儒家常被指爲「泛道德主義」，這樣的指責雖非空穴來風，但並不見得就道地❶。誠如大家

---

❶ 指當代新儒家爲「泛道德主義者」甚多，以林毓生爲代表的自由主義者常做此說，林氏甚至在「當代新儒家與中國現代化」的座談會上，指責唐君毅先生缺乏批判精神，對於中國文化的理解太一廂情願。林氏又咬文嚼字的對於牟宗三先生所提「中國有治道的民主，而沒有一政道的民主」提出強烈的批評，其實林氏誤解了牟氏的見解而滋生不必要的枝節，以林先生平日治學之謹嚴，竟犯此病，此亦可見當代新儒家所受待遇不公平之一斑。此不公平，當代新儒家亦復不能有所憾恨也，因此乃中國民族之共業，傳

所知，儒家自古以來即以「道德實踐」作為首出，但所謂的「道德實踐」並不只是為日常規條所限的道德實踐，它是要通及於宇宙萬物的，它終其極是要要求「與天地合其德，與日月合其明，與四時合其序，與鬼神合其吉凶」的，它是要達到「萬物皆備於我」境地的，要達到「上下與天地同流」理想的❷。事實上，中國人所謂的「道德」，不管是孔子之強調的道德，如所謂的「志於道，據於德」，或老子所謂的「失道而後德」、「人法地、地法天、天法道、道法自然」及「善不善之謂德善」、「上德不德是以有德」❸，都顯示了所謂的「道德」乃是在廣大的生活世界之中，即事言理，當下體證，一方面證之以體，另方面則又以體證之，通極於道，渾融為一體這樣的實踐義❹。

　　然則，歷史上果真有一極為僵化的「泛道德主義」的出現，這是一不爭的事實，這又該當做如何的解釋呢？當代新儒家的「道德理想主義」如何與「泛道德主義」區分開來，這的確是一極為迫切的事情。更須一提的是，這個區分不能只是理論內部區分的事情，而且它更是一思想史的實際事件。筆者所想問的是，在一個什麼樣

統主義者必當擔代也，不可怨、不可悔，只能馨香禱之，調適而上遂之，不使惡化可也。所說林氏之言，載於《中國論壇》第十五卷第一期（總號：169），一九八二年十月十日出版。

❷　以上引言，出自《易經傳》及《孟子》。

❸　以上引言見《論語》及《道德經》。

❹　關於「證之以體、以體證之」，這隱含一極為完整的「本體的詮釋學」與「本體的實踐學」，見林安梧〈象山心學義理規模下的本體詮釋學〉，《東方宗教研究》第一期，一九八七年九月，頁169-187，臺北。又〈王陽明的本體詮釋學〉，《陽明學學術討論會論文集》，一九八八年十一月，臺北。

的氛圍之下，使得大家一理解到所謂的「道德」便認爲是那樣子狹義的道德，一想起道德的理想便說那是「泛道德主義」。這絕對不只是一理論的問題而已，它更根本的是一文化生態的問題。當大家極力的在撻伐當代新儒家缺乏實踐力時，我倒想從另外一個角度來審思，什麼樣叫做「實踐力」？是一個什麼樣的文化生態，使得當代新儒家所強調的「實踐性」不爲人所重視？或者是一個什麼樣的文化生態，使得當代新儒家喪失了所謂的「實踐力」？

　　關於這樣的問題，筆者曾在〈臺灣——邁向世界史〉題綱中，沉痛的指出這是由於內外交逼而形成一「雙重的主奴意識」的嚴重問題❺。現且簡述如下：

　　　貳、洞察世界史的契機，摔脫雙重的主奴意識是臺灣當前的
　　　首要課題。惟有克服了主奴意識才可見其自身才得受記於上
　　　蒼（上帝）❻。

　　貳、一、第一重主奴意識是歐陸及美洲的世界史中心支配所成之意識形態。籠統的說是一外力性的主奴意識。

　　貳、二、第二重主奴意識則是長久以來中國獨統說的母體嚮往

---

❺　關於「主奴意識」一詞，緣自黑格爾《精神現象學》，此處只是借用，或
　　有取於黑格爾處，但不必其同也，讀者或依脈絡理解可知。又〈臺灣——
　　邁向世界史〉一文寫於一九八九年四月，爲未發表之手稿。

❻　這裡所說的「雙重主奴意識」並不是危言聳聽，現前臺灣的知識分子卻不
　　太有此感受，而這正可說明此「雙重主奴意識」已內化深化於一般人的心
　　靈之中，這是極堪注意之事。「臺灣」仍然處在文化殖民地、思想殖民地、
　　及哲學殖民地的情況之下，這是不容否認的事實。

及父權宰制所成之意識形態。籠統說是內力性的主奴意識。

貳、一一、外力性的主奴意識長久以來使得臺灣（及中國大陸）的文化心靈意識結構產生一個極為嚴重的後果。這個後果是伴隨著社會、經濟、風俗等一齊展開的。

貳、一二、最為嚴重的是我們只是做為一個接受體，我們是一個乞食者，我們竟喪失了創造力及生產力❼。

貳、一三、更具體的說，由於我們喪失了真正思想或哲學的創造力及生產力，於是我們並未能真正去操作所謂的概念。因為概念不只是個工具，它是一個由我們生命之反思而得的東西，這個反思是用來說明自己身分的。正因如此，許多人以為概念只是工具，如此看法顯然是將概念與我們的生命疏離了。

---

❼　「貳、一二」所謂「我們祇是作為一個接受體，我們是一個乞食者，我們竟喪失了創造力及生產力」。這一方面與臺灣的歷史情境密切相關，另一方面則是大家對此歷史情境的理解不夠，或者說大家缺乏真正的歷史所致。臺灣長久以來，一直沒有建立起自己的身分，沒有自己認同之主體，因為它起先是政治上的化外之地，島夷海寇居之，後是荷蘭的殖民地，而後又作為明鄭所據之一隅，終為清之版圖，仍屬邊陲；又於甲午戰後，割讓日本，達五十一年之久；一九四五年至今則為國民政府所在。明顯的，長期以來的歷史經驗，使得它淪落為「亞細亞的孤兒」。但奇詭的是，這個長久以來淪為「亞細亞的孤兒」、作為「中國文化的棄兒」的臺灣，竟必須擔負起中國文化的責任，亦必須擔負起世界史的責任。這正如同中國歷史上的「周」，其始祖「棄」之為棄兒，卻必須擔負起中國歷史之關鍵性的起點之任務。不過，現前的臺灣仍處於一個接受體及乞食者的境域，這是任何有識者所不願、所不忍的。這不願、不忍正是迴返主體性及同一性的動力。這樣的不願及不忍剛好吻合了世界史新的契機，因而它有了新的可能。

貳、一四、一個與概念疏離的生命是不可能進到理念階段的。它只能以一種極為粗淺而浮面的感性方式存活於乞食及接受，它不可能具有生產力及創造力。

貳、一五、只有理論而沒有生命之實感，正如同一棵無水可灌溉而枯死的樹苗❽。

貳、一六、沒有進到理念的境地，那種生命的現實仍然只是無明風動的感性。這時所謂的哲學應是一種「懷疑」與「虛無」。臺灣的哲學界似乎能免於這種懷疑與虛無，但是因為他們被一種學院的圍牆包裹著，學院的圍牆包裹著黨派的利益。在黨派的利益下大家啃噬著知識的死屍，卻津津有味的宣稱著它的芳香，一個連芳香與死屍都能關連起來的哲學，那是比懷疑及虛無還惡劣的哲學因為懷疑及虛無雖無生產力卻有流產力，而這正是邁向重新懷孕的可

---

❽　「貳、一三」所強調的「概念不祇是個工具」，這樣的提法是值得注意的。「概念不祇是個工具」，但概念卻有作為工具身分這個層次者。臺灣當前學界極大多數人將概念與生命疏離開來，而將之視為工具，也因如此而引起另一個對立面——強調當該追求生命的直接感通，而此勢必得拋棄概念之言說，而代之以日常之語言。事實上，「概念工具論」及「生命直契說」是作為對立面的兩端這樣的一對「孿生兄弟」，都可見臺灣地區哲學、思想或人文的貧困。因為這種貧困狀況，使得那些作為「理念層次」的言說系統變得抽象而空洞，再加上「政治性的言說系統」之宰制，使得「理念層次」的言說系統其抽象化、空洞化益形嚴重。「概念層次的言說系統」原是作為日常生活之感取系統及「理念層次」的言說系統之中間的溝通者及調適者，這層次一旦被工具化則使得「理念層次」的言說系統抽象化、空洞化，使得「日常生活之感取系統」變得粗俗化、俚野化。此即所謂的「教條式的空洞理念」及「現實上無明風動的感性」之一體兩面，同時具現。這種具現情形俯拾皆是，如廟會時，於神明前大演脫衣舞，正是一斑。

能。至於我現在所說的這種，那是胎死腹中，可憐！或者根本是不孕症。在外力性的強暴摧殘之下，它變成不孕的婦人。竟然它宣稱懷孕是上帝對人的責罰，唯有不孕才能不停的的作愛。值得注意的是，一個被強暴多次的純潔少女是可能變成不自覺之淫婦的，這是一件極為悲哀的事情，思之慟心❾！

---

❾ 「貳、一六」所言或嫌過激，但卻屬實情。事實上，臺灣當前的哲學研究，要不停留在「文獻」的耙梳上，便是簡介，而且極大部分是趕西方的時髦，祇是作為整個世界體系的邊陲之應聲蟲而已，甚至連應聲蟲的角色都扮演不起。大體說來，人文、思想、及哲學的研究約有三個層次，一是「收屍者」，二是「收養者」，三是「生育者」。「收屍者」是將之視為死的研究對象，加以整治、清洗、粉飾一番，而後置入一棺材之中，然後領取收屍及整治的費用。「收養者」則比「收屍者」高明的多，他雖無懷孕、生產的可能，但卻具有養育的能力，因而可以認養別人所生產的小孩。問題是收養的工作極為艱辛，不易完成。無堅強之忍受能力，勢必棄養，由於棄養，徒增更多未成年的死屍。這即便是所謂的「知識的嬰靈現象」。再說之所以棄養還有一個更重要的原因，那是因為臺灣的學界之中，有些人雖能免於「收屍者」而進於「收養者」，但他將其所收養的視之為「小寵物」，過了一段時間小寵物便夭折了，這時祇好收養新的「小寵物」。在臺灣，思想的生育者極少，縱或有之，亦被學術界視為異端。

在一個長久沒有人懷孕及生育的國度裡，一旦有人懷孕應是可喜可賀，但卻易遭來白眼，甚至被視為怪物；因為思想之不孕一旦成為學院的共識，並經由此共識而建立起一套宰制性的規範，任何有懷孕跡象皆可能被強迫作「思想墮胎」，於是在這樣的「人工流產」下，製造了更多「早產的死屍」。

事實上，思想的「生育者」、「收養者」、及「收屍者」這三個階層都極為重要，但問題是所謂的「收屍者」要界定在於清理、釐清這個工作上，而「收養者」要界定在於思想的傳宗接代上，至於「生育者」之界定在為了思想的返本開新，勇猛突進上。在一個沒有生育者或生育者太少的思想國度裡，必然會產生主體性及同一性危機的；而長期以來，習於「收養者」之角色，勢必喪失了「生育之能力」；長期以來習於「收屍者」的工作，勢必誤以為死屍之芳香，而且誤以為死屍是活物。

臺灣的思想界之無懷孕及生產之可能乃肇因於外力性的強暴摧殘所致，但

貳、二一、「內力性的主奴意識」是由中國傳統的父權意識之高壓與崇高，暨母體嚮往之溫婉與潤澤，錯雜交結而成的。前者為陽，後者為陰；這一陰一陽造就了臺灣地區那種「內力性的主奴意識」。

貳、二二、父權意識，家長制的高壓與壟斷及其所伴隨之道德崇高，造就了一個「擬上帝的宰制型倫理」，它深入到每一個人的生命之中，成為迫壓他人及被迫壓的奇怪組合。這樣的心靈意識結構一直在「主奴意識」的格局中擺盪。

貳、二三、這個表現就其具體的來說，它表現在所謂的文化道統。文化道統、父權意識家長制的高壓壟斷雖然有別，但卻一直伴隨而生，如影隨形。它形成一股軌約性的力量，是理性之抽象的表現。

貳、二四、一個理性之抽象表現這樣的軌約性力量所成之文化道統，它是會要求落實的。它要求落實而事實上卻又不能落實。則它便變逐漸形成一個空的殼子，喪失了靈魂，它一直沒有辦法成為一理性之具體的表現。

貳、二五、這時文化道統的殼架不但無益，反而形成進步的障

這又是不可避免的。不過歷史的契機似乎已將之帶到一新的轉捩點，祇望那轉捩點的到臨。

「方法上的懷疑」及「本體上的虛無」乃是揚棄既往以來「黨派利益」圍牆的強大動力，它的根本動源則來自於少數的秀異分子及廣大的民間社會所支持的力量。這可能是一漸進的思想體制內改革，是由「黨派利益」蛻落下來，而突顯一「黨派性」，由於黨派性而有真實的鬥爭與辨證。儘管由此蛻落下來而突顯的黨派性仍祇是消極性的，其展開的鬥爭與辨證否定性的居多，肯定性居少。但這種「否定性的辨證」卻足以激濁揚清，而使得哲學的概念性反思活轉過來。

礙。正因如此，大家急得去鏟除它，但這樣的鏟除是連其重生的可能性也不計了。它勢必面臨更嚴重的代價。

貳、二六、文化道統之衰頹與死亡，則父權意識之家長制便維繫不住了。軌約性的原則破壞了，連抽象的理性都瓦解了。人退回了感性之階段，而此感性仍是抽象的感性，一切在沒有定準之中，這便是所謂的解構。

貳、二七、臺灣當前的解構，雖可以含有未來的生機與嚮往，但卻是極爲渺茫而難堪的。是令人憂心的，但這又是無可避免的。

貳、二八、對於母體之溫婉與潤澤之嚮往最明顯的表現是土地意識，土地是母體的象徵；土地是孕育主體意識之母，而文化是孕育主體意識之父。

貳、二九、文化道統這主體意識之父一旦漸形解構與瓦解，則主體意識其理性之軌約性原則亦定然瓦解無存，此時唯剩下一土地意識這樣的母體，而且這母體又不是具體而落實的母體，而是一漂洋過海，位乎彼岸的母體，這樣的母體乃是一抽象而掛空的母體。

貳、三十、儘管它是抽象而掛空的母體，但它仍然散發著一股迷人的魅力（雖然這股魅力是若有若無的），彼之所以這樣有魅力，乃因爲任何一個族群都有這個須求，居住臺灣這塊土地上的族群，長久以來就忽視了自己所居所處這塊母土，這便使得臺灣長久以來陷入一母體之實體化所蘊含的主體意識的困結之中。

貳、三一、主奴意識是由潛隱而逐漸表現以成的。這個過程正與國民政府之逐一、漸喪失對於中國大陸之主導權而浮升上來。起先是對於大陸之主導權由實質的狀態，退返回抽象的狀態，最後其所堅持的東西也逐漸瓦解了。

貳、三二、在這種瓦解狀態之下，便有所謂的極端的臺灣本土意識之崛起。這個崛起代表另一個感性的「母體意識」的召喚。這個召喚一方面更徹底的摧毀了原先那種抽象的理性所成的軌約性原則。

貳、三三、面對這種「感性的母體意識」，亟待一具有新的軌約性的理性原則之父「性意識」的來臨。但這裡的「父性意識」不是原先家長制的宰制性意識，而是一種哲學的反思所成的自主自宰之意識。這指向一新的文化之建立。

貳、三四、新文化的建立並不意味著不要中國文化，而是要吸收各種文化（當然中國文化是一最為重要的資源）而締造之。

貳、三五、凡是拒斥中國文化，以為中國文化便是大陸之母體者，這是因為彼等仍停留在抽象的感性階段，無法了解文化之為文化蓋有其具體之普遍故也。持如此之態度者，頂多只能是歷史階段之工具，而不能建立其主體的身分來參與歷史。

「外力性的主奴意識」與「內力性的主奴意識」所交織而成的糾結，使得當代新儒家原先所強調的「實踐力」根本無法推展開來，更且在這「雙重的主奴意識」之下，使得原先所謂的「實踐力」異化成一個「它在」，而成為吞噬其自身的東西。也就是說，原先儒家所強調的「實踐力」不但無法表現出來，而且這「實踐力」成為一個用來被指責的東西，它以一種盲爽發狂的方式表現出來，並且大勢的指責儒家沒有實踐力。或者亦可以說，儒家在這樣的情境之下，根本表現不出所謂的「實踐力」。這正如同孔子、孟子生在春秋、戰國時代，亦無法表現出現實的「實踐力」。或者說他們的「實踐力」之表現亦很難得到當世人的信可。

　　不過，話說回來，當代新儒家關於「實踐力」的問題果眞都無可議嗎？此又不然，其可議處尚多。只不過，必須通過這裡所謂「雙重的主奴意識」的疏清之後，我們才能免於人云亦云式的檢討。其實，當前涉及所謂的「實踐力」的問題，最重要的是去疏清這雙重的主奴意識，這樣的疏清活動便是一最爲重要的實踐活動。當前，批判新儒家的各個流派，大部分都落在這「雙重的主奴意識」中打轉，它們出主入奴的去批判當代的新儒家；即使是當代新儒家實亦不能免於這「雙重主奴意識」的限制，雖欲突破而不可得。當代新儒家既對於所謂的「雙重主奴意識」覺察不足，不能予以批判，甚至困在此氛圍之中，就此而言，顯然可以批評它是缺乏「實踐力」，或者說其「實踐力」不足。

三、實踐的異化下的批判意識

　　臺灣這數十年來的知識分子一直陷溺在「雙重的主奴意識」之中，當他們一涉及到學問的討論時，更充分的顯示出這種狀態。無疑的，臺灣當前的知識界，看似熱鬧，實則喧囂而已。就他們之勇於「批判」，往往只是做爲其所批判的對象之對立面而已。爲了更清楚的說明這個現象，茲再衍述上面所引的題綱之「貳、一三」，以做進一步的討論：更具體的說，由於我們喪失了眞正思想或哲學的創造力及生產力，於是我們並未能眞正去操作所謂的概念。因爲概念不只是個工具，它是一個由我們生命之反思而得的東西，這個反思是用來說明自己身分的。正因如此，許多人以爲概念只是工具，如此看法顯然是將概念與我們的生命疏離了。

　　當然就概念的操作而言，固有其工具的一面，但概念絕不只是工具，概念是一個由我們生命之反思而得的東西，而且這個反思同時是用來說明自己的身分的。由於困在「雙重的主奴意識」之中，使得整個文化匱乏，思考貧弱，因而出主入奴的以為有一所謂的「純客觀」的「概念」（或範疇）做為思考的工具，只要依循著這些工具便能獲致所謂的「真理」。當人們由於文化匱乏，思考貧弱，使得人們不能理解到在現實社會的複雜總體之下，進行所謂的批判活動，根本不能擺脫霸權與宰制的力量，尤其在從事一項偉大的霸權與宰制力量之革命與瓦解的活動時，極可能是以暴易暴地代之以更可懼的霸權與宰制，只不過因為生命的虛弱，極度須要依靠，便以一種投靠的方式，虔誠的膜拜它，並用這樣的方式來裝扮自己的偉大與正義。我們可以深思從五四以來，所謂的「批判」有多少能免於此者。難道這樣的批判才有所謂的「實踐力」，這樣的「實踐力」又將中國推向了那裡呢？

　　事實上，臺灣當前所常聽到的「批判」（尤其是理論上的批判），往往都站在一超然的（其實骨子裡是漠然）、不相干的立場上，來從事相干的批判活動。他們往往忽略了具體而活生生的生活世界，他們喪失了由整個歷史社會總體來做反思的能力，他們當然很難由此去締構一理論，再回來對這具體而活生生的生活世界及歷史社會總體展開理解、詮釋與批判，頂多他們只能借用既成的理論來從事罷了。比如說，阿圖色（L. Althusser）以其所謂的「多元結構決定之總體性」這一反目的性的概念，來反對黑格爾（G.W.F. Hegel）「唯心主義本質論」的表現總體性這樣的「歷史目的論」，當然有其極為複雜的"horizon"；並不是說阿圖色就已經超出了黑格爾，就能

取代黑格爾，黑格爾就是歪理，而阿圖色就是眞理的化身❿。事實上，人文世界的思想尤其是具有批判性或實踐性的思維都是「因病而藥」罷了，我們不了解眞正的病徵，只看人家怎麼服藥就猛跟著服藥，這不但不能作到「因病而藥」，反而由於任意投藥，造成「因藥而病」，結果是「舊病未去，新病復來」，舊病新病交侵的情況之下，文化焉得不匱乏，思考焉得不愈爲貧弱呢？其實，只要稍知黑格爾者就知道黑格爾的辯證法乃是對於整個歷史社會總體及廣大生活世界的反思所作出理論性的總結，它實不能以單純的、一元決定的、以爲一切事物的發展是一個單純的矛盾自始至終地、目的論地決定著這樣的方式去理解它。當然，阿圖色之所以這樣批評黑格爾，亦不是毫無道理，而是因爲他所存在的處境（包括其生活世界與歷史社會總體）下的黑格爾是這樣的黑格爾，並不是說黑格爾就只是這樣⓫。這正如同清代中葉的戴東原批評程朱之學「以理殺人」，這並不意味著程朱之學眞的「以理殺人」，而是說在戴氏所處的處境之下，程朱之學所強調「超越的形式性原理」異化成一迫壓宰制的力量，須得瓦解，才能復顯生機。再說戴震的做法是否眞能達到其目的，本已難說，又那裡可以直以爲程朱之學就是「以理殺人」

---

❿　陳忠信先生於所著〈新儒家”民主開出論”的檢討〉一文即主此說。（見《臺灣社會研究季刊》第一卷第四期，一九八八年冬季號）。陳文刊出後，路況、李明輝、蔣年豐諸先生紛與回應及評論。

⓫　關於黑格爾究竟有否多元的結構性，爭議頗多，如 Paul Ricouer 在所著《Lectures on Ideology and Utopia》中即主有多元的結構性，E. P. Thompson 於〈The Poverty of Theory〉一文中亦有所論略，對於阿圖色（L. Althusser）亦多所批評。

之學呢⑫？

　　本來，任何一個思想都必須是在一人己、物我的互動過程中，才得貞定，不同的人己、物我的互動過程，形成一不同的存在處境、與不同的理解背景，因而使得人們對於某個思想有著不同的理解，或者說，這時候，所散發出來的思想觀念便有所差異。在一個實踐的異化之存在處境下，當然會有一異化的理解，基於這樣異化的理解，隨之而來的批判當然不可能平情而論，但這並不意味著這樣的批判毫無意義。因為任何的實踐都隱涵著一個要求自由的特質，即使是一個異化下的批判活動，它仍然有著克服異化的可能。但更為重要的問題是，我們如何去善遂這個可能，因為吾人如果沒有去善遂這個可能，那麼，他不但只停留在抽象狀態，而且會再異化成另一物，如此物交物引之而已矣！在一往不復的情況之下，這樣的實踐異化下的批判，不但沒有達到批判的功能，反而增長了異化。臺灣當前的批判意識，之所以「扶得東來西又倒」，其根本的病源在此。

　　至於如何善遂當前的批判活動，克服異化，這是一極為艱難而有趣的論題，頗值吾人更進一步申論之。筆者以為善遂當前的批判

---

⑫　茲引戴震所言一段，可以明之。如下：「尊者以理責卑，長者以理責幼，貴者以理責賤，雖失謂之順。卑者、幼者、賤者以理爭之，雖得謂之逆。於是下之人不能以天下之同情，天下之同欲而達之於上。上以理責其下，而在下之罪，人人不勝指數。人死於法，猶有憐之者，死於理，其誰憐之。」（《孟子字義疏證》）筆者於〈近現代哲學之思想義涵及其啟蒙曙光〉一文中曾論及此，見《中國哲學家與哲學專題》下冊，頁289-290。國立空中大學印行，一九八九年九月。

活動，最爲重要的是經由一種後設的反思，對所謂的批判做一同情的理解，搞清楚其批判之爲批判是一個什麼樣的批判，如此「因而通之，皆可以造乎其道」，這才是善遂之途❶。譬如當前許多自許爲前進的知識分子，常將儒家文化傳統視爲與宰制性的威權體制是同一個東西，又常將儒家文化傳統等同於父權專制、男性沙文主義，再者也有將國民黨的威權體制與上述種種統統等同起來的。從知識論的角度來說，明顯的，這是犯了範疇誤置的謬誤；但值得注意的是，我們並不能只是指出它犯了範疇誤置的謬誤就能了事的，我們應去注意這樣的範疇誤置的謬誤是如何形成的。在一個什麼樣的歷史社會總體及存在處境之下，會使得我們在思考的時候，誤置了範疇，或者說：是什麼樣的因素使得範疇產生了一滑轉與異化，因而使得我們作出這樣的理解。關於這樣的調適而上遂之的恰當理解，筆者以爲中國哲學中的「道家」傳統，充滿了豐富的資源，這是值得我們注意的，於此暫略不論。

如上所述，我們一旦清楚的瞭解臺灣當前的文化處境，難以逃脫出「雙重的主奴意識」，因而其所造成實踐之異化的情形頗爲嚴重。在這樣嚴重的實踐異化情形下，所謂的批判自難免倚輕倚重，作爲對立面的兩端，像蹺蹺板一樣，此起彼落，看似熱鬧，實則喧囂。消極的看來，這樣的文化生態使得臺灣很難長出自己文化的根芽來，但積極的看來，在這繁雜難理的文化總體之下，未始不可能逼顯出一辯證性的思維來，發展出一新的方法論，作出融通淘汰的

---

❶　王夫之《莊子通》序言中，曾述及「因而通之，皆可以造乎君子之道」，筆者於此稍變造此言。又王夫之的「歷史詮釋學」對此有甚大之啓發作用，請參見林安梧〈王船山的歷史詮釋學〉，《晚明思潮與社會運動研討會論文集》，頁221-255。一九八七年十二月，淡江大學出版。

貢獻。爲了將討論的焦點逐漸引至當代新儒家論題上來討論，下節我們將通過一歷史的追溯，對於當代新儒家的思想源頭——宋明理學，尤其對於程朱之被指爲「以理殺人」，陸王之被指爲「情肆而熾、虛玄而蕩」作一哲學的內在解析。筆者想經由這樣的方式，逐漸豁顯當代新儒家的問題所在。

四、宋明新儒家實踐之異化的哲學解析——程朱：以理殺人！？陸王：情識而肆！？虛玄而蕩！？

當代新儒家就其歷史因緣，無疑的是繼承著宋明儒學的陸王之路，他所強調的是「人與宇宙的內在同一性」。再以此「內在的同一性」作爲思考的起點，來架設其哲學的理緒。當然，所保障其同一性的方式亦是援引著陸王學派的理解而來，他們都強調經由一實踐的方式，便可以進到此「內在的同一性」之中，或者更直接的說，是因爲此「內在的同一性」保證了「實踐的工夫」可以使道因之而開顯出來；所謂的「道」，正指得是這個「人與宇宙的內在同一性」❹。

在這裡，我們發現了「人與宇宙內在的同一性」、「實踐的工夫」兩者有一互動及循環的關聯。「人與宇宙內在的同一性」就「體」上而言是優先的，但若就「用」上而言，則「實踐的工夫」是優先的。體用兩者迴環而相生，所謂「即體而言，用在體；即用而言，

---

❹ 此節所論，請參閱林安梧〈當代新儒家的實踐問題〉（演講記錄），載於《鵝湖月刊》第十五卷第十一期（總號：179），一九九〇年五月，臺北。

體在用」即指此而言。

　　值得注意的是，這裡所謂的「實踐的工夫」特別指得是「道德實踐」，但「道德實踐」並不只是一狹義的日常的規範，亦不是一般的社會實踐，而是從日常的規範、社會的實踐，再轉而爲人己、物我、天人皆通極而爲一這樣的道德實踐。人己、物我、天人之皆通而爲一，此與中國文化型態之爲「連續的」（cqntinuity）有密切的關聯，相對而言，西洋文化型態之爲「斷裂的」（discontinuity）。此所涉甚廣，於此暫不論❻。

　　以陸王學派而言，所謂「人與宇宙內在的同一性」指的是主體與道體（實體）之通極爲一，所謂的「心即理」所指即爲此，所謂「此心即是天」亦指此而言。這樣的主體（性），我們可以名之曰：實體化的主體（性）；相應而言，這樣的道體，我們亦可因而名之曰：主體化的道體。

　　相對的，以程朱學派而言，所謂的「人與宇宙的內在同一性」是必須經由道德實踐修養的工夫才得契及的。相應於陸王之「心即理」，他們強調的是「性即理」；「心即理」是一「顯教的系統」，而「性即理」則是一「隱教的系統」。「性即理」指的是將「人與宇宙的內在同一性」視爲一「超越的形式性原則」。就其爲超越的，可以知其爲先於人的生活世界與整個歷史社會總體的，是一虛廓之體，故說是一「形式性的原則」，此「形式性的原則」必須掛搭於

---

❻　關於此杜維明、張光直先生皆有所論略，見張氏著《考古學專題六講》，稻鄉出版社，一九八八年，臺北。又請參見林安梧〈絕地天之通與巴別塔──中西宗教的一個對比切入點的展開〉，「東方宗教討論會第四屆論文發表會」，一九八九年九月，文刊於《鵝湖學誌》第四期，一九九〇年五月，臺北。

作爲「實質性原則」的氣上，才得開顯。或者，我們可以說，經由「實質性原則」氣上的磨練，才能使那「超越的形式性原則」由「隱」之「顯」，這「由隱之顯」的過程即是一道德實踐的過程。朱子所謂「涵養用敬，格物窮理」皆指此而言。如此看來，朱子所論，道德與知識乃有一辯證性藏於其中，彼不一定得歸約爲一橫攝的認知系統，因彼所謂的天理並非「但理（只是理）」而已。朱子應劃爲一「隱教的系統」即可，順此「隱教的系統」，我們可以因之而認識他是一「漸教系統」。「隱教」之爲「隱教」是就存有論的層次說，而「漸教」之爲「漸教」乃是就工夫論的層次說。相對而言，陸王一系則爲顯教（就存有論層次說），爲頓教（就工夫論層次說）⓰。

值得注意的是，「超越的形式性原則」，在理論上，應該先於廣大的生活世界及整個歷史社會總體；但弔詭的是，在實際上，它與被帝皇專制及以之爲核心所構造而成的絕對的宰制性原則渾同爲一。換言之，在中國傳統中，儒學實踐所強調的「天理」與帝皇專制下的「君意」及宗法封建下的「父意」有一極曖昧難理的關聯，此中隱含著「道的錯置」麻煩問題在，此暫略不論⓱。吾人若順此

⓰ 關於朱子的問題，請參閱林安梧〈知識與道德的辯證性結構——對朱子學的一些探討〉（見《思與言》第廿二卷第四期，一九八四年十一月）。筆者這裡以顯隱來論陽明與朱子，按：「心即理」此「顯教的系統」以陽明爲核心，而「性即理」此「隱教的系統」以朱子爲核心，介乎兩者之間的蕺山則爲「奧教系統」，船山則開啓一「終教系統」。

⓱ 「道的錯置」之問題是中國文化傳統的特異現象之一，牽連甚廣，筆者曾有〈論「道的錯置」：中國文化一個宰制類型的詮釋與理解〉之作「國際中西哲學比較會議論文發表會」論文，一九八九年八月，臺北，中央圖書館。唯此文只是一概括性的述作，若欲清楚論之，則必須提至一認識論的層次來處理，請俟之他日。

而想，便可以發現如戴震所批評的程朱學之「以理殺人」，民國初
年魯迅、吳虞等批評中國文化（尤其儒家）之為「吃人的禮教」置於
此脈絡中來理解，可知它們不是沒有理由的（同註⓬）。

　　相對於程朱之「強調超越的形式性原則」，陸王強調的是一「實
體化的主體」或「主體化的道體」。他們先肯定了「人與宇宙的內
在同一性」，以此「內在的同一性」作為道德實踐的起點，及作為
道德實踐的歸依。值得注意的是，陸王之為陸王，其所強調的「主
體化的道體」或是「實體化的主體」，這與程朱之為程朱，其所強
調的「超越的形式性原則」，構成一個互補的結構。程朱成就了一
超越的分解的形態，他可說是一批判學；而陸王則成就了一辯證的
綜合的形態，他可說是一辯證學。隱顯互補，頓漸相輔，不可失也。

　　「實體化的主體」或「主體化的道體」使得主體與道體直接地
通而為一，這是經由一「本體的詮釋學」及一「本體的實踐學」而
成就的活生生的生活世界，這樣的生活世界直是一鳶飛魚躍的太和
世界，它不涉及於雜多的塵世⓲。由「本體的詮釋學」及「本體的
實踐學」所成立的這套「道德的理想主義」，若依儒學的原義，他
之所要求的道德理想必然的要求其落實於人間世而實現之。換言
之，「道德的理想主義」不只是精神境界的要求，更且是社會實踐
的落實。但問題是，在帝皇專制及宗法封建的格局下，它必然的受
制於一「宰制性的政治連結」及一「血緣性的自然連結」，這時候，
原先所要求「人格性的道德連結」便異化成一工具性的存在。若以
程朱的理學而言，則異變為一迫壓人的存在，即前面所謂的「以理

⓲　關於本體實踐學與本體詮釋學，請參見同❹。

殺人」；若以陸王的理學原先所強調的「主體化的道體」及「實體化的主體」而言，則異變成一「虛玄而蕩，情肆而熾」的無根之學。

　　彼之所以「虛玄而蕩」乃因爲「主體之被實體化」（道體化），而使得主體被吞沒不見，因此那道體就只是一虛廓的存在，沒法得到主體的充實，這時候，便使得原先所強調的「社會實踐」徹底落空，而異化成一主體的修養境界，又此主體亦已是被「實體化的主體」，因而就人來說，這是一虛的主體，是一與物無對的主體，而此虛的主體又即是道體，即是「道之在其自己」，但畢竟這樣的道之在其自己是一未開展的在其自己的狀態，是停留在抽象的本質狀態。正因如此，彼所成就的「主體修養境界」與所謂的「道德實踐」不只是程度上有所不同，根本上是範疇的不同。換言之，這時所謂「主體的修養境界」已滑轉或者異變成隨波逐流的日常之休閒與玩眞成幻的虛玄而蕩。彼之所以「情肆而熾」乃因爲道體之被主體化，因而使得人們以爲主體即是道體；再如前所述之種種情形，使得主體亦被虛化而喪失了道德實踐的義涵，這時候，人們生命的激力便內乘於其中，隨著整個歷史社會總體的強度迫壓，人們的主體原是要求自由的，這時由生命的激力內乘於其中的主體，便相應的迸裂出來，無所底止，此即所謂的情肆而熾。「情肆而熾」與「虛玄而蕩」是那強調「主體化的道體」及「實體化的主體」的陸王之學，在一迫壓宰制的歷史社會總體之下必然的產物，這二者乃是一體之兩面。

　　若更進一步釐清陸王學派之強調「實體化的主體與主體化的道體」、「道體與主體通極爲一」，它本來是想經由一「本體的實踐學」與「本體的詮釋學」進入到一活生生的生活世界之中，想經由

這樣的工夫去點化成全這個世界，這是順著原先「血緣性的自然連結」下的倫常日用而開展出來的一個情況。但由於「宰制性的政治連結」進駐其中，成為管控一切的核心，倫常日用所強調的「孝悌之道」亦被異化成一工具性的「統治之術」。推擴言之，一迫壓的宰制的歷史社會總體使得人們的生活世界由活生生的狀態轉而為一僵化的死物，人們的主體沒得去點化成全這個世界，逐漸喪失了對這世界原所具有的主體性身分，同時也使得這個世界虛化無化。值得注意的是，人們的主體雖沒得去點化成全這個世界，而逐漸喪失了對這世界所具有的主體性身分；但人的主體畢竟是要求自由的，而且相信其主體是自我作主的；因而這時便會產生一篡竊的情形，主體會將自己膨脹，以為自己將天地萬有皆收歸為主體之中，由於天地萬有皆收歸為主體之中，於是世界的客觀構造不僅不得突顯，甚至導致一「獨我論」及「無世界論」的傾向。這是陸王儒學末流所難以逃脫的指責。

五、當代新儒家的特色及其實踐之異化

　　關連著上節所述，當代新儒家是繼承宋明儒學陸王一脈而往前發展的哲學體系，它亦如陸王學一樣，強調「人與宇宙萬有內在的同一性」，「主體與道體通極為一」，此心即是天理。現在我們想問的是，在「雙重的主奴意識」的管控及宰制之下，當代新儒家是否亦如同陸王末流一樣，不能免於「虛玄而蕩」或「情識而肆」的弊病，若能免此弊病，又是以什麼樣的方式而免此弊病的呢？筆者在這裡，擬以熊十力及牟宗三兩位先生作為示例，一方面指出其哲

學的特色，並點出其實踐之異化的盲點所在。

關於當代新儒家的開山人物，最具有體系性建構能力的厥為熊十力先生，他的《新唯識論》已成為當代哲學的經典之作，他哲學的重心，誠如其所自言的是「貴在見體」，但這裡所謂的「貴在見體」，並不是經由一種向外向上的思辨之擘畫，而是經由內在的體證，是經由一種實踐而得的體證。體證指的正是「以體證之，證之以體」，經由這樣的實踐過程，終而得以見體❶。繼熊先生之後，最具有開創性及理論建構力的則是牟宗三先生，他於《現象與物自身》中所構造的「兩層存有論」的構造，可以說是他的哲學結晶❷。這個構造，無疑的是他經由儒、釋、道三家哲學的歷史性疏通，掌握住了三家的精髓所在，融通淘汰，取精用宏，指出了「智的直覺」式的實踐，而這樣的實踐則指向「圓善」。

總的而言，熊、牟二先生都繼承了宋明以來的傳統，區分了「德性之知」與「見聞之知」，而將儒學定位在德行的實踐上，而且都有強烈的唯心論傾向，都強調天人、物我、人己的感通與合一，不過熊十力先生所成就的一套是「貴在見體」、強調「體用合一」的「本體論」，而牟宗三先生所強調的是以『智的直覺』為核心，經

---

❶ 熊十力先生習於一隨文點說的方式來表荅其思想，此節所述及以下之論，皆可見之於彼所著《新唯識論》、《讀經示要》、《十力語要》、《原儒》、《體用論》、《明心篇》等著作中，筆者只是隨順自己的理解，直寫胸襟而已，不另注明出處。

❷ 牟宗三先生的「兩層存有論」除了在《現象與物自身》一書中可見，其它諸如《心體與性體》、《從陸象山到劉蕺山》、《智的直覺與中國哲學》等已發其端。之後的《圓善論》、《中國哲學十九講》等大著亦多所論及。筆者此處只做概括的敘述，不另注明出處。

由「一心開二門」的方式，開啓了「物自身界」與「現象界」，締建了「兩層存有論」❷。

　　「體用合一論」與「兩層存有論」其精神淵源並無二致，都以整個儒學傳統爲基底，尤其是以宋明理學爲根源，特別是陸王一派更是他們所紹述的前輩。不過，仔細的考量熊牟二先生，我們將可以清楚的發現，牟先生可謂宋明儒學陸王學派的嫡子正宗，熊先生在精神上如此，但它對於宋明理學家陸王末流則予以嚴厲的批評，而頗有取於橫渠、船山哲學的精髓。「體用合一論」的理論構造，「宇宙論」的義涵極夥，而牟先生的「兩層存有論」可以說一掃宇宙論的氣息，而是一極爲潔靜的「存有論」系統。熊先生的立論方式較爲獨斷，他採取的是「由上往下說」的方式。他先肯定了天人、物我、人己本爲一體，強調其「內在的同一性」，然後再從這體的兩個勢用——翕與闢，前者指的是一凝聚的動勢，是一保聚性原則，而後者指的是一開闢的動勢，是一開創性原則——去締構其「『即體而言，體在用，即用而言，用在體』這樣的「體用合一論」。牟先生則頗受康德批判哲學的影響，他通過一批判的方式，以一超越的分解的方式，對於「執的存有論的現象界」與「無執的存有論的睿智界」（即物自身界）作了區分，再通過道德實踐而豁顯「智的直

---

❷　關於「一心開二門」之問題，傅偉勳先生首先著文評論，見〈儒家心性論的現代化課題〉（上、下）文刊於《鵝湖月刊》第十卷第五期（總號：113）、第十卷第八期（總號：116）兩期，邱黃海先生又著文辨駁，見〈一心開多門的商榷〉，文刊於《鵝湖月刊》第十卷第十期（總號：118），高柏園先生又有〈「儒家心性論的現代化課題」一文之討論〉，文刊於《鵝湖月刊》第十卷第十一期（總號：119）。

覺」而與之連結起來。前者所強調的是一動態的融合，而後者則強調一靜態的播分與建構；前者強調的是「體用合一」式的見體，而後者則著重在「智的直覺」與「良知自我之坎陷」兩者對於整個存有界的安立；「見體」是一實踐活動，「智的直覺」與「良知的自我坎陷」亦是一實踐活動。

　　這兩種實踐活動，總的而言，仍屬於儒學的系絡，但其內在骨子裡卻有不同之處，其不同關係到兩者面對實際世界的角度之不同。大體而言，牟先生的系統充滿著「現代性」（modernity），但值得注意的是，它同時也隱含著一儒學智識化的危機（the crisis of intellectualized confucianism）。他將人類的理性提到了「智的直覺」的地步，這裡便隱含一個弔詭，他一方面企圖對於現代性有所安立；另方面，又對於所謂的現代化下的理性化危機，有一解決的可能性（只是可能性）；熊先生的系統雖處於現代，然而不及於現代，它可能較接近於「前現代」，但卻又處處充滿著「後現代」的氣息。這主要是因為熊先生的「體用合一論」可以說是純粹東方的心靈，他與現代性的歐美中心主義適成一強烈的對比，在這個意義下，我們可以說他是充滿著「後現代」色彩的。當然，明眼人一定極為清楚即使把熊先生擺在後現代的思想家之林來考慮的話，我們將可以發現儘管他一再的強調「體用合一」，但畢竟仍然有個「體」在，至於當前的後現代思想家則大部分是「無體」的。而熊先生所見的「體」又不是後現代思想家所要去無（解構）的「體」。換言之，筆者以為熊先生的東方型的心靈，若以之與所謂的「現代性」相提並論，對於所謂的「理性化」的宰制不但有一消極意義的否定與解構的作用，而且可以有一積極意義的安立與融通。筆者以為這是當前大談

後現代的先生所沒有注意到的，當代新儒家卻有著這樣的可能。

　　如前所述，牟先生的「兩層存有論」深受德國康德的影響，他一方面吸收了康德學的精華，另一方面則通過整個中國文化的主動脈——儒、釋、道三家，提煉了三家的精髓，指出儒家的性理、性智，道家的玄理、玄智，佛教的空理、空智，這都承認人有一「智的直覺」。關連於此，我們便可以對整個康德哲學的架構作一嶄新的重構，一方面，我們可以承認「現象」與「物自身」的超越區分，而另一方面，我們亦可以肯定人不只是一個有限的存在，人雖有限而可以無限；人除了具有感觸直覺的能力以綜攝經驗界而成就知識，人亦可具有「智的直覺」的能力，可以上及於「物自身界」。顯然的，牟先生將康德哲學中原屬於上帝的任務者，全收於人的主體心靈來處理。人的心靈，可以面對「現象界」而成就知識，此即為彼所謂的「現象界的存有論」所涵；又可以面對「物自身界」而成就一「睿智的理想世界」，或為道德之所涵，或為藝術之所容，或為宗教之所涉，此即彼所謂的「物自身界的存有論」之所涵。牟先生又借用佛教《大乘起信論》的系統，以所謂的「一心開二門」的方式來綜括此「兩層存有論」，「心真如門」之所攝為睿智界、物自身界，「心生滅門」之所攝為「現象界」、為一般實存的世界。前者為「無執之心」，是心之虛靈明覺而開顯的理想境界；後者為一「有執之心」，一「執執到底而開顯的現象世界」。如康德所言，「現象」與「物自身」乃是同一事物的兩個不同的面相，牟先生則以為此皆只是「一心所開之二門」其所對的同一對象而已。於此，我們可以發現所謂的「一心開二門」涵著一詭譎的辯證，但顯然的，這樣的詭譎的辯證並不是一「黑格爾式的辯證」，他或許有取於「黑

格爾的辯證」，但由於中國文化傳統之特色——強調一無執的性理性智、玄理玄智、空理空智，使得這詭譎的辯證改造成一「反黑格爾式」的或說是「逆黑格爾式」的詭譎的辯證。這樣的「逆黑格爾式」的詭譎的辯證，是以「主體心靈的辯證」作爲首出的，是以「主體的心靈的辯證」去涵概客觀世界的。它所強調的是意義的點化，而不是結構的生發。它強調由一意義的總體來把握整個世界，進而去論略一結構的世界如何可能的問題。

　　經由這樣的疏釋之後，我們便可以瞭解爲何在牟先生的系統，「智的直覺」一詞的重要地位，它可以說是最爲首出的，如果不承認此「自由無限心」的存在，則牟先生的系統頓然瓦解。「智的直覺」乃是一切存在界的基礎，亦復是德行實踐的基礎，道德實踐與存在是相即不二的，它們都統於一「自由的無限心」之中。顯然的，這是繼承著宋明儒學陸王學派所強調的「心即理」——「人與宇宙的內在同一性」，而來；他們都強調「主體與道體的通極爲一」。牟先生強調的「主體」，顯然的是一「實體化的主體」，相應的，其所強調的「道體亦」是一「主體化的道體」。只不過，牟先生不同於宋明儒學的陸王學派，強調一「本體的詮釋學」及「本體的實踐學」而已；他更而強調須得經由一曲折的工夫才能通極於道（即所謂的「曲通」），這個曲折的工夫強調的是由「自由無限心的自我坎陷」（即「良知的自我坎陷」），使「自由無限心」由「在其自己」而「自行否定其自己」，而爲「對其自己」，開出一客觀的結構世界，進而成就一「在其－對其自己」的圓融世界。我們可以說牟先生認爲所謂的「自由無限心」「放之則彌於六合，卷之則不盈於一握」，但這卷與放卻不是直接的卷與放，而是一間接的卷與放，這

或許可以對《易經傳》的「曲成萬物而不遺」做一嶄新的詮釋，或許亦可用來詮釋《中庸》的「致曲」。順著這個理論，牟先生雖然強調要「本內聖之學以開外王」，但這「開」並不是「直開」，而是一「曲折的開」，他並不認為「舊內聖可以開出新外王」❷❷。就此而言，牟先生的思想是符合於現代思潮的，如果依Max. Weber之所說「現代化即是合理化」，他作的是經由一合理化的歷程來開出所謂的現代化，這是Max. Weber的理論倒過來作成的。他之所以會是以這樣的方式作成，乃因為牟先生順著原來的中國文化傳統，將實踐的主體與整個存在的終極的道體通極為一，即此主體，即是道體，而一切皆由此道體、皆由此主體開展出來。

這裡值得我們去注意的是，什麼樣的理由使得中國文化傳統被理解成這個樣子？什麼樣的一股力量使得我們將整個文化傳統背後的歷史社會總體壓縮成一個形而上的道體（亦可以說是一形而上的理體）？而且又將這形而上的道體、理體壓縮到吾人的心性之中，作為我們的心靈主體？其實相對於這個問題，我們也可以對西方整個文化傳統做一發問。何以將整個人類存在之總體壓縮而歸之於上帝？又何以將一切現象世界所成之總體壓縮而歸之於人的認識主體？西方近代的心靈是將宇宙存在的總體派給上帝管轄的，而又將知識的世界其所成的總體派給認識的主體管轄的；前者屬信仰與宗教的範圍，而後者則屬知識與科學的範圍；但總的來說，它們都歸

---

❷❷　關於此內聖外王的問題，筆者曾有〈「舊內聖」的確開不出「新外王」〉之作，見《中國論壇》第十三卷第七期（總號：151），一九八二年一月。此文乃申述牟先生之說。蓋牟先生並不認為由傳統的內聖可直通外王，近人頗多誤解者。

之於一「理體」（logos），一切都是此理體之所統，就此而言，我們可以理解什麼叫「現代化即是理性化」。顯然的，若順這個角度來說，我們可以說牟先生的哲學系統是屬於現代的，這樣的現代又是統於古代的，是統於整個傳統的。由傳統到現代，牟先生的系統扮演了一個重要的角色，任何一個人都不可能替代他。但話說回來，在牟先生的系統裡，由於將整個傳統文化之總體壓縮成一「自由無限心體」（即良知獨體、即道德心體），這樣的高揚良知的重要性，認為只此良知便生天生地，無所不覆載，這會不會形成所謂的「一元化的宰制」呢？其實「一元化的宰制」這個詞，讓人一聽起來便有深深的貶義，但我們若通觀整個人類近現代文化的發展，不論中西，又有那些是能免於此「一元化的宰制」呢？現代西方文化似乎最強調「多元」，但只要稍作深刻的理解，便知近現代的西方，陷在兩元對立的格局中思考問題，而在此兩元背後則是根深蒂固的一元。其實近現代的理性化便不可脫去此「一元的宰制」，「一元的宰制」或許是近現代理性化的一個特徵。簡單的說，一切之歸於理體而言，即可泛稱之為「一元的宰制」。至於所謂的「多元」則是在此「一元的宰制」之下立言的，不可混為一談。若依此來論，牟先生之強調良知獨體、道德心體、自由無限心體，這都可類比於（雖然不同）那理體，故某一意義下，亦可說他是具有「一元化宰制性」的，這「一元化的宰制性」即所謂的「一本論」，一本散為萬殊、萬殊歸為一本，通統為一。

　　如上所述，我們可以發現有一個極為奇詭的問題，值得深究。我們發現由良知獨體、道德心體、自由無限心體所構成的一套系統，就其結構而言，與中國的帝皇專制及宗法封建有著密切的關連，甚

至我們可發現其同構性在❷。當然，所謂的同構只是就結構上而言，並不意味著內容就一樣，事實上，內容核心的布局卻是相互抗持的。換言之，以良知獨體、道德心體、自由無限心體發展而成的一套系統是經由帝皇專制、宗法封建的壓縮而進到吾人的內在本心的，但這並不意味它就是帝皇專制及宗法封建的附屬品；相反的，他隱涵了抗帝皇專制及宗法封建的根苗在裡頭。儒學之爲儒學，固有所謂的「帝制式的儒學」、亦復有所謂的「批判性儒學」及所謂的「生活化的儒學」在，豈能窄化成「帝制的儒學」而已呢❷？換言之，中國一本性的傳統下的儒學，就某一方面而言有其「一元的宰制性」，而另一方面則又有一「抗宰制性」，或者我們可以說，他是源於「一元化的宰制性」而具有「抗宰制性」，他又是源於「抗宰制性」而有「一元化的宰制性」。「一元化的宰制性」與「一元化的抗宰制性」形成一個極爲奇特的總體，這總體是具有絕大支配力的，就此而言，它又是一個「一元化的宰制總體」。這個問題的疏理極爲艱難，從以上所述，我們可發現一辯證的詭譎在，這亦有一所謂的「道的錯置」（misplaced Tao）在，現暫分疏如此，詳論則待之他日。

　　現在，我們可以明確的指出，如說牟先生的系統是一個「一元

---

❷　筆者近年來頗關心此問題，筆者以爲黃仁宇先生所著《萬曆十五年》一書，對此問題頗有一縱深的理解，此中在在可見儒學與中國傳統的帝皇專制有極爲奇詭的關係在。

❷　「帝制式的儒學」、「批判性儒學」及「生活化的儒學」乃筆者所認爲的儒學三大面向，其複雜的關連，筆者曾有〈儒學的三大面向〉之作，一九八九年，手稿。

化的宰制系統」是可以的。不過，這「一元化的宰制系統」，一方面總結了中國文化的傳統，將儒釋道三家的精髓融匯爲一個以「自由無限心」爲核心的總體；另方面，他即以此總體去瓦解中國的帝皇專制與宗法封建，而指出邁向民主乃是根源於這個總體的一個要求，是本「內聖之學」必然的要開「外王之學」的；更重要的是，這樣的以「自由無限心體」爲核心而形構成的總體，充滿著民族性的自尊在，有著一股無與倫比的自我認同在，他足以對抗自鴉片戰後近百年西方列強侵凌之下所形成的中國意識的危機。在危機時代裡，這樣一套具有一元化的宰制系統的哲學，我們一旦瞭解了個中的滋味、體會了其中的眞義，作爲由危機邁向轉機、由傳統邁向現代，這無疑是一重要的接榫點，並無可議。不瞭解此，而妄生非議，皆浮淺不思之過也，中國近現代所謂前進的知識分子有幾人能免於此呢？若以爲此即足夠矣，則是故步自封，不求上進之過也。保守型的知識分子有幾人能免於此呢？就一個具有數千年的文化古國而言，在傳統與現代化的調適之下，極爲自然的以其所壓縮而成的文化總體，而歸本於一「自由無限心體」，這便產生了所謂的「道德思想的意圖」來作爲傳統與現代的接榫點，這不能視之爲謬誤。而之所以會視之爲謬誤，乃肇因於沒有歷史感所致，只以平面的思維方式爲之也。簡單的說其有「道德思想的意圖」，可！若言其爲「道德思想的意圖之謬誤」則不可。須知，一字之差，嚴於斧鉞，豈可不愼哉❷⑤！

---

❷⑤　「道德思想意圖的謬誤」乃林毓生先生提出之批評，筆者對此批評復有所批評，請參見〈儒家現代化的反思片段——解開所謂「道德思想意圖的謬誤」〉，文刊於《國文天地》五卷四期（總號：52），一九八九年九月。

六、本章結語

如前所述，本論文所檢討當代新儒家的實踐力，特別著重的是從當下廣大的生活世界，及複雜的歷史社會總體，做為起點的。由於這方面的資源，截至目前，還非常的少，筆者所採取的又是一宏觀的角度，因此筆者著重的是如何的鉤玄勒要，點出臺灣當前文化意識的困境（或危機），所謂的「雙重的主奴意識」正是當前我們仍無法逃脫的。儘管筆者對於這種「主奴意識」下所產生的實踐的異化之情形，提出了一些批評與論斷，但無疑的，這只是一個概括的敘述罷了。它或許可以被發現有一個企圖，它想經由這現象的概括敘述，進而去透顯出背後的本質。再者，希望能更進一步，融通之、淘汰之，有所批判與重建也。由於當代新儒家的內涵極為豐富與複雜，要直接的去疏理它，並不容易；因而筆者先就其思想的淵源——宋明儒學，作一理解與檢討。筆者想經由這樣的檢討，去豁顯幾個處理儒學與廣大生活世界及歷史社會總體的辯證關連的思想模式。筆者以為若不經這層的處理，只作形而上的冥思，要去開出所謂的「實踐」是不可能的。須知，做為一個「實踐的哲學」的儒家哲學，它是以「實踐」為首出的，它不能以一種由理論以導出實踐的思維模式來思考，它應被擺置在一「實踐的境域」中來處理。離去了「實踐的境域」，徒做玄思，即使高談實踐，那這樣的「實踐」仍只是一由理論為優先所導引之的「實踐」，它仍然停留在一「抽象的本質狀態下的實踐」，它很可能是由於「儒學的智識化」所帶來的毛病，頗值吾人注意。

　　的確，「儒學的智識化」所帶來的問題極夥，本文只在第五節稍稍提及而已，並未作一集中式的處理。又本文的第五節隱含了一些隱而未發的論點，極待更進一步的疏理。筆者以為這都可見這篇論文與其說是要去解決些什麼既成的問題，無寧說它想作的是去豁顯它可能觸及的問題。這一步豁顯的工夫，乃是作為未來這方面更進一步研究的張本的。若不做這一步的豁顯工夫，則當代新儒學實難免於外在的種種誤解或歧議。

　　總而言之，本文提醒大家須得注意我們仍然處在所謂的「主奴意識」的困境中，我們必須帶著這個問題背境來思考問題，對它有一釐清及推擴的工夫，才能免於「出主入奴」的被宰制。另外筆者想提醒大家的是，儒學所強調的「實踐」是通極於道的，但它又必然的與廣大的生活世界及豐富的歷史社會總體結合在一起，它既是一「本體的實踐」（即道德的實踐），同時是一「日常的實踐」，亦是一「社會的實踐」，因此，它必須涉及到客觀的結構世界，不能只停留在主體即是道體的「一體化」的結構之中。這樣才能避免「虛玄而蕩」、「情肆而識」或「以理殺人」的毛病。顯然的，主體、道體、客體這三端到底應該做什麼樣的結構性的關連，這是值得吾人進一步去注意的。當代新儒家關於這問題的處理，雖都不免是「一本論」的格局，但其內部的思想理論則是千差萬別的。早期的熊十力先生，主張的是由「體用論」開出大同世界的文化社區這樣的格局；而梁漱溟先生則以為通過「鄉治運動」配合文化教養，來實現一道德的理想。張君勱、徐復觀二先生則想通過民主政黨政治的運作來展開其理想。唐君毅先生除了強調文化教養的重要性之外，他的理論體系強調的是經由一精神的發展，層層昇進，以安頓宇宙人

生萬有一切。牟宗三先生強調開出道統、學統、政統三元分途的世界，當然所謂的道德實踐及文化教養仍是其關注所在。這都值得去疏理，但本文或者隱而未發，或者根本未提及，請俟之他日。

最後，筆者想說重新去正視當代新儒家的實踐問題，尤其牟先生所開出的「兩層存有論」的問題是必要的。再者，筆者以爲由牟先生的「一心開二門」再返回熊先生的「體用合一」的格局，進而再返回王船山的「乾坤並建」的格局，將可以恰當而如實的處理道體、主體及客體這三端的結構性問題，而中國文化的返本開新方始有一嶄新的可能。

——孔子紀元二五四一年六月十六日

西元一九九〇年　於象山居

附錄一　中國政治傳統中主智、超智與反智的糾結

——環繞先秦儒道二家政治思想的試探與考察

本章提要

　　本本文旨在針對先秦儒道兩家的政治思想，環繞「主智、超智與反智」這三概念，做一總體的考察。筆者以為儒家之所以變成主智、超智與反智的糾結；就其義理本質的內在關連而言，是很間接的，是很詭譎的；它祇是因為沒有發展出理性的架構表現，無客觀性的護持，又經過荀學的歧出，才墜入這種糾結裏的。而道家之成為超智與反智的糾結，則就義理本質的內在關連而言，是很直接的，而其詭譎則含藏在超智之直接落為反智的思路中。它不僅沒有理性的架構表現，於理性的運用表現亦缺，而它又想超越理性的表現，因而一變為反理性的運用表現，終墜入大無明

大漆黑之中。豈不可歎！

　　經過這番反省與疏導後，可明切的指出：民主法治雖不是原有的政治傳統早有的，也不是與原有的政治傳統兩相背反的，在原有的政治傳統中，我們看到民本的思想與物各付物的思想，這基本士都是民主法治所要必備的精神。而祇因為原有政治傳統中，智性的發展不夠，以致未發展一客觀性的「政道」與一客觀性的「架構表現」，因而形成主智，超智與反智的大糾結。

關鍵字詞：主智、超智、反智、運用表現、架構表現、儒學法家化

一、引　言

　　余英時先生在其〈反智論與中國政治傳統〉一文中，對於儒家判定為「主智論」，而道家與法家則判為「反智」，最後則判定「儒學的法家化」而完成了中國政治的傳統。余文主要在判定儒道法三家政治思想的分野，並從思想史的角度疏解彼如何的合流而支配了中國數千年。引發了我不少意見。我以為祇作這樣的考察是不夠的。因為任何一個支配人們生活樣態與政治模式的意識型態之形成是整體的。也就是說一個意識型態的形成，並不祇是經過幾個大關鍵的轉變而已，其實它是慢慢長成的。經過歷史的刷汰與洗鍊，從小到大，從微到著，從渾沌走向清晰的狀態。而此時吾人方得以做一回

溯的功夫，去理出其原本潛藏的內在基因。或許這是一個後來的「先見之明」，但唯有經過這一番釐清之後，吾人始能看出今後當如何的去疏導與創造。

再者，我認爲祇說「中國的政治傳統中一向瀰漫著一層反智的氣氛」這樣太含糊也太籠統。經過一番反省與考察，我認爲中國政治傳統中有一個大糾結❶，沒把這層說出來，而祇作浮面的敘述是不夠的。余英時先生最後說「儒學的法家化」，他告訴了我們這個事實，但並未指出爲什麼可能法家化，這裏有一個大詭譎要說出來。

就整個中國政治傳統，吾人可化約的說由儒道法三家思想構成的。而這三家真正構成廣土眾民的意識型態的，當首推儒道二家。儒道二家的確是實質的沁透到整個中國人的心靈裏頭去，因爲儒道二家的智慧並不祇是面對政治而存在的而已，而是面對整個人而存在的。吾人可說中國人的意識型態與思惟模式，深受儒道二家的影響。

再者，儒道二家在先秦皆已發展出一套範型，這範型指導了以後儒道二家思想發展的路向，幾千年來如此。因此本文即欲以先秦儒道二家爲反省與考察的重心。

我想從對儒道二家思想的檢視中去了解中國人的生命樣式與政治模態，並指出二千年來華族的不幸——一直陷在詭譎的泥淖中難以自拔。我論述的方式主要重在思想之內在構造如何的發展、升進、

---

❶　余文對「反智」與「主智」二詞組定義可見其〈反智論與中國政治傳統〉一文。見余英時著《歷史與思想》，頁1-4。而所謂「超智」即是超越的知性或超越知識的藩籬的意思。

跌落與轉進……等等。透過這步工作後，我試圖釐出「主智」、「超智」與「反智」的糾結何在？而今後吾人又當如何去導引疏理創造。

這篇文章對我而言，是一種嘗試。我且試圖運用這個方法去處理中國政治傳統裏頭，意識型態的困結與思惟方式的窘困，今先就儒道二家而言，他日擬另撰文處理法家、墨家等，並再理論的去談「主智」、「超智」與「反智」的糾結，這可能得運用純粹哲學理論了。於此暫略。

二、儒家政治思想中主智、超智與反智的糾結

先秦諸子中，提出整套生活倫理結構與社會政治理念的惟獨儒家而已❷。儒家承襲了原本文化的統緒而又加以創發制作。周公制禮作樂是一階段，而孔子刪詩書、訂禮樂、贊周易、修春秋又是一階段；尤其後者再經孟子的闡揚而穩立了儒家的性格。並且從此時起，儒家一脈就漸形成一個統緒，這統緒就是所謂道統。儘管道統說一直到唐代的韓愈才正式提出，但它卻早已影響了整個中國。儘管它是那樣的駁雜不純，但我們仍然得相信儒家給中國的影響是最深遠的。

首先對於儒家，我們至少得作這樣的區分：先秦儒家與宋明新儒家❸。先秦儒家是因面對周文的凋敝而引發出來，按著又面對諸子百家的挑戰而完成的。孔子、孟子與荀子代表了三個階段，也呈

---

❷ 注意這裏的「整套」二字，周公之「制禮作樂」即是代表。

❸ 亦有做三分者：先秦儒家，宋明新儒家，民國新儒家。

顯了三個性格。宋明新儒家則是因佛老的挑戰而崛起生機的，大致可分爲三個統系：程朱一派、陸王一派、明道五峰又是一派❹。儘管他們有所謂「道問學」與「尊德性」的義理之爭，但籠統視之還是內聖學而已。先秦儒家是在百家爭鳴、活潑躍動的環境下提出的。而宋明則在定於一尊與君主專制的環境下提出的。兩相比較之下，第一義的儒家當然是先秦儒家，這是無可置疑的。我認爲宋明儒家除了顧炎武、黃宗羲、王夫之諸人以外，他們在政治上幾乎都不能提出什麼積極的意見。也就是說他們祇能夠在君主專制政體的前提下立言，而不能逃離此君主專制的架構；而先秦儒家則不同。自孔子、孟子以至荀子，他們並不須以專制政體爲前提而發言，他們有更寬廣的思維空間去構思與架設。但我們卻看到自孔子、孟子到荀子卻一步步的走向君主專制的格局，這裏頭是否隱含著必然的因素，實有待我們去考察。

　　且撇開這個不說，首先我們一定可以說儒家對於政治的處理是以「德化」來涵納這一切的。所謂「德化之治」乃透過血緣的倫理之情與宗法的社會結構去成就的。孔子的忠恕之道與孝悌之教旨在固立人之大本，在充實人的德性心，要人以德性存在的眞實來充滿原本的倫理間架與社會結構。孟子指點惻隱、羞恥、辭讓、是非四端之心，提撕仁義禮智四目，當下直指價值本源——性善。益能彰顯王道政治的莊嚴，彼實欲掘發人存在應然之大本大原，並讓此源源滾滾永遠不斷之流泉，浩然充沛，塞乎六合。

　　因爲儒家的德化之治是透過血緣的倫理之情與宗法的社會結構

---

❹　此依牟宗三先生《心體與性體》一書對宋明儒學做的分類。

去成就的，此乃是透過一種「情的關係」去成就，而不是以「知的關係」去成就的。也就是說從性情的真實去建立一德性的真實，並以德性的真實推廣於倫理間架與社會結構中，而使之成為德性存在的真實。於是在儒家的德化之治裏頭的「德」乃以「親親」、「尊尊」暨「尚賢」來規定。而這三者，「親親」是天生情之不容已；「尊尊」則是此不容已之情之客觀化；而「尚賢」則是此情客觀化之擴充而已。當然，儒家已將原本社會意義的情性關係提昇到道德意義的性情關係❺。但這裏有一個問題產生了：關係的形式是不變的。它仍然是從原本以血緣之情為出發點所撐展出來的形式，這個形式是上下長幼尊卑的次序關係。這關係本來衹是社會意義的情性關連而已，待儒家賦予了它完全的道德意涵之後，它又可進一步擴充運用於整個宇宙中了。另〈繫辭傳〉云「天尊地卑、乾坤定矣。卑高以陳、貴賤位矣。動靜有常、剛柔斷矣。方以類聚，物以群分，吉凶生矣。在天成象，在地成形，變化見矣」。孟子曰：「萬物皆備于我，反身而誠，樂莫大焉，強恕而行，求仁莫近焉！」皆可見及此義。這是儒家的大發明。儒學既開發了應然的價值之源，於是他不但以此充滿了倫理間架與社會結構，並且將此道德之情推擴到天地之間，並從而將此道德之情之超越層面賦予「天」─因為天是無所不覆的，天是至高無上的。於是又從對天的敬祀與對天地萬物的感通中獲得此道德之情的增強。這是儒學的精義所在，表現了中國人在情方面最高的智慧。

　　從上段論述，吾人可說儒家給予了倫理間架與社會結構一道德

---

❺　言「性情」是德性意義的。而言「情性」則是血緣意義的，應當分別之。

的實質內涵，並且給予了天地萬物這展現出來的龐大形式一實質的道德內涵。另一方面也增強了道德之情自身，同時也增強了其倫理間架與社會結構裏上下尊卑長幼的次序觀念，於是很自然的形成「德化的一元政治模式」。子曰「爲政以德，譬如北辰，居其所而眾星拱之」，又「無爲而治者，其舜也與」，皆透露此精神。所謂「德化的一元政治模式」乃是一切以德來規定的。而「德」是一種創造性的力量，它不僅是人自覺的應然而已，抑且它是通天徹地的創造根源。本此根源則可以推拓出去，若不然，則一切無用。《中庸》所謂「文武之道，布在方策，其人存則其政舉，其人亡則其政息」就是這個道理。孔子所說「道之以政，齊之以刑，民免而無恥；道之以德，齊之以禮，有恥且格」。這顯然可見一種道德的教化與性情潤澤。而此即儒家德化政治的精邃處。但這裏要順便一提的是：道德的內涵是要人這樣的主體去運作的。一但人不去運作，它將落空，而倫理間架與社會結構則因某種客觀的環境導致其破壞與衰頹，然而原本被增強的上下尊卑長幼的次序觀念，卻可以繼續的保留下來，而具有相當大的支配力量。如戰國時代之從宗法封建社會慢慢走向軍國主義的途徑上去，而此時之孟子主性善，提倡王政，來回奔波於列國之間，然而時代畢竟是不回頭的滾下去了。

> 萬章曰：「堯以天下與舜，有諸？」孟子曰：「否，天子不能以天下與人」。「然則舜有天下也，熟與之？」曰「天與之」。「天與之者，諄諄焉命之乎？」曰「否，天不言，以行與事示之而已矣。」（《孟子》〈萬章〉）
> 又「孟子告齊宣王曰『君之視臣如手足，則臣視君如腹心；

君之視臣如犬馬，則臣視君如國人；君之視臣如土芥，則臣
視君如寇讎』。」（《孟子》〈離婁〉）

又「齊宣王問卿，孟子曰：『王何卿之問也？』王曰：『卿
不同？』曰『不同，有貴戚之卿，有異姓之卿。』王曰『請
問貴戚之卿』。曰『君有大過則諫，反覆之而不聽，則易位。』
王勃然變乎色。曰『王勿異也，王問臣，臣不敢不以正對。』
王色定，然後請問異姓之卿。曰『君有過則諫，反覆之而不
聽，則去。』」（《孟子》〈萬章（下）〉）

又「齊宣王問曰『湯放桀，武王伐紂，有諸？』孟子對曰『於
傳有之』。曰『臣弒其君可乎？』曰『賊仁者謂之賊；賊義
者謂之殘。殘賊之人謂之一夫。聞誅一夫紂矣。未聞弒君
也』。」（《孟子》〈梁惠王（下）〉）

又「民爲貴，社稷次之，君爲輕。」（《孟子》〈盡心（下）〉）

　　孟子在兩千多年前已提出這些思想，眞是光芒四射，無與敵匹。
但我們願意指出孟子所指的一切都是從德化的觀點來作批判的。他
見到原本倫理間架與社會結構裏，上下尊卑長幼的次序觀念是需要
以德化注於其中，方得有成的。當然也可以德來評判他，拉開他，
便之形成分位的等級觀念。但顯然可見。孟子並未能突破原本從血
緣關係舖展出來而以性情爲主的政治結構，他仍然祇能在這裏立
說。當然吾人無意指出孟子之政治思想之缺失如何如何，其實在二
千多年前的中國之民本思想、人治思想已如此發達，怎不叫人驚嘆？
但孟子的民本思想與人治思想若吾人再加以考察，即可斷定其背後
全部是德化思想。所謂「以德行仁者王，王不待大」（《孟子》〈公

孫丑〉）；「樂以天下，憂以天下，然而不王者，未之有也」（孟子梁惠王）。「不嗜殺人者能一之」（孟子梁惠王）。這是從道德的認知去成全與判定這一切的，而不是從知性的認知去判定這一切的。道德的認知並不是一種客觀的認知，而是主觀（主體）實踐認知。這是逆覺的（「反身而誠」），是實踐的（「強恕而行」）。但在現實世界裏，生命有一種往下墮的勢力，歷史亦有一往下墮的勢力（「順軀殼起念」，「一念無明」）除非他有一客觀性為護持，並且有一超越性為提撕。對個人生命而言，則須以主體性的撐展（此主體性須有超越性為之提撕），方可免其墮落；而對政治與社會而言，則惟有一客觀性的護持（此客觀性須有超越與內在的根據），方可免其下墮。基於此，吾人便可看出儒家德化之治，孟子雖大力發揚，急忙奔走，終而無用。蓋其間必有待一新精神之轉出也。

　　從孔孟德化政治的理想中，基本上我是把孔子定為德化政治的奠立者，而孟子則是此德化政治的發揚者。但這裏所說的奠立與發揚皆祇就學說而言，於現實則幾乎全無著力，孔子之主張堪稱是「德化政治的一元論型態」。而孟子則從此一元闢顯開啓二元的型態。前者道統與政統合一，而後者則分立了道統與政統❻，並欲以道統來領導政統。但此所謂道統仍是德化的意義，它仍祇是德性的認知而不是知性的認知，因此孔孟對於政治的看法與對於知識分子（即士或儒者）的要求也都在這德性的認知之下說的。如果要用上「主智」

---

❻　孟子自認其私淑於孔子，而且說「自有生民以來未有孔子也」。又說「乃所願則學孔子也」。又說「我亦欲正人心，息邪說，距詖行，放淫辭，以承三聖者」。這在在顯示出其對一文化之統的嚮往，而此統則以孔子為代表，故我以孔子以前為政統與道統合一，而至孟子則闢顯為二。

這個名辭，則必須說是「德性的主智論」，在這個原則指導之下重人格更甚於重事物❼，重道德更甚於重知識❽。充其極則可以達致「老者安之，朋友信之，少者懷之」的境域。 但因為它是德性的主智論，故一直無法從性情的主觀範疇跨出去建立一個知性的客觀範疇。於是這些理想便祇能由人的主觀去把握（從此亦可以發展為一絕對的意義），而缺乏一客觀的護持，因此它便可能從德性的主智論的主體性一變而為超越性，再由超越性一變而為權威性，終墮入歷史之無明中。或者從主智（德性的主智論）一變而為超智（德性的超智論），從超智（德性的超智論）一變而為反智，而此時德性已沖刷盡了。（後面詳說）。

　　已稍述過孔孟，再述荀子。在先秦儒家中，荀子頗為特殊。他取消了道德的超越性❾，同時他也取消了道德的創生意義，他放棄了以應然的價值之源來統御貫注一切。代之而行的，他劃分了應然與實然的層面，他賦予了虛靈明覺的認知道德意義。他不法先王而

---

❼　子曰：「篤信好學，守死善道。危邦不入，亂邦不居。天下有道則見，無道則隱。邦有道，貧且賤焉，恥也。邦無道，富且貴，恥也」（《論語》〈泰伯〉）這可以看出儒者之格調。而《禮記》〈儒行〉尤能透顯儒者之精神，請參閱。

❽　子曰：「弟子入則孝，出則弟，謹而信，汎愛眾而親仁，行有餘力，則以學文」（《論語》〈學而〉）又子夏曰：「賢賢易色，事父母能竭其力，事君能致其身，與朋友交，言而有信，雖曰未學，吾必謂之學矣！」此皆可透見此精神。

❾　《荀子》〈天論〉一篇呈示其「天生人成」之理論構造，其「天」祇是自然之天，氣化之天，祇是平面意義之天，而其道德之根據則落在「化性起偽」的理論上。請參閱拙著〈從「天成人成」到「化性起偽」〉一文，《鵝湖》卅五期。

法後王。他「隆禮義」而「殺詩書」。從他「天生人成」到「化性
起僞」的立論架構裏，他似乎一轉而特別重視知性主體而不若孔孟
之重道德主體。但吾人勢必得指出荀子之重知性主體是面對人文精
神與禮義之統說的❿，他的心態仍然是儒家的德化政治。

> 「天子者，勢位至尊，無敵于天下。……道德純備，智慧甚
> 明，南面而聽天下，牛民之屬莫不振動從服，以化順之」（《荀
> 子》〈正論〉）
> 又荀子曰「君者，善群者也」（《荀子》〈王制〉）
> 又曰「君人者，所管分之樞要也」（《荀子》〈富國〉）
> 又曰「天下者，至重也。非至強莫之能任。至大也，非至辨
> 莫之能分。至眾也，非至明莫之能和。此三者非聖賢莫之能
> 盡，故非聖人莫之能王。聖人備道全美者也。是懸天下之權
> 稱也」（《荀子》〈正論〉）

荀子以上的論點若與孔孟對君的看法相互比較。吾人頓然可
知，荀子乃對君作一規定。君「以理言不以氣言。以理定不以氣定。」
視天子之本質「爲一純理型（Pure Form），爲統體是道之表現，而
毫無隱曲者（No Potentiality）」並視「道爲一永恒之常數，而君則
爲時間之常數」⓫。

---

❿　荀子之天既爲自然之天，而彼又是主張知性主體，然此知性主體祇面對禮
　　義之統而不注重外在的自然。〈天論〉云「惟聖人爲不求知天」一句，可
　　見荀子實未眞走出去。

⓫　此依牟宗三先生〈荀子論君及其問題〉一文而說。請參看〈荀學大略〉，
　　收於氏著《名家與荀子》一書，臺灣學生書局印行，一九〇〇年，臺北。

其實吾人亦可說荀子之知性型態（以「德化」為主的知性型態）將孔孟之天地精神拉開，將原本之一體通透，一以貫之的型態析裂為二。並且將天之超越性取消（將道之永恒常數取消），於是「化性起偽」與「天生人成」之大事之手中（王者盡制）。吾人亦可說荀子整個理論系統中，人的角色最為重要。然而其目中的人既無超越性的提撕，連帶著無道德主體的創生意義，人祇有虛靈明覺之道德認知意義。人不但得治人，同時也得治天，人此時變成一個大負擔的角色。惟有時時「虛壹而靜」、「養其大清明」方可不墮。荀子雖亦肯定「塗之人可以為禹」，但荀子則以為惟聖人始能執行禮義之教與師法之化。顯然的，荀子本欲以此重擔來規定聖者王者。以一純粹聖者而言，此實一沉重難以甚之負擔，而就掌有現實勢力的君王來說，則必將此難以堪之重擔一轉而為權力威勢。也就是從原先的「君主應該是有德的，有能的，有知的」一變而為「君主就是有德的，就是有能的，就是有知的」。原先對於君主的要求與規定，此時一變而為君主已有的本質。

> 荀子曰：「法不能獨立，類不能自行，得其人則存，失其人則亡。法者，治之端也。君子者，治之原也。」
> 又曰：「君者，民之原也。原清則流清，原濁則流濁。」
> 又曰：道者，何也？曰：君之所道也。君者何也？曰：能群也。能群也者，何也？曰：善生養人者也。」（以上所引具見《荀子》〈君道〉）

此皆可見為君之不易，而君實一為一切政治存有的基礎，亦為政治之權威。君應為政治上一永恒的、持續的、有能力的、有道德

的位格，從此亦可見爲君負擔之重。

> 又荀子曰：内足以一民，外足使以距難。民親之，士信之，
> 上忠乎君，下愛百姓而不倦。是功臣者也。」
>
> 又「上則能尊君，下則能愛民，政令教化，刑下如影，應卒
> 遇變，齊給如響，推類接譽，以待無方，曲成制象，是聖臣
> 者也；故用聖臣者王，用功臣者強。」
>
> 又「從命而利君謂之順，從命而不利君謂之諂，逆命而利君
> 謂之忠，逆命而不利君謂之篡，不卹君君之勞辱，不卹國之
> 臧否，偷合苟容以持祿養交而已耳，謂之國賊」。
>
> 又「大臣公兄，有能進言於君，用則可，不用則去，謂之諫；
> 有能進言於君，用則可，不用則死，謂之爭」。（以上所引具
> 見《荀子》〈臣道〉）

荀子既予君一純理純型，時間之常數，爲一永恒的持續的、有能力
的、有道德的位格，當然他對臣子的論點乃關連著這樣的君來設想。
當然順著從道的線索發展爲從君的型態，而荀子雖也主張「從道不
從君」，但此實無積極的作用，而祇涵一消極之意義。而荀子也說
「道者，君之所道也」，從此透顯君是道統體之展現，而臣則順此
而展現之化成之。吾人亦可說臣已喪失其主體義，而祇附屬於君而
已；忠君之觀今焉成❷。而此忠君之理想本是忠於聖君之理想。但
聖君實際祇是一純理型之位格意義，無法實現。而聖君（純理型之君）

---

❷　吾人若拿《孟子》〈離婁〉「君之視臣如土芥，則臣視君如寇讎」一段與
　　《荀子》〈君道〉與〈臣道〉比較即可見出其端倪所在。

與君（實際之君）又無一妥善而客觀之分判，以致混淆為一，而原本消極之「從道不從君」的意義便隨之而闇然不彰，此時則一元式的忠君觀念便形成了。

　　透過孔、孟、荀三個階段的考察，吾人可見先秦儒家一步一步的走向專制的政治體制上去。當然我們要問真的嗎？其原因又何在？牟宗三先生謂中國祇有治道而無政道，有理性的運用表現而無理性的架構表現，又說中國政治的表現是一直接的型態，而不是一間接的型態❸。從上面吾人所做的簡略考察確可見儒家表現的德化政治是直接型態，是理性的運用表現，是一「綜和的盡理精神」，乃是主體之充極而盡所透展出來的；不是間接的型態，不是一架構的表現，不是一分解的盡理精神，而無一客觀性為之護持曲成。

　　余於前面曾言儒家原是一「德性的主智論」，今則益可知此詞之意涵實是以德性涵知之直接的運用表現。而此表現則透過倫理間架與社會結構，並以血緣關係所發出之情去成就的。惟如此，中國原來從內聖直接通到外王才成為可能❹。所謂「君子之德風，小人之德草，草上之風必偃」亦皆因此而可能。以此一德化的觀念來架劃一切，自是可能。但吾人衡諸環境，自有其困難之處。孔子之奔走列國，孟子之宣說王政，然而畢竟德化政治則未施行。至荀子則將孔孟所主張之貴族的德化政治，一變而為專制的德化政治。其實孔孟之立說已從貴族政治進至貴族的德化政治，而且也主張民本的

---

❸　見牟宗三著《政道與治道》。

❹　《大學》所謂「格物、致知、誠意、正心、修身、齊家、治國、平天下」皆因此而可能。

德化政治。但孔孟祇提供了形式上的必要條件，並未提供實質上的充分條件。故孔子之嚮往周文，並欲以殷質救之❻，終乏力。最後也祇能刪述六經，垂此空言，以待後世而已。孟子之王政理想，亦因未提出一實質的充分條件而挫敗。荀子所處之世代，貴族政治已趨沒落，此時欲充極盡一貴族之德化政治實不可能，而荀子亦未從此貴族之德化政治，民本之德化政治開顯爲民主之政治，其思維空間則因時代的破碎與國富兵強的要求而反而變得狹隘。吾人若將孔、孟與荀子做一比較，實可見其精神大異其趣。荀子受墨家功利主義的影響極爲深刻，而又受道家自然主義的影響頗巨，亦且將道家所講之超越的自然一落而爲平面的自然，而其對於儒家禮義之統與人文精神遂落在這樣的思維空間裏去架設，頓失儒家原有之原創力。且將孟子之「盡心知性知天」與荀子之「天生人成，化性起僞」相比，即可見其精神與心胸之不同。

　　德化政治本是順著倫理間架與社會結構而推出去的，故雖爲直接型態，然溫潤而化於無形。而至戰國末期，宗法、封建、井田皆毀壞無遺，德化政治又未能轉出一客觀的知性的分位關係，未能開展一間接的型態，故隨荀學之理論一變而爲德化的專制政治，此可以說是德化政治之大坎陷與大不幸。而落在現實政治，則又由此德化的專制政治下陷爲專制政治矣！若以道統與政統綜說之。原本道統與政統渾然無分，再者欲以道統來指導政統，而荀子又想以知識的概念來以道統規定政統；最後則墮入一大無明中——以政統來運作道統。

---

❻　此近儒熊十力、馬一浮皆如此說。日人渡邊秀方亦同此看法。

　　吾人雖定儒家原先是「德性的主智論」者，而主智祇有運用的義涵，而無架構的意義，故鬆動而無保證，終隨此而進乎極致，而爲超智的。也就是所謂「智的直覺」（Intellectual Intuition）的。而「智的直覺」有主體義與超越義，卻無所謂客觀義，蓋彼已超乎客觀義，一切客觀皆在此倫常日用之間，彼實可說是一「超架構之運用表現」也。梁漱溟先生在其《中國民族自救運動之最後覺悟》一書中，曾述及「中國政治可以說超架構的，但也可以說是無架構的」。從此透見超架構之不易，方可知頗容易下陷爲無架構或與無架構混淆。既言超架構、超知，此皆蘊含有一輕忽架構與知識的意思。而事實上超架構與超知若果可能，則必須所有的子民都是一「德性的存在」；但此事實上不可能，故祇能主張「賢人之治」，這是少數人的政治，而又終落爲聖君賢相的窠臼。最後徒留君相政治，而專制政治於焉形成。此時反智的傾向便隨之而增強，於是從「超智論者」一變而爲「超越的反智論者」，再從「超越的反智論」者下陷爲「反智論者」。而「超智」、「主智」、「反智」三者之糾結形成了。此乃就「主智」、「超智」、「反智」三者之義理的內在關係所作的一簡短疏通。

　　當孔孟主張之貴族的民本德化政治❶一變而爲荀子主張的「君主的德化政治之時」，本來在孔孟原可能突破而轉出眞正的民主政治的（加上理性的架構意義），但經荀卿之一轉，反強化了「聖王」的權威意識──他雖然用純理的規定來要求聖王，但事實上形成一

---

❶　孔孟之政治思想雖言德化、言民本，然實未能全脫離貴族的立場，故稱之爲「貴族的民本德化政治」。

個弔詭的困結：即是在上位的君主既一變而爲純理，專制政治的趨勢便從此滑落而形成。而這權威意識又落在現實無明的政治運作中，此時「德化」變成被利用的口號與工具。原本儒家含有超知的成份，此時增強了，而且一變而爲「反智」的根據。原本儒家心目中活活潑潑眞實的倫理親情與家族制度，變成一僵滯而死板的形式規定，並且含有權威的意誠。原本儒家主智的成份是在超越知識的德性下完成的，而此時則變爲「君主即聖王」的意識下去控制。此時超知的層面一變而爲權威的層面，而主知的層面則在權威層面的控制下一變而往反智趨進。而「主智」、「超智」與「反智」便因此而又糾結在一起了。以上所述乃重在政治發展的程序上印證「主智」、「超智」與「反智」的糾結。

三、道家政治思想中超智與反智的糾結

近人論略先秦儒道二家，多謂儒家乃以殷商之質救周文之弊。而道家則以殷商之質反周文之弊，這是關連著歷史之統緒，所做的一種解釋（Explanation）。如果我們放開一點則可以逕說儒道二家都在救世，而其手段與路向不同罷了。儒家乃以「德性的眞實」來面對整個世界，並推而極之，發現整個世界是一德性的眞實。孟子所謂「萬物皆備于我，反身而誠，樂莫大焉。強恕而行，求仁莫近焉」！即指此。《易·賁卦·象辭》「觀乎天文以察時變，觀乎人文以化成天下」亦指此。而道家則以自然存在之眞實來面對整個世界，並發現世界原應是自然之眞實存在，所謂「人法地、地法天、天法道、道法自然」即指此，並指出這個世界之所以動亂不安乃因

爲人爲的造作，毀損自然的原本眞實而引起的，是故道家主張人必須回復到自然之眞實，而主張一種「道損」的工夫，一種「致虛守靜」的工夫。

而道家之對「周文」採一負面的反省方式，此蓋有其歷史背景、時空環境與個人氣質之因素❼，於此且不論。但吾人實可主張道家旨在打破形式主義的格局，而欲使人回復自然樸質之性（「絕仁棄義，民復孝慈；絕聖棄智，民利百倍；絕巧棄利，盜賊無有」），如此即可不禁其性，不塞其源，各適所命，各遂其生。

就整個道家哲學，我們可以簡略的來談談：它是以道爲總綱領的，而這乃從存在的感受與深切的體認，並透過玄遠的洞觀而得來的，它從原本對於周文罷弊的反動而進入到更深邃的問題。諸如：貧富、貴賤、禍福、吉凶……等問題，歸約的說就是有限與無限的問題，也可以說是有與無的問題，落在人來說即是有爲與無爲的問題；而就道家的哲學理論而言，有與無問題的反省形成了道家的形上的架構，並由此開展其偉大的哲學體系。

「有」與「無」乃是道的兩面相。這兩面相可以落到本體上去說❽，也可以落到宇宙論上去說❾。道是既超越而內在的，而不論其超越性與內在性亦全幅由「有」與「無」兩面開展。而「有」與

---

❼　請參閱王邦雄先生著〈老子哲學的形上架構及其政治人生的價值歸趨㈠〉一文見《鵝湖月刊》第四卷第三期（總號：39），一九七八年十月，臺北。

❽　熊十力先生即以「本體論」說之，見氏著《十力語要》，詳細出處待查。

❾　《老子》〈四十章〉：「天下萬物生於有，有生於無」「道生一，一生二，二生三，三生萬物。」此皆可透露其宇宙論的消息。合前註❽，近人即有主張「本體宇宙論」者。

「無」、「有限」與「無限」、「有爲」與「無爲」，此皆爲人心的造作執著而形成的。而這些問題則祇能從內在解決，而無法從外在解決。它須人內在攬進來，以行主觀的修證與化解。簡而言之，即是內心的解決，或者說人內在主體的解決。而人的心原是虛靜而清明的，只因外在的紛擾才被障蔽了，因此人須「致虛極、守靜篤」，人惟有以清明的虛靜心去洞觀世界，並復守此清明虛靜之初心，普天之下，方得物各付物，各適其性，各安其命。

　　再者，吾人要問：面對有爲造作的世界，如何去剝盡損盡而豁顯其眞性呢？道家（尤其老子）則透過一種辯證的詭辭來呈展其工夫與透顯其本樸之性情。所謂「正言若反」、「謬悠之說、荒唐之言、無端崖之辭」皆有此意味。而道家之經典亦到處可見這樣的詭辭。這種詭辭雖然是遮撥現象有爲造作的一切，以透顯本體無爲自然的良藥，但因爲它是詭辭，它也蘊含著一些歧路的危險，吾人試於此詳論之。

　　透過簡略的陳述之後，我們對道家哲學大抵有一籠統的觀念，今再談其政治哲學。因限於篇幅的關係，我擬以老子的政治哲學爲道家的代表❷，而就其系統而言，實已含有嚴重的反智、超智的糾結。此與儒家孔孟荀三子不同，儒家要從其歷史發展的脈絡中，始較能看出此糾結，故前面論述儒家部份必得先對孔孟荀之義理發展做一概略之考察。但就道家而言，則僅於老子本身已可見其大糾結，

──────────

❷　老子堪稱道家之祖，而其思想亦可爲道家之根源。王邦雄先生以爲老子通過荀子、申不害，而至韓非流爲法術家一路，通過莊子而與魏晉名士接通。見其〈老子哲學的形上架構及其政治人生之價値歸趨(六)〉一文，《鵝湖月刊》第四卷第八期（總號：44），一九七九年三月，臺北。

故以下諸論述較偏重祇就老子之政治哲學有關超智與反智的糾結，作一疏通。

> 「聖人無常心，以百姓心爲心。善者，吾善之；不善者，吾亦善之，德善。信者，吾信之；不信者，吾亦信之，德信。聖人在天下，歙歙焉爲天渾其心。百姓皆注其耳目，聖人皆孩之」（《老子》〈四十九章〉）
>
> 「取天下常以無事，及其有事，不足以取天下」（《老子》〈四十八章〉）
>
> 「以正治國，以奇用兵，以無事取天下」（《老子》〈四十七章〉）
>
> 「聖人不行而知，不見而名，不爲而成」（《老子》〈四十七章〉）
>
> 「爲無爲、事無事、味無味」（《老子》〈六十三章〉）
>
> 「爲無爲則無不治」（《老子》〈三章〉）
>
> 「道常無爲而無不爲。侯王若能守之，萬物將自化。化而欲作，吾將鎮之以無名之樸」。（《老子》〈卅七章〉）
>
> 「處無爲之事，行不言之教」（《老子》〈二章〉）
>
> 「我無爲而民自化，我好靜而民自正，我無事而民自富，我無欲而民自樸」（《老子》〈五十七章〉）

　　從以上所引的老子各段原文，可知老子的政治哲學旨在破妄返眞。而什麼是妄呢？依老子所言，最大的妄就是「有爲的造作」，惟有人能破除「有爲的造作」，才能發現天地之間原本無爲的生生不已。大自然的一切都合理的存在著，並且存在化的（Existential）

呈現著。而人的存在本來就應該如其自如,存在化的呈現著;而政治的存在應是保證人能如如的活著。不應去破壞了這些。而一旦造作則必會破壞,故必須無造作,必須永致其虛靜之心,始能永保其存在化的如如呈現。

另外,我常聽到一副對聯:「忍片時風平浪靜,退一步海闊天空」,這頗能彰顯道家的另一面精神,他教人們要退開一步讓開一步,一切自然而然就能各適其性,各安其命,並且各可其可,各化其化,而風平浪靜、海闊天空。人放開其主體的創造之門,便能發現天地之大美與造化之生機,也就是說,人致其主體之虛明,便能發現一更大之主體(天道與自然)之無為而無不為。

在政治上來說,原本被認定的政治主體是君主,而老子則以為必須取消其主體的實質內涵,將此還屬於廣土眾民去。這極像儒家所謂的「天聽自我民聽,天視自我民視,天明威自我民明威」;但不同的是儒家為德化的,而道則是道化的。儒家透過「修己」以「安百姓」,因此能「克己復禮,天下歸仁」,這是透過原本的倫理間架與社會結構而推展出去成就的,而道家則是要取消這一切人為的造作,要使之物各付物,使之「無物不然,無物不可」(莊子語)。儒家在此有參贊化育或說人文化成的味道,而道家則純是自然主義(此與西洋所謂自然主義不同,此是超越一切紛俗而回歸其本然自然之自然主義)。即是「一任生息所可能有之自然限度之自造自化,而無不為,一方既不是理想主義的,即不是本德性天理以生化,一方亦不是無限的,永恆的,即無先驗根據以保證之,而祇是自然的,而「自然的無不為」實不能是無限的,永恒的,而有消逝或斷滅枯萎之可能。此道家之道之所以為消極為不足處,而實不能真極成「無為而無不

爲」「主斷也」❹。牟宗三先生這番言論已點出道化政治之困難與道家政治哲學可能下陷到無明的境域去。

　　老子這樣子的退開讓開，而欲使天地六合，物各付物，各然其然，各可其可。這本不是知識的範疇所能極成的，它已超越了知識的範疇。而「致虛守靜」的工夫，其極致則在彰顯一「智的直覺」，透過「智的直覺」去證成一境界的型態。而此境界型態落在政治上來說就是「爲無爲則無不治」，「爲無爲，事無事，味無味」，就是「以無事取天下」。這明顯是一種超智的性格。儒家的德化思想，言「躬己正南面」，言「爲政以德」，言「以德行仁者王」就也是一種超智的性格。而儒家原先爲一「超智的主智論」（或說一德性的主智論），而最後則落入「超智」、「主智」與「反智」的糾結，而無法開出一合理的政治體制，政治之主體自由終無法顯出。道家則因爲反對一切人爲造作，並想超越一切的人爲造作，欲回歸到物之在其自己（thing-in-itself），而形成了一「超智的反智論」。儒家超智、主智與反智三者的糾結頗難疏理與瞭解，而道家超智與反智的糾結則較易理解。

　　　　「絕聖棄智，民利百倍；絕仁棄義，民復孝慈；絕巧棄利，
　　　　盜賊無有」（《老子》〈十九章〉）
　　　　「大道廢，有仁義；智慧出，有大僞；六親不和，有孝慈；
　　　　國家昏亂，有忠臣。」（《老子》〈十八章〉）
　　　　「不尚賢，使民不爭；不貴難得之貨，使民不爲盜；不見可
　　　　欲，使民心不亂」（《老子》〈三章〉）

---

❹　參見牟宗三先生著《政道與治道》，學生書局印行，一九○○年，臺北。

「古之善爲道者，非以明民，將以愚之。民之難治，以其智
多。故以智治國，國之賊。不以智治國，國之福」（《老子》
〈六十五章〉）

「其政悶悶，其民淳淳；其政察察，其民缺缺」（《老子》〈五
十八章〉）

「是以聖人之治，虛其心、實其腹、弱其志、強其骨。常使
民無知無欲。使夫智者不敢爲也。爲無爲則無不治」（《老
子》〈三章〉）。

透過以上所引諸文，老子哲學中超智與反智的糾結情形，可見
一斑。儒家之「德性主智論」原是一理性的運用表現，祇不過因爲
一切根植於性情，而又未能推拓出去而爲客觀的知性型態，因而一
直沒有理性的架構表現。即如荀子重知性主體，而其對君主之規定，
仍祇是消極的，而其背後透顯的仍然是「綜和的盡理精神」，而不
是「分析的盡理精神」❷。而荀子之綜和盡理的型態，又不回溯到
原有的道德主體，而祇是回溯到清靜虛明的認知主體，這是儒學的
陷溺，也終因此而促使儒學急促轉入「主智」、「超智」與「反智」
三者的糾結中。而道家則不是理性的運用表現，彼爲超理性之運用
表現。在此，道家則全然不能了解《易傳》所云「知周乎萬物，而
道濟天下」的情景。他全然否定了儒家根於性情的禮樂，而且又否
定了一切人爲造作，這眞是一個大否定；而道家實欲從此大否定中
得到一眞解放與眞提昇，其然乎？果其然乎？熊十力先生說「老氏

---

❷　以上諸用語，取自牟宗三先生著《歷史哲學》一書，學生書局印行，一九
　　○○年，臺北。

不知以禮樂育德，而深惡智慧技能。（智慧一辭，有勝義，有劣義。知識雜，機變甚者，説爲智慧。此屬劣義。若乃至高之明睿勝用，其於理道之玄遠幽微，能不待推論而徹悟者，此名智慧。而不當説爲知識的。是乃勝義。老子書中智慧與聖智等辭，多屬劣義。）厭文明而思返淳樸，此實褊狹之見耳。老氏以爲上古之人群，無知而淳樸。其實無知之樸，不必爲淳德也。僿野之群，以無知故，罕能爲惡。亦以無知故，莫能爲善。猶復當知，無知之族，其於一切事物之理，未有了別。其人猶未甚變革獸性。貪戾猜忍之習，不必亞於足智之倫。老氏顧欲使民無知無欲（見《老子》上篇三章）。豈不誤哉。（未開化之群雖無知，而常有求知之欲。至於生存欲，與飲食男女等欲，皆自然之理。人生必不可無者。老氏獨反自然何耶？申韓演老氏使民無知之旨，呂政用之卒致滅亡。逆自然者不祥，斯明驗也。）夫人生有求知之欲，未可安於無知也」❷❸。熊十力先生在此雖未分解地去說道家如何從超智轉到反智的糾結上去，但彼卻直指了道家反智的可能，並提出道、法二家在思想上的一些關連，甚有洞見。❷❹

再者，吾人要指出道家的道化政治，因爲他強調退開讓開，而欲使天地萬事萬物各能其能，各然其然。這裏必須有一個大前提，

---

❷❸　見熊十力先生著《原儒》，頁119。

❷❹　熊十力先生著《原儒》，一切立言皆以儒家爲本，彼實欲從儒家之德性之知開出知性之知，有「一心開二門」之意。然余以爲彼實未能正視儒家知性主體性之不足，然此顧可見其苦心孤詣。熊氏爲當代保守主義大師，新儒家宗主，其風範頗令人感佩。而余作此文則較多負面的反省，蓋竊以爲無負面之反省，難以感其痛切也。惟先透過負面的反省，始可能正面的挺出，然余之反省實亦不同於一般淺薄之理性主義者之反省，余主張保守的自由主義。

其道化政治才有實質的意義。這大前提是：一切不受人為造作干擾的自然的真實存在都可以自如其如的生長著，但這是不可能的。因此道化政治並無一實質的意義，故也無法落實而成就一具體的內涵，它祇能是一形式運用的意義。儒家可以運用此，因為儒家的「德」是一實質的內容，倫理間架與社會結構都是實質的。因此儒家也可以講「無為而治」，而與道家不同。法家落在術上來說，也講某種無為無事，這智慧原是道家來的，韓非之〈主道〉、〈解老〉、〈喻老〉可見及此，而這是法家的，與道家又不同。惟法家的心與道家的心都是虛靜心，頗為相似。然而道家的虛靜心是一勝義的虛靜心，它的作用是虛靈明覺的，而法家的虛靜心則是劣義的虛靜心，它簡直是一座「秘窟」，是一座「克里姆林宮」❷⑤，韓非子曰：「其行事也天，其用人也鬼」，短短二句，便盡窺其秘了。

四、結　論

從以上的論述，吾人可知：儒家之所以變成主智、超智與反智的糾結；就其義理本質的內在關連而言，是很間接的，是很詭譎的；它祇是因為沒有發展出理性的架構表現，無客觀性的護持，又經過荀學的歧出，才墮入這種糾結裏的。而道家之成為超智與反智的糾結，則就義理本質的內在關連而言，是很直接的，而其詭譎則含藏在超智之直接落為反智的思路中。它不僅沒有理性的架構表現，於理性的運用表現亦缺，而它又想超越理性的表現，因而一變為反理

---

❷⑤　此二語皆為牟宗三先生之妙稱，頗可明其精神，遂引用之。

性的運用表現，終墮入大無明大漆黑之中。豈不可歎！

經過這番反省與疏導後，吾人可明切的指出：民主法治雖不是原有的政治傳統早有的，也不是與原有的政治傳統兩相背反的，在原有的政治傳統中，我們看到民本的思想與物各付物的思想，這基本上都是民主法治所要必備的精神。而祇因爲原有政治傳統中，智性的發展不夠，以致未發展一客觀性的「政道」與一客觀性的「架構表現」，因而形成「主智」，「超智」與「反智」的大糾結。

經過鴉片戰爭，變法維新，直到辛亥革命，締建民國。中國可謂突破了原本專制政治的窠臼、創建了民主法治的政體。但洪憲帝制、張勳復辟又緊接而來，這明顯地看出中國人並未完全醒覺的去省察與批判。而五四新文化運動，科玄論戰，直到中西文化論戰，又透露出中國知識分子的迷惘與徬徨。經過一百三十餘年來的歷史洗鍊，現代的中國知識分子方才有意去接榫傳統與現代，肯定沒有「沒有傳統的現代化」，肯定除了理論上的疏通外，還得廣土眾民去關心它，去運作它。吾人在此疏理傳統的精神及其限制的困結，旨在就其如何的轉化與成全上指出一個可能，並從此往前踏進一步，做理論的工作，做實踐的工作，眞正獻身於對廣土眾民的教育中，喚醒大家對文化、對政治的良知。眞正來關心我們的文化，關心我們的政治。

孔子紀元二五三〇年六月八日安梧初稿

附錄二　朱子「理體中心主義」下的歷史觀

——兼及於陳亮的「氣欲中心主義」而展開

1.　所謂的「理體中心主義」指的是一切歸結到「理體」。以朱子而言，在存有論上說爲「理先氣後」、在心性論上說爲「性即理」、在實踐論上說爲「格物窮理」。

1.1　朱子的「理體中心主義」不同於西方的「理體中心主義」，以其爲道德的，而不是知識的。以其強調天地人我通極爲一，是連續的，非斷裂的。

1.2　「道德的理體中心主義」顯示德行自覺之莊嚴，但卻亦隱含一種德行的宰制性，這宰制導生對於人文世界、歷史、社會以及因之而有的對於自然世界的異化理解。此不同於「知識的理體中心主義」呈現知識體系的莊嚴，但卻也隱含一種知識的宰制性，這宰制導生對於自然世界、從而引生對於人文世界的異化之理解。

1.3 再者，朱子的「道德的理體中心主義」導致對於知識的封閉以及對於人欲的封閉。他一方面將遠古的歷史形而上化、理型化，另方面則封閉了往後的歷史，認爲他只是人欲場中，頭出頭沒而已。若有救之者的可能唯「存天理、去人欲」而已。

2. 以朱子而言，其「理體中心主義」的工夫論端在「存天理、去人欲」上用工夫；而此工夫與其「格物窮理、涵養主敬」是合而爲一的。

2.1 「理體中心主義」所著重的是「超越的形式性原則」，而不是內在的道德實踐動力。也因此，他著重的是道德的規範，而不是生命的動力。所有生命的動力皆被視之爲受動性與被動的消極存在。此即所謂的「存天理、去人欲」。

2.2 朱子的「理體中心主義」並不是匯結於「客觀的結構之理」，而是上逐於「道德的形上之理」，因此，「格物窮理」必然關連著「涵養主敬」而作用，如一車之雙輪。這樣子談「格物窮理」，仍只是道德工夫事，此與如今自然科學之格物義迥不相侔。甚且，其格物義總作道德實踐一邊看，反而封鎖住了自然科學義下的格物義，故朱子學非但無益於今之科學，反有礙於今之所謂科學者，此不可不察也。切不可以其言格物義，隨意附會也。

2.3 換言之，朱子「理體中心主義」下的「道德實踐」義，強調的是「超越的形式性原則」，由於他忽略了與此相應的「生命的材質性原則」。因此，他形成了一鞔束的力量，再轉而爲一宰制性的力量。

3. 「理體中心主義」的形成是關連著「實踐的異化」而產生的，

如此而說的「實踐」只是「異化的實踐」，並不是一眞正的實踐。

3.1 朱子的「理體中心主義」是針對漢、唐以來的帝皇專制而發的，但其思考方式則深受「帝皇專制」之影響，「理體中心主義」與「帝皇專制」形成了相互抗持的關係。

3.2 朱子之與陳亮爭漢唐與三代王霸、義利之別，旨在突顯其「理體中心主義」之不可泯、不可抗，實則此可見其「理體中心主義」所顯現之莊嚴，同時亦可以顯現其「理體中心主義」的限制。就實而言，朱子與陳亮並非全然相悖謬，他們原是在帝皇專制下，同一個對立面的兩邊而已。朱子高揚了「道德的超越形式性原則」，而陳亮則高揚了生命的材質性原則。「超越的形式性原則」與「生命的材質性原則」成爲相對反的兩端，這顯示出其「異化狀態」。

3.3 朱子以「理體中心主義」來抗衡秦漢以來的「帝皇專制」，他因而在歷史上刻意的突出三代、貶抑漢唐；他力辨王、霸與義、利之別，甚至認爲秦漢以來一千四百餘年都只是架漏過時、遷補度日、人欲場中，頭出頭沒而已。這是通過一種「形而上的保存方式」來穩立「理體中心主義」的道德實踐。

3.4 值得注意的是，「形而上的保存方式」使得所謂的「實踐」緊縮在「心意」的格物工夫，並以此來替代所謂的「社會實踐」，以爲一切的「社會實踐」皆總乎一心，意誠、心正、身修、國治、天下平，是同質的展開。

3.5 再者，「形而上的保存方式」投映在歷史的理解，使得堯、舜三代的歷史「理型化」（Idealization）。這個「理型化的歷史」

成爲實踐的理想，連帶而來的則是「歷史的退化觀」，或者使得「歷史的賡續性」成爲不可能。「歷史的理型化」使得「歷史非歷史化」，使得活生生的歷史世界從活生生的生活世界中撤離開來，成爲一架空的存在。

3.6 「理體中心主義」的道德判斷，以道德判斷要去穩立形而上的歷史典型，但卻因此封死了歷史的具體性與存在性，使得歷史成爲一掛空的理體。他以爲這理體可以經由人的「格物窮理」而體現，但這是不可能的。理體中心主義的道德判斷成就不了切實的、存在的、具體的歷史判斷，這樣的道德判斷只是掛空於理體的判斷，這樣的判斷是難免其虛幻性的、而且可能連帶著宰制性。因爲虛幻，故其機易爲宰制所乘。

4. 與朱子「理體中心主義」的道德判斷相反的是陳同甫的「氣欲中心主義」，「氣欲中心主義」乃只是「理體中心主義」另一個對立面而已，他之欲爭漢唐，而想爲一千四百年來的歷史有所洗刷，但仍未成立一眞切的歷史判斷。

4.1 朱子的「理體中心主義」是以一抽象而掛空的理體作爲中心的，他爲的是越過漢唐、直追三代，他並未眞正視漢、唐以來的弊病，而只一切歸之於天理、人欲之辨。這是說，他不能正視客觀的結構之限制，而只一味追及於意義的根源來處理。值得注意的是，這樣的意義的根源之所以成爲一抽象而掛空的理體，乃因爲秦漢以來帝皇專制之壓制推擠而成者。

4.2 朱子這樣的「理體中心主義」既是一意義根源下的產物，則相應而言，其所批判的亦以意義的層面爲主。如此一來，他便直將漢唐視爲「人欲場中頭出頭沒而已」，這便委屈了漢唐。對

反而言，陳同甫便主張「氣欲中心主義」，這只是朱子「理體中心主義」的另一個對立面之一端而已。

4.3 換言之，陳同甫亦未能正視漢唐以來客觀結構之限制，而只以意義之層面來思考問題。猶有甚者，他亦不能正視朱子「理體中心主義」的可貴與限制，而徒然見到朱子「理體中心主義」的抽象而掛空，欲以「氣欲」救之，如此救之，非但未成，反而墮入一「帝皇專制下的英雄主義」。他所主張的是「氣欲中心主義」下的「英雄式的社會實踐」，這樣的社會實踐仍未及於結構層面，仍只是意義層面。此與朱子之所強調的「理體中心主義下」的「禁欲式的道德修養」，在方向上儘或不同，但骨子裡是一樣的。

4.4 爭漢唐與三代，此牽涉到對於歷史的詮釋問題。陳亮謂此爲點化，他欲九轉丹砂、點鐵成金，並以朱子之輕薄漢唐，視之爲人欲場中，頭出頭沒而已，這是「以銀爲鐵」。陳同甫之以朱子是「以銀爲鐵」，此固然，但他所以爲自己能對漢唐「點鐵成金」，並未眞能「點鐵成金」。

5. 朱子的歷史理解之所以會有「以銀爲鐵」之憾，乃因爲他封鎖在自己的理體中心主義之中，唯符合此理體中心主義者方是天理，否則便是人欲。究極而言，朱子的「理體中心主義」處於抽象的本質狀態，他是非歷史的、甚至是無世界的。

5.1 換言之，講堯舜三代還是非歷史的，這是理念化或理型化而看的歷史，並非現實化、具體化而看的歷史。

5.2 朱子極爲強調一「超越的形式性原則」，以爲這是主導的，因而他對於「氣」的處理，大體只是被動的處理，這也就是說，

他不能眞正視到「生命之氣」的正面性，因而它對於歷史的處理並不是眞能見到歷史的辯證之理，而只能由那「超越的形式性原則」轉爲一規範性之理，並將此規範性之理落實下來，我個人以爲這樣的方式顯然的是一個封閉的系統，而不是一個開放的系統。

5.3 我以爲朱子的《通鑑綱目》與司馬光的《資治通鑑》最大不同的地方在於他不同於司馬光之以「禮」爲一切的判斷標準，而是以「理」爲判斷的標準。這是說，由於他高揚了「超越的形式性原則」，因而使得中國人論及所謂的「歷史」時，提到了更高的「抽象」，而脫離了太過實用與爲君主服務的色彩，但同時卻亦由於他仍停留在一抽象的階段，未能落實下來。從司馬光強調的「禮」、朱子強調的「理」到王夫之強調的「理勢合一」，這代表著一種進步。

5.4 相應於這樣的不能正視歷史，我們可以更進一步指出：朱子學充滿著一個極爲重要的弔詭。在形式上，他是最強調道德的，是高揚那「超越的形式性原則」的，但由於他對於天理的了解的片面性，因而他未能恰當的注意到廣大的生活世界，或者說廣大的生活世界對於他來說只是天理的注腳而已，如月印萬川一樣；這麼一來，朱子學對於「氣」的問題便不能恰當的處理，因而「氣」只是落入於無可安排的被動的受造性原則而已，甚至滑轉而爲「宿命論」的傾向。

6. 陳同甫以爲彼能對漢唐「點鐵成金」，實則不能。余以爲彼只是「鍍金在鐵」，這是平面的、貼上去的一種詮釋，並未眞能「九轉丹砂」也。

6.1　眞正對於歷史的理解，必其經由詮釋、轉化，調適而上遂於道。
　　並不是以一生命的直覺力，去發露英雄之精光而已。陳同甫之
　　以生命的直覺力去發露英雄之精光，這樣的英雄史觀與朱子之
　　天理史觀，就其方法上，可說是同一個對立面的兩端。

6.2　相應於朱子之不能具體化、現實化歷史，陳同甫則不能合理化
　　地正視歷史。朱子之論歷史，不論其言堯舜三代或漢唐都是抽
　　象的、以理體爲中心的，而陳同甫之論歷史，則是具體的、以
　　氣欲爲中心的。

6.3　彼不能「點鐵成金」，彼只是「鍍金在鐵」，其鍍金在鐵是經
　　由生命的直覺力而完成的，這是平鋪而灑落的直覺之智，並非
　　縱貫的、辯證的歷史詮釋之智。平鋪而灑落的直覺之智依靠的
　　是生命之英雄氣力，但此仍不足以成其爲歷史的理解與詮釋。

7.　朱子的「理體中心主義」其所完成的是「形而上的保存」；陳
　　亮的「氣欲中心主義」其所展現的是「英雄的生命丰姿」，朱
　　子閉目皆黑，黑而不見歷史之本來面目；陳亮開眼皆亮，亮而
　　耀眼亦不見歷史之本然。「形而上的保存」下的理性是空洞而
　　抽象的，「氣欲中心的英雄丰姿」雖見其丰姿，但卻是盲動而
　　不定的。此兩者歷史觀皆有所限也，或者直言之，皆不足以語
　　於歷史。

——一九九一年八月——

附錄三　當代新儒家的實踐問題

一

　　當代新儒家，它有什麼限制呢？它又有什麼轉進可能呢？有一些哲學，它有限制，但不能轉進；有一些哲學雖有限制，但卻有轉進的可能性。我們在這個地方要仔細的留意它，看它到底有沒有轉進的可能性。大體說來，整個中國哲學，尤其是儒學，從宋明到當代新儒家這樣的一個詮釋，我們可以發現到，它非常強調一個「整體的同一性」，換中國的老的哲學語詞來講，即是所謂的「一本論」，一本又含萬殊，萬殊又歸一本。我們要問「一本」如何可能含「萬殊」，「一本」和「萬殊」又有什麼關係？這個關係大概在宋明理學家談的時候都這麼談：「理一分殊」─就絕對之理來講是一，就氣的個別表現是眾多的。

　　就當代新儒家來講，它所強調的「整體的同一性」有一特點，這個特點就是它避免了主體跟客體對立的關係，（或者說是兩極的對立），它把它們統一於「整體的同一」之中。問題是如何統一於「整體的同一」之中呢？就原來儒學而言，這個不是問題，為什麼不是問題呢？因為在這裏所說的主體是一個道德之主體，或者說它是一個良知的主體（道德良知的主體基本上是等於道德，或實體）。換言之，

當面對客體之時，客體必然地消融於良知的主體或道德主體之中。什麼叫必然消融於良知道德主體之中？因爲道德的主體不是認知的主體，而是做爲一個具有實踐力的感通的主體，具有實踐力感通的主體，它就不是一認識論意義下之主體，而是存有論意義下之主體，這有很大的不同。認識論意義下與存有論意義下之主體有什麼不同呢？認識論意義之主體我們可以說是以感觸的直覺來統括的主體活動，而存有論意義下的主體它可以說是一「智的直覺」。它所表現出來的是「創生性的原則」，這不同於認識論意義下的主體，它所表現出來的是一個「具體化的原則」。或者用一對語詞來說，存有論意義下的主體我們說它是一個「實現的原理」，而認識論意義下的主體我們說它是一個「呈現的原理」。當然用此語詞得注意一下，「具體化」原則和「呈現性」原則是就認識論意義下而說的，就感觸直覺而說的，就現象界面說的，而「創生性原則」或「實現性原則」，是就智的直覺而說的，即存有論意義下而說的，是就「物自身界」或者「睿智界」而說的。在儒學中，強調人做爲一主體來說，這個主體特別指的是實現義感通的主體，這個主體偏重在存有論意義下來說。而之所以偏重在這裡說，事實上是關聯著從宋明儒學到當代新儒家之著重「道德實踐」，即關聯著一套工夫論，並通過這一套工夫論，然後來定立那一套存有論的問題。這裡我們可以發現到，它之所以能造就一套非常宏大的「整體同一性」之哲學，最重要的關鍵點就是「道德實踐」的工夫，而這道德實踐工夫就是繼承了陸王心學之傳統。心學之傳統它一直肯定著本心即是天理，或良心即是天理。若不肯定這一點，則整套同一性哲學將面臨一個很大的考驗。

　　本心如何就是天理呢？此處有兩個意義，一般來說，就理上說，可以講心即是理，就事上說也可以講心即是理。就理上說是抽象的說，也就是形式的說，這樣說的「心即理」意義是很大的，它指出理與心的同一性，說道德的法則是本心之所定立的法則。就事實上說「心即理」意義上是說通過一個具體的實踐，能當下呈現出「理」，而這「理」是通極於圓滿無限的。如何通過一個具體實踐而當下呈現出理的圓滿無限呢？在儒家的立場，它是可能的，這就是宋明理學常有這個話「一念警惻，便覺與天地相似」，這很明顯已點出來了。問題是在這個「警惻」，在這個「覺」上。如何「覺」，「覺」是怎樣，我以前在講熊十力的時候說他自己的學問貴在見體，這個「覺」事實上就是「見體」。「見體」另外一個意思就是「體證」—體證本體，也就是我們說的 "Ontological vision"，一個本體的睿見。

　　這個地方我們要仔細想想如何可能通過一個具體的實踐，當下呈現出理的圓滿無限。這事實上已將自然歷程，以及歷史社會歷程或人文歷程之總結，這個總結所形成的圓滿，這樣可視為一個總體，一個 "Totality"，而它已把這個總體壓縮成一個主體、一個道體，而它即是主體，即是道體，所以主體之朗現就是道體之朗現。在這個情形之下，歷史社會之歷程以及自然之歷程，這歷程的意義，無形中就消失了，也就是說，當我們強調「心即理」的時候，相較於總體之意義，這個歷程的意義被減殺，如果不是消失就是減殺，它比講「性即理」（心性為二）這個進路，更不具歷程意義。例如：程朱與陸王，程朱哲學就是心性為二，它比較強調工夫實踐之歷程，而在陸王哲學，心即理，它實踐工夫的歷程不是證體的歷程，而是

在當下之實踐。這個地方我們可以更進一步來探索。在這種情形之下，也可以另外一個角度來理解，也就是說，它會發展到「心即理」這樣說法的時候，基本上把整個自然歷程，人文歷程總結的圓滿之總體而視之爲人已經具了本性。當我們如此說它的時候，它有兩層意思，其中一層意思是說明了在整個中國哲學發展裡頭，順著這樣一條路一直往前發展，發展到這兒算是一個相當了不起的高峰，我們之所以說它是一個了不起的高峰，是因爲它真正的發覺了人之所以爲人，它跟宇宙之間同一性的深度內涵。發現了人與宇宙的同一性的深度內涵，這發現的過程，我們可以把它視爲儒學整個發展的過程。儒學從孔子孟子以下一直到陸王，一直到當代的新儒家這樣的發展。換言之，從這個角度來看新儒家的話，我們可以給它一個歷史上的定位，也就是說當代新儒家的可貴之處在那裡，它是就整個中國儒學思想史的角度來看，從孔子、孟子、荀子以下，一直順著陸王這一系一直往前發展到一個極致。這個極致對於人與宇宙同一性的深度內涵做了一個體系性的處理。最高的總結，那就是牟先生的「現象與物自身」裡頭提到的「智的直覺」，就這一點來講的話，我們大概可以給當代新儒家一個積極性的定位，就是說順著整個儒學這一條主脈而發展人與宇宙同一性的深度內涵而提出了一體系性的處理，並且以「智的直覺」做爲關鍵的鑰匙來開啓人性的深刻之內涵，但這深刻的內涵，是否因此而喪失了所謂的歷程性呢？是不是告訴我們你把握了「道體的實在性」就可以了呢？而可以忽略「歷程性」呢？而且認爲歷程性是沒有意義了呢？

二

　　顯然在當代新儒家裡並不是這個樣子，所以當代新儒家應該再從這個角度再往前去看，去看的話才可以真正了解當代新儒家的這套哲學有沒有積極性意義。不然的話，老是看到它的缺失。如果我們從這個角度去看的話，我們顯然會發現到它並不是說通過了「智的直覺」去穩立「人與宇宙之同一性」因此就了事了。相反的，它在告訴我們人與宇宙之同一性的深層結構，人有「智的直覺」，但是人不能夠只因具有「同一性」的可能就了事。因為這個同一性如果沒有具現出來的話，這個「同一性」仍然只是一個理上的東西，而不是事上的「同一性」。換言之，這個「同一性」必須具體的表現出來，如果不是具體表現出來，它還是抽象的，它仍然停留在抽象，停留在形式。它強謂必須具體表現出來，具體的表現出來如何可能呢？這裡，牟先生就安排了一個重要的理解，必須要「轉」。這個「轉」隱含了從這個抽象的形式的理上的「同一性」，具現出來的過程。這個轉的過程就是從人與宇宙同一性的深層結構中表現出來的過程，這個表現他用了一個詞，就是「良知的自我坎陷」。「自我坎陷」這四個字眼，我們應該仔細的去體會它，仔細的了解它，它的意義何在？這個意義是就整個儒學思想史的發展。發展到顛峰，發展到極點，處理了人與宇宙的同一性這個深刻的內涵，點出了「智的直覺」，從「智的直覺」往前一步說，人與宇宙的同一性必須具現出來，這個具現出來必須要怎麼辦？問題要從這個地方去理解它，如果不是從這個地方去理解它，我們會懷疑牟先生這一

套是不是戲論，爲什麼呢？

喔！你把整個人構作地那麼高，構作到人都有「智的直覺」的可能，然後一切從智的直覺往下說，然後忽略了經驗的……以前我們對新儒家常常持這個角度來批評。但是，一套哲學即使是戲論的話，戲論也有戲論的理由，這個理由你能不能給它一個積極性的說明呢？積極性的說明就是你給它一個分判，給它一個穩立，這時候我想可以通過這個角度去理解它了。通過這個角度去理解它，我們可以理解到，良知的「自我坎陷」這四個字眼就不會如以前我們所理解那樣子，說它就是戲論，好像在玩遊戲，在這裡頭它就有積極性。這樣說的話，如果你再往前開出什麼的話，那麼當代新儒家在這個地方便有轉進的可能性，我們便可以重新來理解牟先生這一套哲學積極性的意義。當我們說它是積極性意義時，接下去的問題就是沒完沒了的問題，接下去並不是如牟先生所說的那幾句就可以把它解決。因爲牟先生在這裡只指出亮光，這個亮光是從「非分別說」到「分別說」的亮光，從本體界、睿智界落實到現象界的亮光，這個亮光接下去的問題就是具現，具體的實現與表現。我們可以問，在中國古時候宋明理學家頓悟之教的傳統難道不是具體的表現嗎？顯然地也是具體的表現，頓悟之教的傳統不是抽象的，而是具體的。不管從禪宗角度去理解，或者是從陸王的角度去理解，它都不是抽象的，它都是具體的。譬如禪宗講的擔柴挑水，人間世的任何一個活動都是道，這道當然是禪道。儒家講倫常日用即是道，倫常日用當然不是抽象的，倫常日用是具體的。倫常日用之所以是道是因爲一念覺，也是說它因一念覺而達頓悟的境界。換言之，這個頓悟之教的傳統它也是具體的表現，而現在我們又說要把「智的直覺」這

個傳統具體的表現，可見我們所取的具體意義並不是原來的具體意義。現在所採取的意義經過一個轉折，那個轉折就是牟先生所謂的「從理性的運用表現，一轉而為理性的架構表現」。理性的架構表現是就理性的架構相，這個相是執相來說的，這個執相所說的就是認知主體所對。從理性的運用表現來講，這個運用關聯著理性本身，理性本身落在人來講的話，那麼這個智是「圓智」，就是「智的直覺」之智，它是無執相，是無執相的表現，它當然不是「認知主體」的表現，而是「道德主體」之表現，這時候做如此轉折，剛好可以把原始儒家《易傳》最先所提出的「曲成萬物而不遺」這個「曲成」的意義表現出來。也就是說它必須轉成另外一個主體，然後才能真正成就。這個成就才是真正的架構性的具體表現，而不再祇是運用性的具體表現，通過這樣的理解之後，牟先生這一套哲學框架的確有它的價值。我們可以發現到，在哲學史的發展上一套同一性的哲學，常常是哲學非常高的表現，這套同一性的哲學之所以為可貴，是因為它克服了物我主客對立、天人分隔的問題。沒有克服主客（物我）天人的話，馬上面臨這個鴻溝你如何彌縫起來的問題。

　　在西洋哲學裡頭，如果要讓一套同一性的哲學，許多哲學家總在它背後預取著「上帝」。我們可以發現到：在費希特那裡，在謝林那裡，在黑格爾那裡，他們腦袋裡頭，背後還是預取了上帝，而它最高的同一性原理通常又通向上帝的意志。神意跟人的關係，通常是同一性關係，而這同一性關係往往還附了許多但書，它可能必須經過什麼樣的過程才能夠這個樣子，但是它們隱含了人是具有神性的可能性，唯有這個樣子才能成就它的同一性，要不然是不可能的。那麼，在中國哲學裡頭我也可以發現到，在儒家，譬如說以程

朱跟陸王來分，程朱也講天人合一，陸王當然也講天人合一，程朱也講物我合一，也講主客合一，陸王當然也講，但是他們講法不太一樣。基本上程朱是有分，陸王則是不分。或許我們可以說程朱跟陸王就是這條線上不同，陸王「天人之際」可表成一條虛線，而程朱則是一條實線，但程朱這一條實線它還是可以拆掉，通過一般他所說的涵養察識（涵養用敬，實誠致知），就程朱來說，他們的工夫論，花了很大的氣力去突破這個限制，而在陸王的傳統裡頭，這個不成問題。所以陸王哲學從積極的一面來說，它是從同一性走向歷史性，走向社會性，倒是程朱的哲學，有時候爲了要回過頭去處理同一性的問題而因此忽略了對歷史社會的理解。當然你也可以說因爲他們要達到這個同一性，他們是對歷史社會有所理解·以這個爲基礎回到同一性上去。這剛好與陸王傳統相反，以這個爲基礎而要去理解這個歷史與社會，這個地方是有點不同的。

三

　　就這裡來講的話，到底以同一性爲起點，它所展開的歷史性、社會性比較強？還是以同一性爲終極的目標這樣的哲學它所注重的歷史性社會性會比較強？這個地方可以打問號。也就是陽明的致良知教，這樣的工夫論社會實踐意義比較強呢？還是程朱的涵養用敬、格物致知這樣的社會實踐意義比較強呢？很明顯的。陽明的格物致知教社會實踐意義比較強。因爲它是以「人與宇宙之同一性作爲他哲學的出發點，而這個出發點必須邁向整個歷史社會、整個自然，它並不是教你封鎖在同一性中，如果你封鎖在同一性中那就不

是儒學，因為儒學是不能封鎖在同一性的抽象中，它必須走向廣大的世界中，而在這個世界通過實踐的歷程而去締結一個同一性的可能。這兩個同一性的意義是不一樣，一個是具體的表現之同一性，而不再祇是理上之同一性，所以陽明講致良知教，用中和的說法是致和即是致中，強調在已發，而致良知是中和無二致，事實上是一樣的。由內而外，未發已發無先後，理氣合一，天人不二，這個社會實踐意義很強，歷史性和社會性應該都是很強。

　　後來歷史性和社會性為什麼會比較弱呢？到底應該從那一個角度去給它定位，它的限制又在那裡？一般對新儒家的批評比較是系統外的，這裡我想強調它在理論上有一個積極性的可能。截至目前為止，它還沒有走出積極性的一面，因此在理論上說它有一個積極性的可能，並不代表它已經是積極性了，它祇是個可能，祇是可能的話，它還停留在抽象。因此在這裡如果要談所謂的「必然」，這個必然指的是一個「實踐的必然」。實踐的必然它指的是通過主體的體現把可能性具體的表現出來。換言之，儒家的理想它不能祇是一個抽象的普遍，因為抽象的普遍是掛空的，惟有達到具體的普遍，才是落實。尤其此處所講的具體的普遍指的是架構的，它真正具有實質的意義，我們可以用 "materiality" 來說它。這個詞的意義非常複雜，這裡指的是實質的意義。譬如Karl Marx的「唯物論」，那個「物」是在這層次上說的，就整個社會關係結構上說的，並不是我們一般講的物質那個物，所以Marxism 有時候是非常idealistic。不過他所講的 "material" 是實的意義，是落在架構上說的，不是落在意義上說的。

　　我們剛剛談過程朱陸王之儒學，如果就原本的程朱與原本的陸

王來說的話，他們的儒學應該那一派較具有社會的實踐力呢？我們說陸王較具有社會的實踐力，尤其王陽明更是如此。事實上，象山哲學的社會實踐性與生活美感比較直接地結合在一塊，而且他沒有清楚地表現出來社會實踐怎樣落實。換言之，如果拿陸象山跟陽明來比較的話，陸象山還有很多部分還停留在美學式的道德實踐，感受到人與宇宙之間「詩性的同一」，陸象山哲學基本上這個味道很濃。這個詩性的同一，是怎樣的一個同一呢？它是一種直覺的同一，這個直覺性的同一並沒有通過內在的道德的艱困考驗或者說道德的辯證力。我們可以說它內在道德艱困的考驗或道德辯證力不夠，它是一個詩性的同一，是一個 "Poetic identity" 這樣的美學式同一。這跟陽明學氣味上有很大的不同。陽明學非常強調內在道德艱困的考驗，通過內在道德艱困的考驗，通過道德辯證的同一，這是陽明學以自己的人格，在他整個人生歷程中接受考驗而得的同一。陽明的學生就不太能體會到陽明哲學這一點的精萃所在。陽明曾說「致良知」一語是在百死千難中得來，不得已一語為他的學生道盡，其意義是說人的內在道德艱困考驗及道德辯證歷程難以言詮，它是不能重覆，不能替代的。顯然的，陸王哲學於此有很大的差別。接下去我們可以問，陽明的後學發展如何，像王龍溪所定的路子從某個角度來講，頗具有陽明學之特質，但是他有一些地方與陽明不同，它基本上有一點又回到象山的方式，但它也不見得祇是美學式的道德實踐，它也不全是詩性的同一。我們可以說某個角度有些是，那麼我們怎樣去理解它？但龍溪可能他都有了，他可能某部分具有詩性的同一，某部分又具有艱困的道德辯證性，而龍溪學之末流，卻往往沒有這個「道德的辯證性」。沒有了道德的辯證性，那麼剩下

些什麼？它既沒有美學式的道德實踐，又沒有人與宇宙間詩性的同一，又不是通過內在道德辯證歷程艱困考驗而達到同一，那它是一個什麼樣子的呢，顯然那祇剩下形式意義了，當一切具有實質的東西都瓦解之後，仍然還會存在一個空的形式，就是我們所說的「口頭禪」。我們可以說這是陽明學的俗化。

四

我們可以問陽明學為什麼會俗化，這個問題出在那裏。因為陽明學必然要走向實踐，但他這個實踐是理性直接運用的表現，而這個理性直接運用的表現它沒有顯「架構相」。一個沒有「架構相」的表現，這樣的實踐，它沒有辦法成就一套架構性的準則，它仍然祇有一些運用性的層次。運用性的就不能夠把它叫做準則，因為「運用性的準則」畢竟不是優先的而祇是其次的，那是第二義的。架構性的準則它是能夠成為優先的，它是第一義的。提到第一義來說，它才能成為定則，成為定則，才能產生規約性作用。如果沒有達到這個層次，停留在運用性，則規約性沒辦法建立起來。陽明學的末流為什麼會走向這個路上去，原因在這裡。

換言之，我們在這裡可以發現到，很有趣的一條路，那就是說，以「同一性」做為起點，而走向廣大的歷史與社會，這中間必須建立一個架構性的原則，如果沒有建構起這個架構性的原則，那麼要人從宇宙的同一性的深層結構，走向歷史社會那是不可能的。所謂不可能是說，它不可能真正的實現，不可能以一個架構的方式來行現，依儒學本義這是不可能，沒有辦法曲成，沒有辦法曲成萬物而

不遺。儒學強調「曲成萬物而不遺，範圍天地之化而不過」，這是《易傳》的精神，所謂「富有之謂大業，日新之謂盛德」，盛德大業的精神。這個架構性的表現，是要隨著時代而改變。架構性的意義有二層，一個是邏輯的意義（logical meaning），一個是社會的意義或者歷史的意義（social or historical meaning）。前者是形式的意義（formal meaning）後者是實質的意義（substantial meaning）。牟先生在他哲學的建構裡，事實已指出這些原則。的確，他是應該這麼做，做為一個儒家的實踐者的話，他所應該從事的，落在 "practical world" 便比較是屬於這層意義。一旦落在實踐上說，那就要付出很多，必須要走向 "civil society" 的建立。這時候你應該怎麼辦的問題很多。「怎麼辦」的問題又非常複雜，牟先生他沒往這方面做，在這裡不能責求他還沒做。而我們該當重視牟先生這個理論架構指出了些什麼。

如果說順著他所指出的而就在那裡說怎麼樣就怎麼樣了，這樣的話就沒有意義，那就祇停留在王學的末流。祇回到形式的說，卻已經喪失掉具體實踐的意義。如果執意說：反正我這麼說就好，開出知性主體，安排了民主，安排了科學，於是就怎麼樣，這個意義就不大。就架構性這個層次來講，牟先生大概還沒處理。他祇告訴你「良知的自我坎陷以開出知性主體」、「從理性直接的運用表現轉爲理性間接的架構表現」。就開出的這個層次來講的話，因爲它是 "substantial"，它是實質的，你就必須去接觸實質的學問，你才有可能開出。當代新儒家如果應該被批判的話，可能就在這個層次。內在的批判自己的話，當代新儒家的確應該在這裡好好的自我反省批判一下，也就是前輩先生們好不容易開出一塊天地來，然後要大

家在上面種植五穀雜糧。結果大家不太種或種植的很少，毫無成績。當然，那有一個重要的原因，那就是，這塊土地已經荒蕪太久了，或者乾旱太久，所以要開始重新下種很難，必須費很大的力氣才有可能。尤其在目前既有的體制底下，必然不可能，既有的體制幾乎已經喪失了中國學問的攝取，這是非常嚴重的事情。中國古典文獻幾乎不再能釋放出其意義，加入目前的言說辯證之中。中國的學問社群幾乎祇剩下中文系，歷史系有一半，哲學系有一半。一個學問社群被萎縮到這個地步的時候，你要它去面對一個 "civil society" 馬上變得乏力，一點辦法也沒有，因為真正面對 "civil society" 的學問不是中文系的學問，不是歷史系的學問，不是哲學系的學問，而是社會系的學問，是心理系的學問，是政治系的學問，是新聞系的學問，是教育系的學問，還有其他很多。而這些學問有很大的不同，像哲學的學問本來就比較 "formal"，而其他那幾個學問（社會的、政治的、新聞的、心理的、教育的）在整個教育體制下又幾乎都沒有中國學問的氣味在。

五

這種情形之下，如果您作為一個希望開拓儒家的人，這裡馬上面臨一個嚴重的問題。只有一個可能，你去了解它，通過對它的理解，然後因此而建構起一套理論，那才可能。你要他來理解你，那是不可能。除非說，裡面剛好有一個深心大願的人，果然有這個要求。所謂「果然」就是說整個歷史時勢走到大家果然覺得我們要尋求一個 "self-identity"，一個自我認同，發覺到我們應該建立起自

己的社會學、自己的政治學、自己的心理學，疏通自己大眾傳播背後基礎的理念，搞活自己的教育，當然我們強調「自己」的時侯並不是說它跟世界完全不一樣，而是說要有自己的特色。正如同人要穿衣服，就「衣服」本身這兩個字。並沒有很大差別，主要是你這個民族要穿什麼樣的衣服，你這個民族有符合你這個民族的尺寸。那這個地方是要發現怎麼辦的問題，當代新儒家的人物裡頭，問題常常出在這裡。簡單的一句話來講就是學問不足，心地可能很好，可是學問不足，還是不行，祇能順著老祖師爺所說的 "formal meaning" 這個層次說一說，它沒什麼意義，到最後祇好被人征服。

　　我們做這樣釐清之後，我們現在繼續要談一個問題。我們剛剛所談的，在程朱跟陸王他們的社會實踐，如果就其原本來說，應該是陸王的社會實踐力比程朱還強，因為它是直接走向歷史社會，面對歷史社會；而程朱他所要處理的問題要回到同一性。然而程朱的哲學之所以一直還保留了某程度的實踐性而不致於掛空，有一個很重要的因素，乃是因為這同一性本身就是一個準則。回到這個同一性本身就是個努力，這個路可以說是「回歸之路」，而相對的，陸王可以稱之為「邁進之路」，這兩個路不太一樣。但是這個邁進之路我們剛說過像王龍溪這樣的方式，尤其他的後學，可能會喪失了它的實質意義，而祇停留在形式上的意義，而淪落到口頭禪的地步。像當代新儒家第二代（我把熊十力、梁漱溟、張君勱、徐復觀、唐君毅、牟宗三都算第一代）有些便流落到這個地步，這個地步就相當嚴重了。嚴重到我覺得它已經理成是形式、口頭禪了。這時候有一個可能性，就是說你摧毀它。這個摧毀本身有二重意見，就外面的人整個把它摧毀，裡面的人基本上你必須讓它甦活起來，如何甦活呢？區辨它

的實踐意義只是個形式的口頭禪。他們的實踐是一個怎麼樣的實踐，跟儒學原本意義區別何在，而陸王的實踐又是一個什麼樣的實踐，跟從陸王要走出來的實踐又是一個什麼樣的實踐。陸王它是一個具體的實踐，而這個具體的實踐仍然停留在主體的實踐，而更進一步的要求，事實上是要走向一個架構的實踐。至於那形式口頭禪的實踐它就會變成一個看起來像具體的實踐，但是那個具體的實踐沒有真正的實踐意義，它祇是一個感性的抽象意義的實踐，感性意義的抽象實踐就是圖求生活之安適。所以就這個地方，對當代新儒家批評是可以的，但批評時須搞清楚是什麼批評。如果一味的就直接回到新儒家理論本身，然後從那裡去區辨它無限義、有限義、有時候是不諦當的。這地方是有些差別。

　　除了做這個反省以外應該還做一個，就是說你應該反省到整個實踐環境的問題。我剛剛講的比較是就整個當代儒學其理論內部，其理論體系內在的省察，從這個內在的省察，我們必須做那樣子。另外可以有一個比較外在的省察，這個外在的省察事實上是一個比較知識社會學式的省察，知識社會學式的省察，它必然馬上牽涉到整個臺灣儒學運動的脈絡，這幾個不同脈絡裡頭，尤其最有力的是官方的儒學。這官方的儒學對整個實踐所造成的影響，這個影響大概是「消極的」。所謂消極的就是負面的，也就是說儒學它原來所強調的，用儒學的最簡單的話語來講它所強調的「慎獨的自律倫理」，在這四十年來，或者近六十年來，事實上從「慎獨的自律倫理」已經異化成一個「宰制型的他律倫理」，也可以叫做「歸順型的他律倫理」。這個異化相當嚴重，這個異化就使得儒學的實踐動力完全喪失，儒學的實踐動力就是原來儒學實踐動力，還沒有到達架構性實踐意義的動力，仍然是一

個主體的、具體的實踐意義,就是原初儒學主體的具體實踐義的實踐動力全然失去、蕩然無存,在這裡就可以發現到。正因爲這個樣子,所以原來儒學,本來要走向一架構性的實踐,結果架構性的實踐沒有實踐出來。由於架構性的實踐還沒有實踐出來,因此它就變成形式的口頭禪,爲什麼會變成形式的口頭禪,因爲主體的具體實踐意義蕩然無存了,所以它祇能夠是形式的口頭禪,一點辦法也沒有。這個是一個很重要的原因,至於說爲什麼會從「慎獨的自律倫理」,異變爲「宰制型的他律倫理」、「歸順型的他律倫理」,這是我們以前曾經提過的「政統」與「道統」之間原來的那個張力已經瓦解掉了,它已經纂竊爲一。而在這種情形之下,一個官僚體制,一個金字塔型的梯級最高的領導者無形之中它就成爲道的代表,或者直接就是道,而在這種情形之下就形成了「誤置」的情形,我們把這種「誤置」叫做「道的誤置」(misplaced Tao)。道的誤置使得道的絕對性瓦解,道的絕對性轉化成宰制性,宰制性轉化成一些僵化的教條,僵化的教條變成沒有意義的、空謂的,它開始腐蝕,開始腐蝕它就會成了空洞化的道德教條。儒家所強調的道德主體性於焉瓦解。這樣的瓦解相當嚴重。

當然,這個東西的瓦解並不完全是內在的,並不完全是因爲我們自己國家,自己裡面所造成的。另外有一個很重要的原因,就是外力性,外面文化很大的衝擊進來。這個外力性我們可以把它叫做整個資本主義核心地帶所造成的。這個資本主義核心地帶所挾帶而來的強大外力性造成更嚴重的摧毀,一摧毀的結果,加上自己已經異化成這樣子,所以很容易被摧毀,一摧毀以後馬上就出問題。這問題就是整個中國文化就蕩然無存,中國文化之蕩然無存,從那些具體的實踐上就可以看出來呢?譬如有人提議祭孔的儀式應該廢

掉。祭孔大典若被廢掉，正顯示中國文化已蕩然無存。事實上，你
去看看孔廟沒落的樣子，以及孔廟所安插一些那樣的人，你就會覺
得「唉喲！」就是這個意義，所以你可以發現到，我們對一個哲學
思想的掌握是很有用的，我們可以從一個現象關聯到另一個現象上
理解，可以理解到一些東西，所以在現今你不可能發現到孔廟裡有
什麼人才。在孔廟中發現到偉大的人才，那麼這局勢要改變了，它
便是剝極而復之機了。

六

　　從這角度去理解，壞到極點了，有聖蹟要出現？可能最近慢慢
會有一點改變。這幾天大陸學生運動不是很厲害，他們悼念胡耀邦，
集合了十幾萬人在天安門前靜坐示威，聲勢浩大。我每天早上開車，
打開頻道，他們喊著要民主、要自由，我聽了都快落淚！為什麼呢？
中國一百多年來都是為了這個問題。但是我之所以聽了難過落淚，
原因是什麼呢？我所聽到的聲音，那裡的「民主與自由」，仍然停
留在感性的抽象的要求，沒有達到理性的概念的要求，我之所以敢
做如此的判斷，是因為從大陸一些知識份子流露出來的仍然是要走
五四的回頭路。我之所以把它判定仍然祇停留在對民主自由的抽象
感性要求還沒有達到一個真正的概念性的反省，沒有自覺到腦袋所
想的民主是怎樣意義的民主，自由是怎樣意義的自由，它在整個中
華民族心靈裡頭應該被安排在那裡。如果以為要求自由、民主便要
將中國民族的心靈去掉，這是很荒謬的想法。中國一百多年來問題
就出在這個地方，現在仍然在重蹈覆轍，聽了不會難過嗎？民主自

由是需要的，但是應該以怎樣的方式，這是一個很大的問題，這個問題不是現今一般所以爲啓蒙式的浮蕩型的知識分子所能理解到的，這個問題的確不是那麼簡單所能掌握到的，牟宗三先生、唐君毅先生、徐復觀先生他們都意識到這問題的重要性，但是沒有處理完畢。這問題雖然極爲困難，但如果有志研究，這是一條值得往前走的一條路，對西方的整個民主自由傳統必須深入去理解到。對中國，應該順著整個中國這條大動脈去理解，理解到一個地步，應該去處理這個問題，去解答這個問題。這個問號一定要去解答，這個問號包括韓國人也是面臨這個問題。這是整個東方所面臨的問題，日本似乎克服了這個問題，日本比較特殊，日本這民族，的確有其特殊之處。最近我留意一些就是近代日本是如何發展起來（如丸山眞男《日本政治思想史研究》所説的），日本跟整個中國還是有些不同，日本跟中國最大的不同在那？日本是由島群所構成，他最先接受的是中國文化，由島群所構成的國，它這個 “identity” 背後的那個 “mind” 跟中國是不一樣，跟大陸塊的確不一樣，它整個 “mind” 的方式不一樣，它可以沒有自己，它可以沒有自己而有自己。這個大陸土塊不能沒有自己，它沒有自己就沒有自己了。二個方式不一樣，這個地方很特殊。臺灣應屬於海島類型，但臺灣長久以來卻都近於大陸類型，因爲它原來是屬於整個中國大陸塊的一個好像鑲在衣服上的一顆小珍珠。換言之，它並沒有取得其自己的identity。這問題牽涉得更多，我們今天就先談到這裡。

（按：本文原講於一九八九年四月間，由文化大學蔡汀霖同學記錄成稿。）

國家圖書館出版品預行編目資料

道的錯置——中國政治思想的根本困結

林安梧著. - 初版. - 臺北市：臺灣學生，
2003[民 92]
面；公分

ISBN 957-15-1188-9 (精裝)
ISBN 957-15-1189-7 (平裝)

1. 政治 - 哲學，原理 - 中國

570.92   92011899

道的錯置——中國政治思想的根本困結（全一冊）

著　作　者：林　　　安　　　梧
出　版　者：臺　灣　學　生　書　局
發　行　人：盧　　　保　　　宏
發　行　所：臺　灣　學　生　書　局
　　　　　　臺北市和平東路一段一九八號
　　　　　　郵 政 劃 撥 帳 號：00024668
　　　　　　電　話：(02)23634156
　　　　　　傳　眞：(02)23636334
　　　　　　E-mail：student.book@msa.hinet.net
　　　　　　http://studentbook.web66.com.tw
本書局登
記證字號：行政院新聞局局版北市業字第玖捌壹號

印　刷　所：宏　輝　彩　色　印　刷　公　司
　　　　　　中和市永和路三六三巷四二號
　　　　　　電　話：(02)22268853

定價：精裝新臺幣四五○元
　　　平裝新臺幣三八○元

西　元　二　○　○　三　年　八　月　初　版

57008
ISBN 957-15-1188-9 (精裝)
ISBN 957-15-1189-7 (平裝)